百濟의 古都 扶餘의 市內 中心街의 東門로터리에 세
워져 있는 扶餘의 심볼, 百濟最高의 燦爛한 文化遺産
百濟金銅大香爐(國寶287號)의 雄壯한 모습.

著者가 撮影한 寫眞

한일역사문화기행

秋然 文柱天 著

지문사

歷史의 恨을 풀어 兩國民에 平和를…

　나는 1975년年 以來 30여년에 이르는 동안 韓日藝術文化交流會의 회장으로 재임하면서 13回의 韓日兩國 藝術人 親善作品交流展 및 5回의 親善茶會와 學術交流會를 주관해왔으며, 日本古代史學者 에가미 나미오(江上波夫) 先生을 만나 現在의 日本民族이 우리와 같은 騎馬民族이라는 것도 알았습니다. 사사 가츠아키(佐佐克明) 氏의 著書 『日本天皇家는 어디서 왔는가』에서 日本建國神話가 우리 金官伽倻 建國神話의 複寫版과 같다는 것도 알았습니다.

　壬辰亂 때 鷄龍山 東鶴寺 入口에서 끌려간 우리의 陶工 李參平公의 九州 아리타(有田)의 墓所도 가서 그가 日本陶磁器의 始祖라는 事實도 알게 되었으며, 墓所가 너무 허술하여 敎育委員會와 논의하여 聖域化하면서 한국어와 日本語 說明을 붙인 石碑도 建立하였습니다. 그리고 그가 18年間 生活한 多久市에 '李參平公顯彰碑'를 寄贈하니 多久市에서 紀念館을 造成해 주었습니다.

　이러한 과정을 거치면서 李參平公에 대한 關心이 많아져 日本의 日韓藝術文化交流會의 土井友之會長과의 協力下에 한국에서 銅像을 製作하여 日本京都의 陶磁器村 인근 南丹市의 신이나카구라시대학교(新田舍暮らし大学)의 校庭에 세웠으며, 古代史에 관한 興味가 생겨 百濟史硏究會 會長 田相淇 先生과 오랫동안 만나 百濟史에 對한 硏究도 하고 國立公州大學에서 오랫동안 古代史 講義를 한 와다나베 미츠토시(渡邊光敏) 先生의 『天皇이란』이라는 책과 『日本天皇渡來史』라는 책에서 古代 日本天皇史에 관한 많은 事實을 알게 되었습니다. 또한 사사가츠아키(佐々克明) 先生이 古代韓·倭는 하나의 聯邦國家였고 그 首都는 金海였다고 말씀하신 眞意도 알았습니다.

日本九州의 宮崎縣에 있는 日本建國神話의 現場을 보기 위하여 미야자키현(宮崎縣)의 에비고엔(鰕高原)에 가서 뜻밖에 韓國岳도 보고 그 발밑에 있는 다카치호노미네(高千穂峰)의 日本建國神話의 現場도 보았습니다. 돌아오는 길에 미야자키현(宮崎縣)의 난고손(南郷村) 즉 百濟村도 둘러 볼 수 있었습니다. 日本民族과 古代史를 논할 때 百濟를 빼놓고는 논의자체가 안 된다는 것도 알게 되었습니다. 日本古代史學者 시바료타로(司馬遼太郎) 氏는 6세기까지 아스카(飛鳥)는 도래인이 8할 이상이었다고 했습니다.

가고시마(鹿兒島)에 가서는 사츠마야키(薩摩燒)의 14代孫 沈壽官 先生을 만나 當時 끌려간 200여명이 우리民族끼리 모여 살면서 檀君祠堂에 祭祀를 모신다는 사실을 알게 되어 檀君影幀을 製作 贈呈하였고 初代 沈當吉氏가 最初로 만든 茶宛이 히바카리다완(火計リ茶宛)이라는 것도 알았습니다. 壬辰亂을 왜 '陶磁器戰爭'이라고 하였는지 그 理由도 알게 되었습니다.

88서울올림픽을 기해서 日本 大阪에 日韓藝術文化交流會 會長 土井友之 氏와 協議企劃하여 無窮花舞踊團을 도네히로코(刀

禰宥子) 女史의 後援으로 創團하여 일찌기 日本에 韓流의 바람을 일으킨 것은 돌이켜보면 참으로 보람된 일이었던 것 같습니다.

日韓藝術文化交流會 土井友之會長의 주도와 미키(三木政楠) 副會長의 淨財, 우에노겐이치(上野健一) 事務總長의 동분서주한 活躍으로 교토의 相樂郡南山城村童仙房 高麗寺 道場에 日韓友好平和之塔을 建立하게 된 것은 무엇보다 뜻 깊은 일이었습니다. 高麗寺(住持 釋泰然 스님)에도 銅鐘과 鐘樓와 鐘을 安置하였으며 韓國休戰線에 世界에서 가장 큰 鐘을 安置할 것을 企劃하고 있습니다. 참으로 感激스러운 일이라 하겠습니다.

끝으로 20餘年 前에 만난 金昌洙 先生과의 約束을 지키려는 瞬間에 서 있습니다. 그는 井邑 出身으로서 抗日鬪爭으로 10餘年間 獄苦를 치렀고 第3代 國會議員이었으며 韓國初代 農民會會長이요 博士 王仁 研究에 8년이나 몸바쳐 研究한 선구자였습니다. 이런 그와의 약속을 지키고자 大阪의 四天王寺 道場에 王仁博士 銅像을 建立할 수 있도록 日本의 도이(土井) 會長과 合議하였으며, 2012년 말 완성 豫定으로 光州 東新大의 金旺炫 교수가 製作中에 있습니다. 이 자리를 빌어 다시 한 번 韓日 古代史에 눈을 뜰 수 있게 하여준 에가미나미오(江上波夫) 先生과 사사가츠아키(佐々克明) 先生, 와타나베미츠토시(渡邊光敏) 先生에게 심심한 사의를 표하며 田相淇 先生의 協助에도 깊은 감사의 예를 표합니다.

이상의 모든 內容들을 엮어 나의 지나온 人生 노트로 삼아 두 권의 책과 화보로 出刊합니다.

끝으로, 親히 現地踏査와 案內를 해준 미야자기현(宮崎縣)의 고토데츠미(後藤哲美)씨 夫婦에게도 感謝드리며, 나의 人生後半을 家事不願하고 文化交流에 全力할 수 있게 해주신 지금은 作故하신 선친과 늘 말없이 內助하여 준 內子에게 감사의 마음을 가지며, 拙稿를 整理하고 編輯해주신 李龍和, 丁昌烈 先生, 日韓藝術文化交流會에서 日語版을 編纂한다고 하니 더욱 조심스러워 편집에 參與하여 주신 知文社의 吳應根 社長과 印刷·製作을 맡아 手苦해 준 五星印刷 文朝泳 대표님께도 깊은 감사를 드립니다.

2012年 10月 吉日

秋然 文 柱 天 識

차 례

제 1 장
韓日 建國神話와 古代史 生成過程

제 2 장
善隣友好關係의 百濟와 日本

제 3 장
日本의 陶磁器 藝術

韓·日 建國神話와 古代史 生成過程

1

日本의 建國神話와 金官伽倻의 誕生神話

　88 서울올림픽이 개최된 그 이듬해 2월 15일, 일본으로 떠날 채비를 마치고 김포공항으로 향했다. 수년 전부터 기획해 온 일본 큐슈(九州)의 역사와 도자기문화 탐방을 실행해 옮기는 순간이었다. 큐슈는 상고시대에 백제와 가까웠고 백제도독이 있던 곳이다.

　그날따라 날씨가 맑고 화창했다. 공항에 도착하여 서둘러 가고시마(鹿兒島)행 대한항공 여객기에 몸을 실었다. 비행기는 1시간 30여 분만에 가고시마 공항에 도착하였다. 나의 일본 여행 안내를 맡기로 한 고토 데츠미(後藤哲美) 씨 부부가 미리 마중을 나와 있었다. 고토 씨는 이미 수년 전, 나의 일본 도자기 개인전에 많은 도움을 준 '(주)미술세계'의 전무 고토 씨의 부친이기도 하며 20년간 무사고로 미야자키(宮崎)현의 지사 운전기사로 정년퇴임한 베테랑 기사이기도 하다.

　차 한 잔을 나누면서 지도를 펴고 행선지를 기리시마(霧島) 고원의 다카치호노미네(高千穗峰)로 정했다. 초행길이라

구름 위에 솟은 봉우리가 韓國岳이고 분화구가 있는 곳이 다카치호노미네(高千穗峰)이다.

차창 밖을 열심히 보고 있노라니 차는 50여분간이나 언덕 길을 구불구불 넘어 산 정상을 향해 올라가고 있었다.

'기리시마 1,700m 고지'라는 표지판이 눈에 들어왔다. 아직은 눈이 수북이 쌓이고 날씨도 쌀쌀하였다. 고토씨 부인이 나를 불러 산 정상을 가리키더니 "저것이 한국악(韓國岳)"이라고 말해주었다. 왜 '한국의 산'이 여기에 와 있을까, 산 이름을 왜 한국악이라고 했을까 하는 궁금증이 일었다. 『일본천황가는 한국인의 후손』이라는 책의 저자 사사 가츠아키(佐佐克明) 씨가 한 말이 생각났다.

일본 건국신화는 금관가야의 탄생설화와 똑같다고 한 바로 그 말이다. "하늘에서 신인이 내려와 나라를 세우고 다스렸다"는 건국신화의 내용이 신기하게도 똑같다는 것이다. 신이 내려온 산 이름도 한국은 김해의 구지봉(龜旨峰)이고 일본은 다카치호노미네(高千穗峰)의 구시부르다케(槵觸峰)이다. 이는 성산(聖山) 또는 영봉(靈峰)이라는 뜻이다. 이

日本 古代史學者 江上波夫 先生과 筆者 좌는 東亞日報 社長 權五埼씨다.

것도 구지봉에서 온 것이다. 큐슈(九州)도 '구지'에서 온 탁음이라고 하는 일본 학자도 있다. 사사 씨는 "3, 4세기에는 백제와 왜가 하나의 연방국가이고, 그 수도는 김해"라고 하였다. 일본의 최고 권위있는 고대 사학자 에가미 나미오(江上波夫) 씨도 그렇게 말했던 기억이 난다. 에가미 선생은 일본에서 최초로 기마민족 도래설을 주창한 학자이다. 나와는 수차례 만났고 신라호텔에서 세미나를 가진 적도 있다. 일본의 『고사기古事記』나 『일본서기日本書紀』를 편찬한 학자들이 금관가야의 신화를 복사하려니 한국의 산이 필요했던 모양이다. 그리하여 산 정상의 이름을 '한국악(韓國岳)'이라 하지 않았나 하는 생각이 든다.

『일본서기』에는,

此地者 向韓國 眞來通 笠沙之 御前而 朝日之 直刺國 夕日之 照國 也 故此地 甚吉地.

이 땅은 한국이 바라보이는 곳으로 가사의 갑(岬)과도 바로 통해 있다. 아침 해가 바로 비치고 저녁 해가 비치는 나라인 까닭에 여기가 아주 좋은 땅이다.

이상과 같이 쓰여 있다. 사사 씨는 일본의 고대사에 대하여 많은 이야기를 들려주었다. 나는 이때만 해도 고대사에 대한 지식이 깊지 않았다. 사사 씨로부터 고대사에 대한 여러 가지 이야기를 듣고 흥미가 생기던 차에 사사 씨의 저서 『일본천황가는 한국인의 후손』이라는 책을 번역 출판하였다. 나와 같이 한·일 문화교류 초창기에 함께 일하던 강석태(姜錫泰) 선생이 번역을 하고 출판은 나의 권유로 김태용(金泰龍) 선생이 하였다. 김태용 선생은 군산고등학교 출신으로 전 보사부장관 김판술(金判述) 선생의 비서관을

韓國岳 앞에 선 著者와 後藤婦人

역임하였으며, 당시 김판술(金判述) 씨가 김해김씨 대종회
(金海金氏大宗會) 중앙회장을 맡고 있을 때 간사였다. 책 내
용이 금관가야의 역사와 닮은 점이 많다고 하여 책의 서문
은 김판술 선생이 썼다.

그 신화를 언급하기 전에 한 가지 짚고 넘어갈 것이 있
다. 그것은 가락국이란 금관가라를 가리킨다는 것이다. 이
나라는 여러 가지 이름이 있어서 혼동되기 쉽다. 임나가라
(任那加羅)·남가라(南加羅)·대가라(大加羅)·가야(加耶　또는　伽
倻)·가락(加洛) 등이다. 이 책에서는 금관가라로 통일하기로
한다.

덧붙여 말하면 중국의 위(魏)나라 때에는 변진구야(弁辰
拘耶)·구야한국(狗耶韓國)이라고도 불렀던 모양이다. 『위지·
왜인전(魏志·倭人傳)』에는 구야한국으로 되어 있다. 위(魏)
의 사신이 여기서 츠시마(對馬島)를 거쳐 북큐슈에 상륙한
것은 말할 것도 없다. 금관가라는 고대로부터 북큐슈를 향
해 열린 창(窓)이었다.

그런데 금관가야가 9대에 신라에 망하고 10대의 구형왕
이 왜로 건너가 왜의 29대 흠명천황(欽命天皇)이 되었다는
설에는 쉽게 납득이 가지 않는다는 말을 서문에 남겼다.
그리고 사사 씨의 다음 저서 『일본건국이전』이 나왔다. 나는
한·일 고대사에 흥미가 생겨 이 책을 사사 씨의 동의를 얻어
1995년에 번역·출판하였다. 책은 우리의 일본 민단 각 지부에
1,000부 가량 무상으로 기증하였다.

내용을 요약하면,

일본천황가의 만세일계(萬歲一系), 즉 『일본서기』 및 『고사기』 등 만능사관의 고대 일본사의 정설에 반격하여 말살된 한 왜연방국가의 실태를 탐구한다.

라는 내용이다. 사사씨는 이 책을 내고 일본 극우세력들에게 공격을 많이 받고 술로 세월을 보내다 간이 나빠져 세상을 떠났다.

『日本天皇家는 韓國人의 後孫』의 저자인 佐佐克明(右) 씨와 함께

사사 씨는 후쿠오카(福岡)의 명문가에서 태어나 동경제대를 나온 수재였다. 아사히신문(朝日新聞) 기자로 일하던 중 고대사 연구에 심취되어 백제의 고도 부여를 찾아 당시 부여문화원장이며 원로 고대사학자인 문정창(文定昌) 선생을 만나기도 했다. 그에게 고대사에 대한 질문을 던지면 대답 대신 책을 펼쳐 가리키는 곳을 읽어보라고 했다. 수차의 질문에도 아랑곳없이 책만 펼쳐 보여 주었다고 한다.

사사 씨는 그 노학자에 매료되어 후일 신문기자도 그만두고 사학자의 길을 택하였다. 올곧은 성격이라 직필(直筆)을 하니 극우세력으로부터 많은 공격을 받은 모양이다. 저서도 10여 권에 이른다.

← 김해시 구지봉 봉우리에 세워진 구지봉 비. 이것이 일본신화에서 천손이 강림했다고 하는 '구시후루다케' 의 원형이다.

구지봉 봉우리에 하늘에서 강림한 여섯 알. 이 알에서 나온 왕자가 6가야의 왕이 됐다. ↓

사사 씨의 지론은 3, 4세기경부터 왜는 한반도에서 건너온 도래인이 철(鐵)·쌀·도자기(陶磁器)·한자(漢字)·불교(佛敎) 등 제 문화를 가지고와 백제·신라·고구려·가야의 식민자들이 선주자(先住者)를 밀어내고 그 땅에 그들의 왕조를 만들었다는 것이다. 이러한 상황은 7세기까지 이어져 이 열도에는 '일본건국이전(日本建國以前)', 즉 일본인도 한국인도 존재하지 않는 한왜연방국가(韓倭聯邦國家)인이 그들의 왕조를 지속시켜왔다는 설을 주창하였다.

일본은 1945년 제2차 세계 대전으로 패망할 때까지 황기(皇紀)(2605년)를 사용하였다. 천황은 신성불가침의 살아있는 신이라 하였고, 교장선생님이 '천황폐하'라고 말만 해도 모두 차렷 자세를 취해야만 했다. 지금 생각해보면 군국주의 일본은 실로 만화 같은 나라였다. 연합군에 의해 패망한 일본은 황기 2605년은 허구라고 하여 진무(神武)에서 가이카(開化)까지 9대의 역사는 사라지고, 초대천황은 숭신(崇神)이 되었다.

초대 숭신천황은 『위지왜인전魏志倭人傳』이나 우리의 『삼국사기三國史記』에 의하면 백제 8대 고이왕(古爾王)의 동생 내신좌평(內臣佐平) 우수(優壽)가 일본으로 건너가 왜의 초대 숭신천황(崇神天皇)이 되었다고 한다. 공주대학에서 고대사 강의를 하던 와타나베 미츠토시(渡邊光敏) 교수가 쓴 『일본천황도래사』라는 책에 그렇게 쓰고 있다. 와타나베 교수는 일본에서도 천황사 연구의 권위자이다.

와타나베 교수는 라·당연합군에게 백제가 멸망하고 의자
왕과 아들 융이 당나라로 끌려가 처형당해 중국의 장안 낙
양 북망산(長安洛陽北邙山)에 묻혀 있는 것을 그곳까지 가서
그곳 공산당과 협의하여 2000년 10월에 부여로 묘를 옮겨
와 능산리(陵山里) 고분군 서쪽에 능묘를 훌륭하게 복원하
여 비를 세우고, 이듬해 부여제(夫餘祭)에 의자왕의 후손 미
마츠(三松) 씨가 일본 나라(奈良)에서 건너와 제주를 올리는
의식을 가졌다(당시 제주는 부여군수 유병돈(兪炳敦) 씨가
맡음).

이 모두가 와타나베 교수의 헌신적인 노력의 덕분이다.
와타나베 교수는 발로 역사를 쓰는 분이다. 참으로 존경스
러운 분이다. 저서도 많이 남겼는데 그 중 『일본어는 없다
』라는 책도 있다.

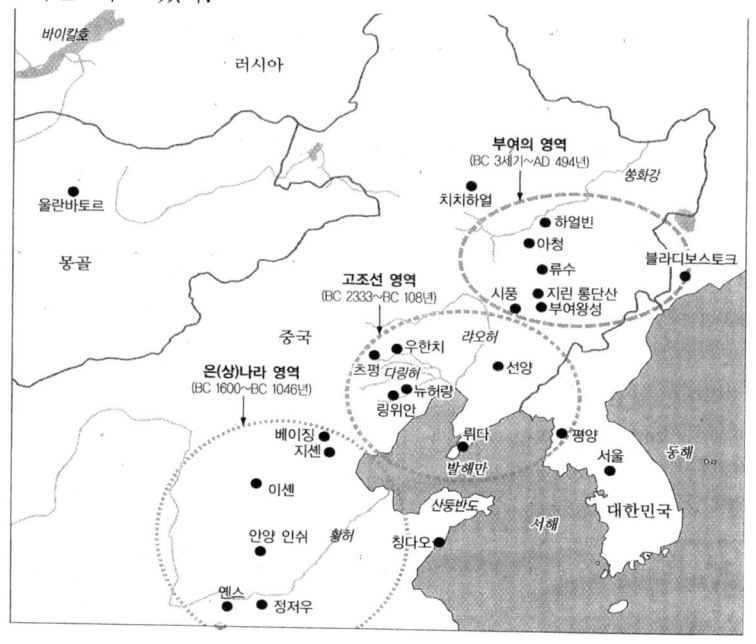

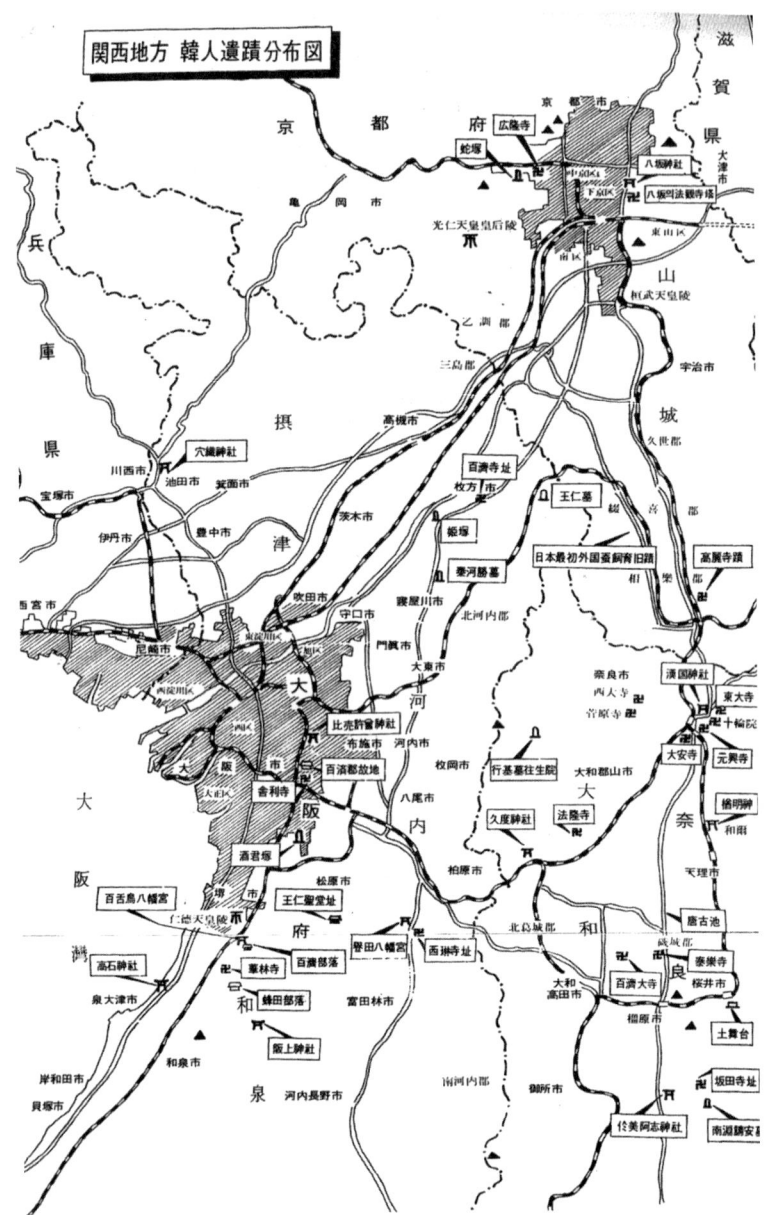

関西地方 韓人遺蹟分布図

6 · 7세기경까지 아스카(飛鳥)에는 渡來人이 80% 이상 살았다고
主張한 日本의 史學者 司馬遼太郎은 말하였다.

금관가라 왕가 10대 연보

(왕명)	(재위년수)	사망년(AD)
수로(首露)	158	199
거등(居登)	55	253
마품(麻品)	39	291
거즐미(居叱彌)	56	346
이시품(伊尸品)	62	407
좌지(坐知)	15	421
취희(吹希)	31	451
질지(銍知)	42	492
겸지(鉗知)	30	521
구형(仇衡)	12	532

※삼국유사에 의거. 단, 구형(仇衡)의 경우 532년은 사망년도가 아니고 신라에 항복한 해임

일본고대왕가 연보

1代王 神武(신무) 在位 BC 660－BC 585

2代王 綏靖(완정) 在位 BC 581－BC 549

3代王 安寧(안영) 在位 BC 549－BC 510

4代王 懿德(의덕) 在位 BC 510－BC 477

5代王 孝昭(효소) 在位 BC 475－BC 393

6代王 孝安(효안) 在位 BC 392－BC 291

7代王 孝寧(효영) 在位 BC 290－BC 215

8代王 孝元(효원) 在位 BC 214－BC 158

9代王 開化(개화) 在位 BC 158－BC 98

日本内 史學者들이나 國外의 史學家들은 日本의 歷史가 많이 僞書(改鼠－개서)되어 있다는 事實을 是認하고 있다.

2

日本 天皇은 百濟의 沸流系

渡日한 百濟沸流系 日本天皇의 근간 이루다

1993년 『고대천황도래사古代天皇渡來史』를 펴내 주목받은 바 있는 일본 역사학자 와타나베 미츠도시(渡辺光敏) 씨는 이 책에서 일본계 천황의 뿌리가 바로 도래한 백제계 왕족의 유민임을 밝히고 있다.

그러면 일본천황의 근간을 이루고 있는 목지국(目支國)의 왕 비류(沸流)와 그에 관계된 여러 자료에 대하여 우리의 『삼국사기』와 『삼국유사』, 기타 중국의 여러 사서(史書)를 통하여 알아보기로 하자.

『三國史記』

시조 동명성왕(東明聖王)의 성은 고(高)요, 이름은 주몽(朱蒙) 이다. ……졸본천(卒本川)에 이르러 토지가 비옥하고 강산이 험고(險固)함을 보고 도읍하려 하였으나 미처 궁실을 지을 겨를이 없어 우선 비류곡(沸流谷) 위에 살며 국호를 고구려라 하고 고(高)씨를 성으로 삼았다.

혹은 주몽이 졸본부여(卒本扶餘)에 당도하니 마침 왕이 아들이 없다가 주몽을 보고 범상한 인물이 아님을 알고 자기 딸을 아내로 주었다. 왕이 죽으매 주몽이 왕위에 올랐다고 한다. 이때 주몽의 나이 22세니 신라시조 박혁거세 21년이다. ——(고구려 본기)

왕(古尒王)의 아우 우수(優壽)로 내신좌평(內臣佐平)을 삼았다. ——(고이왕 27년)

우두(優頭)로 내법좌평(內法佐平)을 삼았다. ——(고이왕 28년)

『三國遺事』

백제시조는 온조왕(溫祚王)이다. 그의 아버지는 추모(鄒牟), 혹은 고구려의 주몽이라 한다. 그가 북부여(北扶餘)에서 난리를 피하여 졸본부여(卒本扶餘)로 왔다. 부여왕에겐 아들이 없고 딸만 셋이 있었는데 주몽을 보고서 비상한 인물임을 알고 둘째딸을 그의 아내로 주었다. 얼마 안 되어 부여왕이 죽고 주몽이 왕위를 계승했다. 아들 둘을 낳았는데 맏은 비류(沸流)요, 다음은 온조(溫祚)였다. 어떤 이는 주몽이 졸본에 와서 월군(越君)의 딸에게 장가들어 두 아들을 낳았다고도 한다.

그런데 주몽이 북부여에 있을 때 낳은 아들(孺留 ; 琉璃)이 찾아와 태자가 되자 비류와 온조는 태자에게 용납되지 못할 것임을 염려하여 오간(午干)·마려(馬黎) 등 열 명의 신하와 함께 남으로 떠나니 그를 따르는 백성이 많아 드디어 한산(漢山)에 이르러 부아악(負兒嶽)에 올라 살만한 땅을 찾았다.

비류는 바닷가 쪽으로 머물러 살 곳을 정하려 하니 열 명의 신하가 간하기를 "이 하남(河南)의 땅은 한수(漢水)를 띠고 동으로 높은 산을 의거하여 남으로 기름진 들을 바라보고 서쪽으로 큰 바다가 막혔으니 얻기 어려운 천험(天險)이요, 지리(地利)의 형세인지라 여기에 도읍을 마련함이 좋지 않겠습니까?"라고 했으나 비류는 듣지 않고 그 백성을 나눠 가지고 미추홀(彌鄒忽)로 가서 사니 온조는 하남위례성(河南慰禮城)에 도읍을 정하고 열 신하로 보필을 삼고 국호를 십제(十濟)라 하였다.

비류는 미추홀의 토지가 습하고 물맛이 짜서 편히 살 수 없어 돌아와 위례성을 보니 도읍이 자리잡히고…… 드디어 뉘우침 끝에 죽으니…… 그 뒤 온조가 처음 올 때 백성이 즐겨 따랐다 하여 국호를 백제(百濟)로 고쳤다. 그 세계(世系)는 고구려와 함께 부여에서 나왔으므로 부여(扶餘)로 성씨를 삼았다.

일설에는 시조는 비류왕(沸流王)이다. 그 아버지 우태(優台)는 북부여왕 해부루(解扶婁)의 손이요, 어머니는 소서노(召西奴)이니 졸본(卒本) 연타발(延陀勃)의 딸이다. 처음 우태에게 시집와서 아들 둘을 낳았는데 맏은 비류요, 다음은 온조이다. 우태가 죽으메…… 그 뒤에 주몽이 부여에서 용납되지 못하자 남으로 달아나 졸본에 도착하여 도읍을 세우고 국호를 고구려라 하고 소서노를 데려다 왕비로 삼았다.

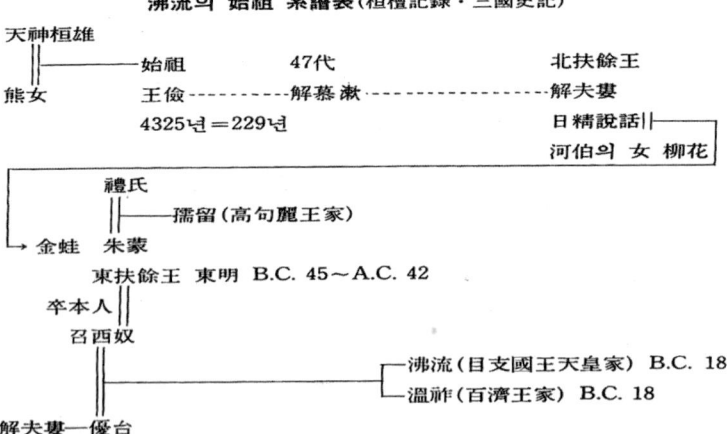

沸流의 始祖 系譜表(桓檀記錄·三國史記)

소서노가 주몽이 기업(其業)을 창건함에 대하여 자못 내조가 있었기에 주몽의 사랑함과 대접이 특히 후하여 비류 등을 대하는 것도 자기의 소생이나 같았다. 주몽이 부여에 있을 적에 예씨(禮氏)에게서 낳은 아들 유류(儒留 ; 琉璃)가 찾아오자 태자를 삼아 왕위를 계승케 하니, 비류는 아우더러 이르기를……

그 후 성왕(聖王) 16년(537) 봄, 도읍을 사비(泗沘 ; 지금의 부여)로 옮기고 국호를 남부여(南扶餘)라 하였다.

『後漢書』

마한(馬韓)은 그의 동족을 세워서 진왕(辰王)으로 삼고 목지국(目支國)에 도읍하고 삼한(三韓) 모두의 왕이 되었다. ──(韓傳)

중국 부여왕 구태(仇台), 고구려왕 궁(宮), 부여왕 부태(夫台)…….

『三國志』

진왕(辰王)은 목지국(目支國)을 다스리고 있다. 그의 신지(臣智)인 우(優)는…….

부여왕 구태(仇台)와 위거(位居)…….

『周書』

백제는 마한(馬韓)의 일국으로 왕가는 부여족, 조상은 구태(仇台) …….

『광개토대왕비』

영락(永樂) 6년(內申 ; 396)에 왕이 직접 수군(水軍)을 이끌고 이잔국(利殘國 ; 百濟)을 치다. 군사들이 처음에는 18성(城)을 공격해 갔다…….

……비류리성(沸流利城), 즉 미추성(彌鄒城) 등이다.

이상의 역사기록들을 중심으로, 이를 날줄과 씨줄로 삼아서 백제계, 특히 비류와 그의 부친 우태(優台)의 원형질적인 요소가 백제왕족을 통하여 일본의 황족에 전해진 역사적 사실을 더듬어 보면 다음과 같다.

백제 마지막 도읍지 '扶餘'의 이름

주몽이 졸본부여에 도착하니 마침 왕이 아들이 없다가 주몽을 보고…….──(삼국사기)

그 세계(世系)는 고구려와 함께 부여에서 나왔으므로 부여로 성씨를 삼았다. 일설에는 시조는 비류왕이다. 그 아버지 우태는 북부여 해부르왕의…….──(삼국유사)

성왕 16년 봄, 도읍을 사비(泗沘 ; 所夫里)로 옮기고 국호를 남부여라 하였다.──(삼국유사)

……부여왕 구태와 위거…….──(삼국지)

백제는 마한의 일국으로 왕가는 부여족, 조상은 구태…….──(주 서)

이상에서 알 수 있듯이 비류와 온조의 어머니 소서노가 아버지 또는 의붓아버지 주몽과 만난 곳이 바로 졸본부여요, 아버지 우태(優台)가 바로 북부여 해부루왕의 손이고, 백제의 제26대 성왕 16년(537)에 고구려에 밀려 수도를 사비로 천도하여 그 이름을 부여로 고치고, 국호마저 남부여라고 했을 정도로 비류계 왕족에게 부여는 마음의 고향인 셈이다.

'優台'라는 이름의 殘影

왕(고이왕)의 아우 우수(優壽)로 내신좌평을 삼았고…… 우두(優頭)로 내법좌평을 삼았다.──(삼국사기)

부여왕 구태(仇台)와…….──(삼국지)

백제는 마한의 일국, 왕가는 부여족이요, 조상은 구태이다.──(주서)

백제계 왕족의 실질적 시조인 우태는 비록 해부루왕의 손이지만 졸본부여의 연타발의 딸 소서노(召西奴)와의 사이에 비류(沸流)와 온조(溫祚)를 낳아, 또는 비류를 낳아 아들이 백제국(百濟國)과 목지국(目支國)을 세워 왕이 되었으므로 결국 백제왕계, 특히 비류왕계의 시조로써 그 위상이 높아져 백제의 비류계 왕족과 일본황족이 은연중에 시조의 이름자를 차용하거나, 어떤 여건상 훈이 같거나 뜻이 같은 다른 글자로 표기하여 스스로 비류계임을 밝혔을 것으로 사료된다.

沸流가 세웠다는 目支國

마한은 그의 종족을 세워서 진왕(辰王)으로 삼고, 목지국에 도읍하고 삼한 모두의 왕이 되었다.──(후한서)

진왕은 목지국을 다스리고 있다.──(삼국지)

비류가   미추홀(彌鄒忽 ; 仁川)에   세웠다는 '목지국'이라는
이름은 지금의 인천이다.

'沸流'와 '溫祚'라는 이름의 殘影

시조 동명성왕의 성은 고(高)요, ……미처 궁실을 지을 겨를
이 없어 우선 비류수 위에 살며…….──(삼국사기)

백제시조는 온조왕이다. 그의 아버지는 추모 혹은 고구려의
주몽이라 한다.──(삼국유사)

주몽이 왕위를 계승했다. 아들 둘을 낳았는데 맏은 비류요,
다음은 온조였다. 주몽이 북부여에 있을 때 낳은 아들이 찾아
와 태자가 되자 비류와 온조는…… 비류는 바닷가 쪽으로 머물
러 살 곳을 정하려 하니…… 비류는 듣지 않고 그 백성들을 나
눠 가지고…… 미추홀로 가서 사니 온조는 하남위례성에……
비류는 미추홀의 토지가 습하고…… 일설에는 시조는 비류왕
이다. 그 아버지 우태는…….──(삼국유사)

영락 6년에…… 군사들이 처음에는 18성을 공격해 갔다. 비
류리성, 즉 미추성 등이다.──(광개토대왕비)

중국측의 여러 사서와 우리나라의 대표적 사서인 『삼국
사기』와 『삼국유사』의 기록을 통하여 소서노의 두 아들 비
류와 온조의 출생을 놓고 볼 때 다음과 같은 네 가지 공식
을 얻을 수 있다. 즉

- 소서노＋우태＝비류・온조   - 소서노＋주몽＝비류・온조
- 소서노＋우태＝비류   - 소서노＋주몽＝온조

필자가 위와 같은 도식을 생각하게 된 동기는, 주몽이 유리(留儒 : 留流)를 태자로 책봉함에 따라 남하한 비류와 온조 두 형제 중에 왜 차남인 온조가 대국인 백제 건국의 주역이 되었는가, 왜 오래도록 비류라는 이름의 잔영은 백제의 왕족과 일본의 황족의 이름에 많이 남아 있는데 온조라는 이름의 잔영은 전혀 나타나지 않는가 하는 의문 때문이었다.

그리하여 필자가 얻은 결론은 다음과 같다.

① 당시는 유교의 짙은 장유유서의 정서가 강하여, 고구려 건국에 크게 힘을 보탠 후비 소서노의 아들보다 첫 왕비인 예씨의 아들 유리를 태자로 봉할 수밖에 없었던 것이 주몽의 입장이었다.

② 소서노는 자기의 소생을 태자에 앉히기 위해 적극적으로 고구려 건국을 도왔으나 비류나 온조 어느 누구도 주몽의 실질적인 아들이 아니기 때문에 애초부터 비류와 온조는 태자로 봉해질 수 없었다.

③ 아우인 온조가 형인 비류를 누르고 백제 건국의 주역이 된 것은 온조가 주몽의 실질적인 아들로, 배다른 형 유리와의 알력을 없애고, 또한 자신의 영향력을 남쪽으로 더 확대하기 위하여 의붓아들인 비류와 온조를 전략적으로 남하케 했다.

④ 비류와 온조가 비록 배다른 형제지만 고구려의 기틀을 완전히 잡은 주몽이 온조를 돕기 위해 10인의 참모를 인선하여 딸려 보냈을 것이다.

⑤ 소서노의 입장에서 여러 가지 여건상 비록 비류가 자신과 우태 사이의 장남이지만 주몽의 영향력을 무시하면서까지 비류를 백제국의 왕위에 앉히기에는 여건상 역부족이었다.

⑥ 비류가 세에 몰려 비록 상대적으로 약한 목지국(目支國)의 왕위에 올랐지만 시간이 지남에 따라 비류계 왕족이 온조계 왕족보다 강력해져 자연스럽게 비류계가 훨씬 많이 왕위에 오르게 되었고, 왕위다툼에서 밀린 상당수의 비류계 왕족은 자연스럽게 일본으로 흘러들어가 일본의 천황에 올랐을 것이다.

⑦ 온조계에 비하여 비류계가 더 강해졌던 이유 중에는 중국대륙의 정치적 갈등으로 상당수의 부여계 백성들이 인접하여 갈등관계에 있는 고구려보다 부여, 즉 집안에 가까운 비류강에서 태어나 이름조차 비류로 불리우던 비류계가 있는 백제로 내려와서 온조계가 아닌 비류계를 도왔던 관계로 상당수의 비류계가 왕위에 올랐을 것이다.

위의 ⑥ · ⑦항을 입증하는 증거로는 백제의 31명의 왕 중에 제2대 다루왕(多婁王), 제3대 기루왕(己婁王), 제4대 개루왕(蓋婁王), 제6대 구수왕(仇首王), 제14대 근구수왕(近仇首王), 제15대 침류왕(沈流王), 제20대 비유왕(毘有王)이 부여

계로, 특히 비류와 관계있는 왕족임을 은연중에 나타낸 것
이라 할 수 있겠다.

3

日本의 崇神天皇은 百濟 8代 古爾王의 아우 優壽

일본의 역사 교과서는 실질적인 일본의 초대황제인 숭신천황(崇神天皇)을 제1대 진무(神武), 제2대 스이제이(綏靖), 제3대 안네이(安寧), 제4 이토쿠(懿德), 제5대 고오쇼(孝昭), 제6대 코오안(孝安), 제7대 코레이(孝寧), 제8대 코겐(孝元), 제9대 가이카(開化)에 이은 제10대 천황으로 표기하고 있다. 이는 일본인들이 우리, 특히 백제에서 받아들인 문물을 의례히 '중국의 것을 백제를 거쳐 전해 받은' 식으로 표기하는 그들 나름대로의 숨기고 싶은 콤플렉스 때문에 초대에서 제9대 황제까지는 자기들의 역사가 백제의 역사보다 앞선다는 뜻으로 끼워 넣은 허구의 사실임을 알아야 한다.

일본 『고사기』는 실질적인 일본의 초대황제인 숭신천황(崇神天皇)에 대하여,

御眞木 入日子 印惠命(어진목 입일자 미마기 ; ミマキ イリヒコ イニヱミ コト).

百濟 古爾王의 아우 優壽였던 崇神天皇陵

라고 적고 있다. 이는 '목지국(目支國 ; 眞木)을 다스리는 태양자(太陽子 ; 日子)이고, 천신께 제사지내는(印惠) 왕(命)'이라는 뜻이다. 바꿔 설명하면 천황은 원래 백제 비류왕의 왕자였기 때문에 '목지'와 발음이 같은 '진목(眞木 ; マキ)'으로 글자를 바꿔 '御眞木入日子'로 써서 백제 비류왕과 혈연이 있는 일본의 천황임을 나타낸 것이니, 이는 『고사기』를 쓴 기록자들의 마지막 양심의 발로로 받아들여야 할 것 같다.

한편, 『일본서기』는 소위 그들의 초대황제라는 진무천황(神武天皇)에 대하여,

始馭天下之天皇(시어천하지천황 ; ハツクニ シラス スメラミコト).

라 표기하고 있고, 10대 황제라고 하는 천황에 대해서는,

御肇國天皇(어조국천황 ; ハツクニ シラシシ スメラミコト).

숭신천황릉

· 素戔嗚尊·須佐男命·狹野尊·神武·崇神·牛頭는 同一 人物

1	素戔嗚尊은 韓國 曾尸茂梨(日本 發音 소시모리 — ソシモリ) 住人(『日本書紀』) ※ 素戔嗚尊·須佐男命(日本 發音 スサノオノ ミコト — 스사노오노 미고도) 同人
2	神武 = 鳥見山—靈畤(祭壇) 皇祖—天神 祭祀 (日本『古事記』) ※ 神武는 崇神의 匿名
3	神武 = 天照大神의 後孫 (日本 日向傳說) ※ 狹野尊(スサノオ ミコト — 스사노오노 미고도)는 神武의 幼名

判斷	區分	日本 發音	一般 語意	百濟 語意
	曾尸茂梨	ソシモリ(소시모리)	無	
	牛頭	ソシモリ(소시모리)	ウマのカシラ, 親爺 牛(ソシ)頭(モリ), 頭目	黃金村
	素戔(神武) = 曾尸茂梨(ソシモリ — 牛頭 — 黃金村) 渡來人 神武(崇神) = 牛頭(ソシモリ — カシラ — 親爺) 偉大人		牛頭大王	

註記	1. 百濟人 神祀 祖神 = 牛頭大王, 百濟王(素戔嗚尊, 禪虞王) 2. 天照大神 = 沸流王의 匿名(日本 天皇 始祖) 3. 神武 = 崇神의 匿名(百濟 8代 古爾王의 弟)

參考	1. 韓國 用語 — 우두머리(牛頭·頭) = 團體의 頭領 2. 百濟(扶餘) 地名 = 소머리(ソシモリ·牛頭·曾尸茂梨) 　　　　現地名 = 忠南 扶餘郡 窺岩面 扶餘頭里

百濟 王家와 日本 王家 客人表

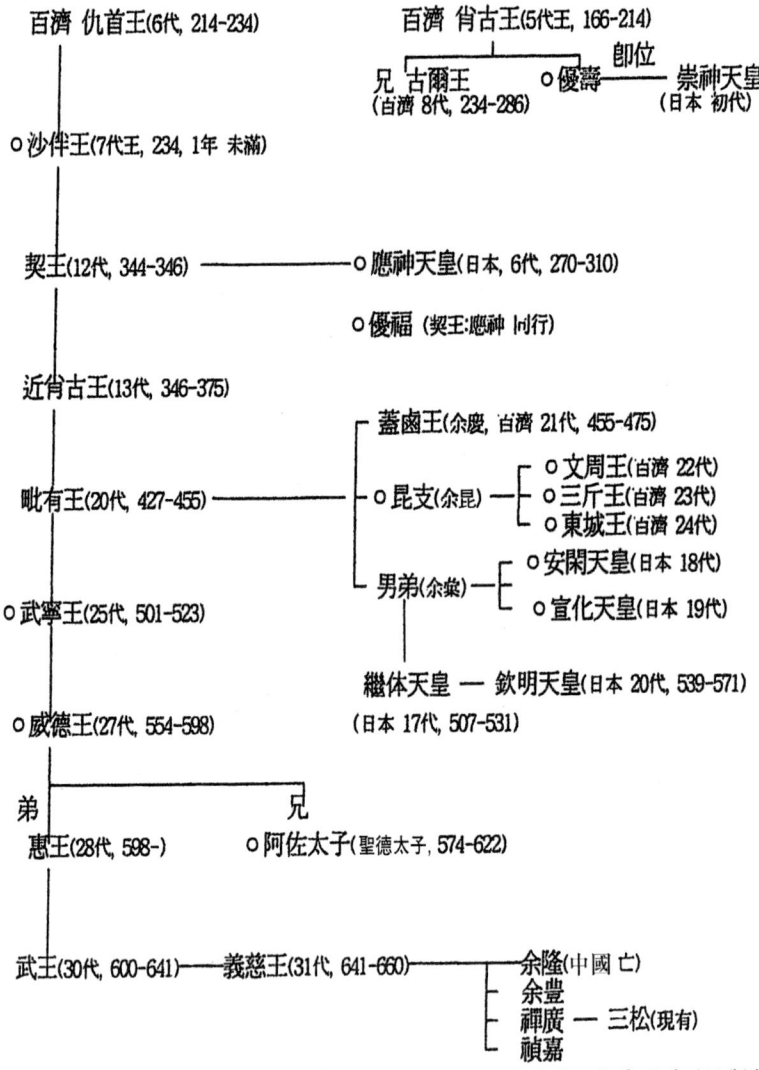

百濟 仇首王(6代, 214-234)

百濟 肖古王(5代王, 166-214)

兄 古爾王
(百濟 8代, 234-286)

ㅇ優壽 ──即位── 崇神天皇
(日本 初代)

ㅇ沙伴王(7代王, 234, 1年 未滿)

契王(12代, 344-346) ──────── ㅇ應神天皇(日本, 6代, 270-310)

ㅇ優福 (契王:應神 同行)

近肖古王(13代, 346-375)

┌ 蓋鹵王(余慶, 百濟 21代, 455-475)

毗有王(20代, 427-455) ──── ㅇ昆支(余昆) ──┬ ㅇ文周王(百濟 22代)
                                        ├ ㅇ三斤王(百濟 23代)
                                        └ ㅇ東城王(百濟 24代)

│ 男弟(余㲒) ──┬ ㅇ安閑天皇(日本 18代)
              └ ㅇ宣化天皇(日本 19代)

ㅇ武寧王(25代, 501-523)

繼体天皇 ── 欽明天皇(日本 20代, 539-571)
(日本 17代, 507-531)

ㅇ威德王(27代, 554-598)

弟   兄

惠王(28代, 598-)   ㅇ阿佐太子(聖德太子, 574-622)

武王(30代, 600-641) ── 義慈王(31代, 641-660) ──┬ 余隆(中國 亡)
                                            ├ 余豊
                                            ├ 禪廣 ── 三松(現有)
                                            └ 禎嘉

<參考> 當時는 百濟가 日本을 支配하던 時代였으므로, 百濟에서 日本에 보낸 客人制度
는 어떤 人質的(條件附, 擔保的)인 것이 아니라, 將次 王(王孫)으로서의 資質을 갖추게
하려고 事前 豫習的인 次元에서 眼目과 見聞을 넓히기 위한 方法이었다.

로 표기하였다. 천황에 대한 기록, 즉 '始馭天下之天皇'은 "처음 나라를 다스린 왕의 여부는 분명치 않다(不知 ; シラ ス)."고 기록한 반면, 숭신천황의 기록에는 '御肇國天皇'이라 하였으니 이는 곧, "처음 나라를 다스린 왕임이 분명하다(知 畢 : シラシシ)."고 기록하였음에도 불구하고 일본인들 스스로 신무천황(神武天皇)을 일본 최초의 천황이 아니고 실질적인 천황은 숭신천황(崇神天皇)임을 슬며시 내비친 표현으로 받아들여야 하겠다.

그러면 숭신천황이 백제 비류왕의 핏줄을 이어받은 고이왕(古爾王)의 아우라는 역사적 사실을 더듬어 보기로 하자.

고이왕은 백제 제8대 왕으로 우리의 『삼국사기』에 의하면 백제 제6대 구수왕(仇首王)의 태자 사반왕(沙伴王)이 제7대 백제왕으로 즉위하였으나 나이가 어려 나라를 다스릴 수 없어 여러 중신들의 합의로 고이왕의 할아버지인 제5대 초고왕(肖古王)의 모계인(召西奴와 優台의 아들) 고이(古爾)가 왕위에 올라 백제 제8대 왕이 되었다.

이 고이왕의 아우, 즉 일본의 실질적인 초대황제였던 숭신천황(崇神天皇)의 어렸을 때 이름인 '우수(優壽)'에 대하여 『삼국사기』에서는 백제의 고이왕은 왜(日本)의 구노국왕(狗奴國王)인 히미구코(卑彌弓呼 ; ヒミクコ)를 도와 히미코(卑彌呼 ; ヒミコ)를 견제하였다고 쓰고 있는데, 여기서 히미구코는 우수를 지칭하는 것이고, 이 우수가 자기의 아우였기 때문에 일본의 건국, 즉 일본의 실질적인 황제에 즉위하도록 도왔던 것이다.

고이왕의 아우인 우수, 즉 히미구코(卑彌弓呼)는 일본 남

百濟史와 日本史 連關表　　※客 ─ 日本에 있다 百濟에 歸國

百濟(韓國)			歷史(史實)	倭國(日本)			
在位	代	王		摘要	王	代	在位
		沸流 兄		架空 (1-9)	神武	1	BC660-BC585
BC18-AD28	1	溫祚 弟			安寧	3	BC549-BC510
AD28-77	2	己婁			孝昭	5	BC475-BC393
234	7	沙伴	沙伴王 悲死→		開化	9	BC8-BC98
234-286	8	古爾	弟, 初代王 卽位→	百濟系	崇神	1-10	BC97-BC30
304-344	11	比流			垂仁	2-11	BC29-AD70
344-346	12	契	本人, 應神 卽位→	新羅系	景行	3-12	AD71-130
346-375	13	近肖古	應神께 七支刀 贈→		成務	4-13	AD131-190
455-475	21	蓋鹵	弟, 昆支, 飛鳥氏 始祖→		仲哀	5-14	192-200
		〃	弟, 男弟 繼体 卽位→		神功	攝政	201-269
		〃	弟, 男弟 子 安閑 卽位→	百濟系	應神	6-15	270-310
		〃	弟, 男弟 子 宣化 卽位→		仁德	7-16	313-399
475-477	22	文周	←文周王 卽位(客)		武烈	16-25	498-506
479-501	24	東城	←東城王 卽位(客)	明日香佛敎 (500-552)	繼体	17-26	507-531
501-523	25	武寧	←武寧王 卽位(客)		安閑	18-27	531-535
		〃	淳陀 佛敎初傳		宣化	19-28	535-539
		〃	淳陀 倭君氏 始祖→		欽明	20-29	539-571
		〃	百濟, 飛鳥文化 源泉→		用明	22-31	585-587
523-554	26	聖	日本 元興寺 建立	飛鳥文化	推古	24-33	592-628
		〃	日本 金佛像 贈→		齊明	28-37	655-661
544-598	27	威德	←威德王 卽位(客)		持統	32-41	686-697
		〃	阿佐太子(聖德太子)→		元明	34-43	707-715
598-599	28	惠	赤松 佛像 贈→		元正	35-44	715-724
		〃					
599-600	29	法			孝明	228	1846-1866
600-641	30	武			明治	229	1867-1912
641-660	31	義慈	←齊明, 白馬江 戰鬪		大正	230	1912-1926
			日本, 東大寺 建立→		昭和	231	1926-1970
			←佛敎傳來謝恩碑(72)		平成	232	1970-現

큐슈(南九州) 지역을 다스리고 있던 소왕국의 왕으로 북큐슈 지방을 점유하고 있던 야마타이국(邪馬台國)의 히미코(卑彌呼)를 정복한 후, 뒤따라 나라(奈良)지역을 통치하고 있던 야마토(太和;ヤマト)를 정복하여 일본을 통일하고 일본 초대의 천황인 숭신천황(崇神天皇)이 되었던 것이다.

한편, 재위 1년 만에 고이왕에게 왕위를 빼앗겼던 백제 제7대 사반왕은 그 후 일본으로 건너가 일본 천황의 자리를 노렸으나 이미 천황의 세력이 약해져 천황에 오르지 못하고 기회를 놓쳐 운명까지 달리했다고 전한다.

4

日本의 應神天皇은 百濟의 12代 契王

백제 契王의 기록 속에 숨겨진 이야기

일본의 역사서에 제15대 응신천황(應神天皇 270~310)은 제14대 쥬아이천황(仲哀天皇)의 아들로 되어 있다. 그러나 사실은 쥬아이천황이 태자 없이 변사하자(타살설도 있음) 퇴위하고 있던 백제 제12대 계왕(契王;沸流系)이 일본으로 건너가 왕위에 오르니 이가 곧 응신천황(應神天皇)이다. 그의 재위기간은 270년~310년이며 그의 본명은 호무타(本牟多)이다.

『古事記』 기록자의 마지막 양심

한편 우리의 『삼국사기』에는 백제 제12대 계왕(契王)의 본명이 본모태(本牟太;ホムタ)로 기록되어 이어지는 『삼국사기』의 기록은 다음과 같다.

그는 천품이 굳세고 날래어 말을 잘 달리고 활을 잘 쏘았다.

당초 분서왕(汾西王)이 돌아갔을 때 너무 어리므로 왕위에 오르지 못하다가 비류왕(比流王)이 재위 41년에 돌아가니 즉위하였다. 3년 가을 왕(契王)이 돌아갔다.

그러면 여기에서 당시 백제의 정치적 상황을 살펴보면, 제6대 구수왕(仇首王)이 재위 21년 만에 죽으니 그 아들 사반(沙伴)이 너무 어려 제7대 왕이라는 명목상의 왕위만 받고 제5대 초고왕(肖古王)의 둘째아들, 즉 작은할아버지 고이(古爾)가 제8대왕(재위 53년)→책계(責稽)가 제9대왕(재위 13년)→분서(汾西)가 제10대 왕위에 올라 제위 7년 만에 죽었지만 그 아들 계(契)가 너무 어려 왕위에 오르지 못하고 6대 구수왕의 둘째아들 비류(比流)가 제11대 왕위에 올라 재위 41년 만에 죽었다.

그러자 이전에 너무 어려 왕위에 오르지 못했던 계(契)가 왕위에 올라 3년 만에 죽은 것으로 역사서는 적고 있다.

이상의 내용을 중심으로 생각해 볼 때, 당시 백제에는 왕의 자리를 놓고 왕족간에 얼마나 큰 알력이 있었던가를 미루어 짐작할 수 있으며, 그때 계왕(契王)이 아무런 이유없이 즉위 3년 만에 죽었다고 한 것은 당시 『삼국사기』 집필자들이 계왕이 왕위에서 물러난 실질적인 내용을 숨기려 했던 것이라고 필자는 생각한다.

분명히 왕위에서 밀려난 계왕이 살아남기 위해 당시 일본 상류사회의 주류를 이루고 있었을 백제 유민들을 믿고 일본으로 건너가 쥬아이천황(仲哀天皇)이 아들이 없이 죽자, 그 뒤를 이어 천황이 되고자 츠루가(敦賀)항에 내렸을 것임이 분명하다.

특히 혈족관계에 있어서도 계왕(契王)의 입장에서 볼 때 자신이 너무 어리다고 왕위를 꿰찬 비류왕의 둘째아들 근초고왕(近肖古王, 제13대)이 통치하는 백제보다 혈통관계로 훨씬 가까운 고이왕(古爾王)의 아우인 우수(優壽)가 실질적으로 초대황제(崇神天皇)로 다스리고 있는 일본쪽이 훨씬 더 자신의 영향력을 발휘할 수 있었을 것임도 분명하다.

다시 말해서 일본의 쥬아이천황(仲哀天皇)이 후손 없이 죽으니 일본 천황에 즉위하기 위하여 일본 츠루가(敦賀)항에 도착한 날에 대한 일본 역사서의 왜곡 드라마가 연출된다. 다시 말해 백제의 계왕이 그들의 제15대 응신천황(應神天皇)에 등장하는 사실을 희석시키는 왜곡 드라마이다. 즉 일본의 『고사기』의 「신공기(神功記)」에 의하면 호무타(本牟太 ; 契王의 兒名)가 츠루가(敦賀)항에 도착하는 그날 꿈에, 그곳에 이사사와키대신(伊奢沙和氣大神)이 나타나, "너의 이름을 내 이름으로 바꾸고 싶다."고 하자 태자(本牟太;ホムタ)는 기뻐하며, "그리 하겠습니다."라며 공물을 바치고 본모태(本牟太)를 이사사와키(伊奢沙和氣)로 바꿨다고 한다. 바로 백제의 계왕이 이름을 바꿔서 일본의 천황(應神天皇)이 되었다는 사실인 것이다.

일본 역사서의 왜곡 및 날조 사례는 이것으로 그치지 않는다. 일본 역사서는 백제 계왕이 일본 응신천황에 즉위한 내용을 사실적으로 표현하지 않고 문자(文字)의 장난질로 위서(僞書)하여 역사를 날조하였는데 그 실례를 들어보면 다음과 같다.

『고사기』에서는 응신천황(應神天皇)의 아명 '호무타(本牟太)'를 일본식 발음 '호모타'와 발음이 같은 '호무타(本牟多; 品陀)'라 적고 있으며, 『일본서기』에서는 일본어 '호무타(ホムタ)'와 발음이 같은 '호무타(譽田)'·'호무타(褒武多)'로 표기하고 있다.

그냥 지나칠 수 없는 『삼국사기』와 『일본서기』의 두 기록

앞에서도 언급했지만 『삼국사기』 「본기」의 계왕(契王)조에,

천품이 굳세고 날래며 말을 잘 달리고 활을 잘 쏘았다.

는 기록과 『일본서기』의 설화 같은 기록, 즉

응신(應神)이 태어났을 때 팔 위에 특이한 근육이 붙어 있었다. 그 모양은 활을 쏠 때 팔꿈치에 끼는 가죽 도구로 화살을 쏜 후 반동으로 활줄이 팔꿈치에 닿는 것을 막는 호무타와 비슷하여 어머니인 진구황후(神功皇后)가 삼한정벌 때에 남성처럼 용감한 군장을 했을 때 착용했던 호무타 모양과 비슷했다. 그래서 응신의 이름을 기려서 호무타천황이라고 하는 것이다.

이상의 두 기록에 백제의 계왕(契王)이 활을 잘 쏘았다거나 응신천황(應神天皇)의 팔에 활을 쏠 때 반동을 줄여주는 기구인 호무타처럼 생긴 근육이 붙어 있었다고 하는 것은 백제의 계왕과 일본의 응신천황이 활을 잘 쏘는 동일인물

임을 은연중에 표기하고 있다는 것을 간과해서는 아니된
다.

응신천황릉

5

日本의 繼體天皇은 百濟 武寧王의 叔父

일본의 역사서에 제26대 게이타이천황(繼体天皇 : 실질적으로는 17代)은 백제 제20대 비류왕(毗有王)의 3남이요, 제21대 개로왕(蓋鹵王)의 둘째아우 남제(男弟)이다.

일본 제26대 게이타이천황의 부친인 백제 비류왕에게는 개로·곤지(昆支)·남제(男弟) 세 왕자가 있어 그중 둘째인 곤지를 자신의 후계자로 앉히려 했으나 제위 29년 만에 뜻을 이루지 못하고 죽자, 부친의 뜻을 거스르며 첫째왕자 개로가 왕위에 오르니 이가 곧 백제 제21대 개로왕이다. 개로는 이에 그치지 않고 곤지의 아내, 즉 자신의 제수가 되는 곤지의 아내까지 빼앗아 아내로 삼는다.

개로왕은 이미 아들 문주(文周 : 汶洲)를 두고 있었다. 문주는 아버지가 왕위에 오르자 상좌평(上佐平)의 직위에 오른다. 문주가 왕위에 오르기까지의 과정을 『삼국사기』의 「백제본기」에서 그대로 옮기면 다음과 같다.

개로왕의 재위 21년에 고구려가 침범하여 한성(漢城)을 포위하니 개로왕이 성을 굳게 지키는 한편, 문주를 시켜 신라에 구원을 청하여 군사 1만을 이끌고 쳐 올라오니 고구려병이 비록 퇴각은 하였으나 성(城)이 부서지고 왕(개로왕)마저 죽으니 드디어 즉위하였다.

문주왕은 성질이 유순하여 결단력이 부족하나 백성을 사랑하므로 백성들도 그를 사랑하였다. 겨울 10월에 도읍을 웅진(熊津 ; 현 公州)으로 옮겼다.

한편 문주가 왕위에 오르기 전 개로왕은 자신의 아들이 아직은 어리고, 부왕이 생전에 아우인 곤지를 자기의 뒤를 이을 태자로 생각했을 만큼 강력한 정적이었기에 곤지의 큰아들 모대(牟大)를 인질로 잡고, 곤지를 사신이라는 명분을 내세워 일본으로 쫓아낸다.

일본으로 내쫓기게 된 곤지는 형인 개로왕에게 본래의 자기 처와 함께 일본으로 나가게 해달라고 간청하여 함께 일본으로 건너간다. 그러나 개로왕에게 빼앗겼던 곤지의 아내는 일본에 도착하자마자 산기가 있어 가라츠(唐津)의 가카라시마(加唐島)의 동굴 안에서 몸을 푸니 이때 태어난 아이가 백제의 제25대 무령왕이다. 무령왕은 명목상으로는 곤지의 아들이지만 실질적으로는 개로왕의 씨앗이다.

백제 문주왕이 제위 4년 만에 사냥을 나갔다가 해구(解仇)에 의해 죽임을 다하자 당시 13세의 아들이 왕위를 계승하니 이가 곧 제23대 삼근왕(三斤王)이다. 어린 나이에 왕위에 오른 삼근왕은 실권을 해구에게 넘겼더니 해구는 은솔 연신(燕信)과 더불어 모반을 일으켰다가 덕솔 진로(眞老)에게 죽임을 당하고 연신은 고구려로 도망쳤으며 그 일족은 죽임을 당했다. 이런 와중에 삼근왕이 즉위 3년 만에 죽는데 그 원인은 밝혀지지 않았다.

이리하여 백제 제24대 왕에 등극한 인물이 개로왕에게 인질로 잡혀 있던 곤지의 아들 동성이다. 이 동성왕에 대하여『삼국사기』는 이렇게 적고 있다.

동성왕의 휘는 모대(牟大)니 문주왕의 아우 곤지(昆支)의 아들이다. 담력이 뛰어나고 활을 잘 쏘아 백발백중하였다. 삼근왕이 돌아가니 즉위하게 되었다.

위와 같이 『삼국사기』에서 동성왕을 '문주왕의 아우 곤지의 아들'이라 했는데 곤지는 '문주왕의 아우'가 아니고 '개로왕의 아우'의 잘못이다. 문주왕과 동성왕은 친동생으로 착각하기 쉬운데 친동생이 아닌 4촌동생이다.

이 동성왕의 등극에 대하여 중국의 사서인 『남제서南齊書』는 이렇게 적고 있다.

백제왕 모대(牟大)를 절도독(節都督) 제군사진동대장군(諸軍事鎭東大將軍) 백제왕에 봉한다. 모대에게 책명(册命)하여 망모도(亡牟都), 즉 개로왕의 명적(名籍)을 잇게 하여 백제왕으로 한다.

는 기록에서도 볼 수 있듯이 동성왕이 개로왕의 직계가 아님을 나타내는 표기라 하겠다.

한편 『삼국사기』의 「백제본기」에서 동성왕을,

왕은 사치하고 방탕했다. 23년에 높이가 5척이나 되는 화려
한 임류각(臨流閣)을 짓고 진기한 물고기와 기이한 새(珍魚奇鳥)
를 키웠다. 신하들이 간하면 왕은 듣지 않으려고 문을 닫았다.
……12월에 왕이 죽으니 시호를 동성왕(東城王)이라 했다. 모
대(牟大)의 나이 40세, 백제 재건의 영군(英君)이다. ……젊고
총명하여 군왕으로 세웠다.

동성왕의 뒤를 이어 백제 제25대 왕으로 등극한 인물이
곧 무령왕이다. 『삼국사기』의 「신라본기」에는 무령왕을 모
대왕, 즉 동성왕의 둘째아들이라고 했는데 이는 잘못이다.
반면에 일본의 『일본서기』에는,

일본의 부레츠천황(武烈天皇) 4년, 이 해에 백제의 말다왕(末
多王 ; 東城王)은 무도하여 백성을 포학하였다. 이에 백성들이
왕을 버리고 시마(嶋王)를 왕으로 세우니 이가 곧 무령왕(武寧
王)이다.

지금까지의 기술된 내용이 일본의 제26대 게이타이천황
의 천황에 등극하기 이전의 백제 왕조사이다.

당시의 백제민으로는 옛 비류왕이 태자로 봉하려 했던
곤지의 아들(물론 실질적으로는 개로왕의 아들이지만)을 일본에
서까지 맞아들여 실질적인 아버지는 다를망정 동모(同母)
의 형인 동성왕의 뒤를 잇는 것은 지극히 당연한 일이었
다. 이에 대하여 일본의 역사서는 백제의 내정이 불안전하

고 동성왕이 죽임을 당하자 일본 천황이 무령왕을 파견했다고 하는 기록이 보이는데 이는 어불성설이다.

당시의 여러 정황으로 미뤄볼 때 백제의 영향력이 일본에 미칠 상황이었지 일본이 백제에 영향력을 발휘할 위치에 있지 않았기 때문이다.

그러면 백제계의 남제(男弟)가 어떻게 일본의 제26대 게이타이천황의 자리에 오를 수 있었는가를 살펴보기로 하자.

남제가 첫째형 개로왕에게 쫓겨 둘째형 곤지와 함께 사신이라는 명목으로 일본으로 쫓겨난 것은 그의 나이 16세 때였다. 따라서 백제의 무령왕과는 16살 차이가 나는 삼촌과 조카 사이였지만 두 사이가 무척 돈독했던 것으로 생각된다.

백제 무령왕과 일본에 있는 삼촌 남제(男弟) 사이의 돈독했던 관계를 설명해 주는 귀중한 물증이 있으니 바로 '우전팔번장(隅田八幡藏)'이라는 동경(銅鏡)이다. 이 동경에는 무령왕의 나이 43세에 일본 천황에 등극하기로 되어 있던 59세의 삼촌인 남제에게 바치는 선물로, 사마(斯麻)는 남제(男弟)의 장수를 염원하면서 개중직(開中直)과 예인(濊) 금주리(今州利) 등을 보내어 백동 20한(旱)으로 이 거울을 만들었다는 기록이 새겨져 있다. 이를 두고 일본의 사학자 와타나베 미츠토시(渡邊光敏)는 그의 저서 『일본천황도래설 日本天皇渡來說』에서 다음과 같이 기술하고 있다.

이 거울의 제작목적은 무령(武寧)이 남제(男弟)의 '장수를 염

원'했다. 당시 남제는 59세, 무령왕은 43세로 무령왕은 대왕
이 되어 있었는데 남제는 아직 황제 내정자에 불과했다. 남제
가 천황이 되면 다시는 만날 수 없게 되므로 옛날에 함께 지
내며 '사마(斯麻)' '오오도(男弟)' 하고 서로 부르던 것을 회상하
며 "남제 아저씨 오래오래 사세요." 하고 기원하면서 만들었
다. 이 글로써 무령과 남제는 일본에 있었다는 것을 알 수 있
다. 오오도(男弟)가 형인 곤지(昆支)와 함께 일본에 도착한 것
은 그의 나이 16세 때였다.

고 기술하고 있다.

남제(男弟)가 일본의 천황으로 등극한데 대하여 어떤 학
자는 아들이 없는 부레츠천황(武烈天皇)의 누나이며 황족인
다시라카노 히메미코(手白香皇女)와의 사이에 아들을 낳았
기 때문에 일본 천황에 오를 수 있었다고 주장했다. 그 증
거로 남제는 원희(元姬)라는 여인과의 사이에 이미 두 아들
을 두고 있었지만 다시라카노 히메미코와의 사이에서 낳은
아들이 남제, 즉 게이타이천황의 뒤를 이었으니, 이가 곧
일본 제29대 킨메이천황(欽明天皇)에 오른 것이 그 증거라
고 했다.

그러나 『일본서기』에는,

오오도노키미(男大迹王)는 성격이 인자효순(仁慈孝順)하여 천
황의 자리를 이을 훌륭한 인품이다. ……지손(枝孫)을 여러 사
람 골라 보았으나 어진 사람은 오오도(男大迹)일 뿐…….

이라고 부레츠천황의 뒤를 이을 황제를 추대하는 회의장에

서 논의된 사실을 기록하고 있다.

이로 미루어 볼 때 남제가 황제의 자리에 오르기 위해 사전에 치밀한 작전을 세웠으며 타시라가노 히메미코와 전략적인 결혼을 통하여 아들 킨메이천황을 낳았던 것도 그 작전의 일환이 아니었던가 생각된다.

따라서 게이타이천황의 뒤를 이은 킨메이천황 역시 한국계 천황이라 하겠다. 이 게이타이천황이 백제의 왕 남제가 아닌 다른 인물이라고 하기 위해 일본의 역사서는 '男大邊' '男大迹' '雄大迹' 등으로 표기하지만 그 발음은 모두가 오오도(ォォド)다. '오오도', 즉 '남제(男弟)'는 '백제왕의 남동생'이라는 뜻으로, 일반명사로 널리 불리다가 '오오도'라는 고유명칭이 되었을 것으로 필자는 생각한다. 말하자면 본래의 이름보다 별칭이 더 많이 알려져 본래의 이름을 묻어버린 격이라 하겠다. 그리고 '아우'라는 뜻의 '弟'자는 일반적으로 한국인들이 이름자에 쓰는 글자가 아니며 역대 한국인의 이름자에서 '弟'자를 쓴 경우도 찾아볼 수가 없다.

6

日本의 聖德太子는 百濟威德王의 弟, 阿佐太子

일본 요메이천황(用明天皇)의 태자인 쇼우도쿠태자(聖德太子; 574년~622년?)는 고대 일본의 불교를 중흥시켰을 뿐만 아니라 정치와 문화의 기초를 다져놓은 주인공으로, 일본 국민들로부터 가장 추앙받는 인물로 한때 일본의 고액권 화폐의 주인공으로 등장하기도 했다. 바로 이 주인공이 실은 백제의 제27대 위덕왕(威德王)의 실질적 아우이면서 태자로 봉해졌던 아좌태자(阿佐太子)이다. 바꿔 말하면 아좌태자이면서 쇼우도쿠태자를 겸한 일인이역의 주인공인 셈이다.

쇼오도쿠 태자는 백제 제25대 무령왕(武寧王)이 조부이며, 제26대 성왕(聖王)은 부친이다. 형이 아버지를 이어 백제 제27대 위덕왕이 되었으나 위덕왕은 왕통을 이어받을 아들이 없었으므로 바로 밑의 동생을 아좌태자라는 이름으로 태자에 봉했다. 그러나 아좌태자는 백제의 다음 왕위에 오르는 것을 사양하고 일본의 불교진흥을 위하여 이름을

'아좌(阿佐)'에서 '쇼오도쿠(聖德)'로 바꾸고 일본에 주저앉았다.

聖德太子二十六才夏四月百濟王の使者阿佐太子貢調し聖德太子に拝顔し合掌礼拝す此の時太子の眉間より白光放つと此の御影は阿佐太子が聖德太子を直写せるものと伝ふ別に阿佐太子の御影と名く

그러면 일본의 쇼오도쿠 태자가 백제 제27대 위덕왕의

아우이면서 태자인 아좌태자라는 사실은 무엇으로 입증할 수 있는가? 그것은 바로 호류사(法隆寺)에 걸려 있는 쇼오도 쿠태자의 영정(影幀)을 안내하는 다음과 같은 안내문에 은유적으로 나타나 있다.

　唐形御影 聖德太子
　二十六歲夏三月百濟王の使者阿佐太子貢調し聖德太子に禮顔
　合掌禮寫此の時太子の眉間より白光放つと此の御影は阿佐太
　子が聖德太子を直寫すると傳ふ別に阿佐太子の御影と名く

이를 우리말로 옮겨보면,

　당나라 사람의 어영
　쇼오도쿠 태자 26세 여름 4월
　백제왕이 보낸 아좌태자가 공물을 바치고
　쇼오도쿠 태자를 뵙고 합장하고 절했다.
　이때에 태자의 눈썹 사이에서 흰빛이 비친 이 영정은
　아좌태자가 쇼오도쿠 태자를 직접 그린 것이라 전하며
　따로이 아좌태자의 영정이라고 한다.

위의 안내문에서 '당형어영(唐形御影)'은 '당나라 사람의 영정'이라는 뜻으로 사실은 '한형어영(韓形御影)', 즉 '백제 사람의 어영'이라 했어야 할 것을 자존심상 '가라(韓 ; カラ)'와 발음이 같은 '唐(カラ)'자를 대용했으니 일말의 양심은 살아있는 표기라 하겠다.

廣隆寺의 聖德太子像

우리가 위의 안내문에서 눈여겨 볼 점은

阿佐太子が 聖德太子を 直寫すると 傳ふ
別に 阿佐太子の 御影と 名く

아좌태자가 쇼오도쿠 태자를 직접 그린 것이라 전하여 일명 아좌태자의 영정이라고도 한다.

는 대목으로, 쇼오도쿠 태자, 즉 아좌태자의 자화상이라는
의미이다.

筆者와 百濟史硏究會 會長 田相淇 씨

以上에서 韓日兩國의 어느 史學者도 밝히지 못한 學說을
百濟史硏究會 會長인 田相淇 先生이 最初로 밝혀냈다.

日本天皇渡來史를 쓴 와타나베 미츠토시(渡邊光敏)씨는
田先生의 著書 『日本古代天皇은 百濟王의 後孫』이라는 冊
子의 監修辭에서 日本의 政治와 文化의 基礎를 만든 聖德
太子가 韓國의 阿佐太子라고 하는 연구는 日本의 學界에서
모르는 새로운 學說로 田先生에 대하여 表敬한다고 쓰고
있다.

監修辭

田相洪　先生は　始祖が　中國　戰國時代, 八雄の　齊國王　田氏 (山東省)の　子孫で　高麗の　王師子孫である,　此のように　生まれが　歷史人であり　歷史家である. 此の　本は　そこから　生まれました. 私も　田先生も　日本の　天皇の　祖先は　中國, 韓國, 日本の　古典に　韓國から　きたことが　書かれていることを　共に研究しました. 特に　日本の　政治と　文化の　基を　つくった '聖德太子(6世紀)が　韓國人と言う　研究は　日本の　學界でも知られない　新研究であるので　田先生に　表敬致します. その故にこの本を　監修し　推薦します.

西紀　1999年　10月　14日

(日本　史學家－ 日本民族學會員)

渡邊光敏

백제금동 대향로(百濟金銅 大香爐)
(1980년에 저자 秋然 문주천 촬영)
국보 287호인 백제향로를 2002년 韓·日월드컵 때 日本측에서
양국민의 우정을 위해 대여를 요청했으나 당국에서는 귀중한
문화재는 국외반출을 할 수 없다고 거절했다.

〈본문 중에서〉

제 **2** 장

善隣友好關係의 百濟와 日本

1

日本 속의 百濟마을── '南鄕村'

南鄕村은 어떤 곳인가?

남향촌을 방문하기 전에 다바라 마사토(田原正人) 村長에게 부여 백화정(百花亭)의 詩

國破山河異昔時 獨留江月幾盈虧
落花巖畔花猶在 風雨堂年不盡吟

이라는 漢詩를 써서 족자를 만들어 後藤哲美 氏를 通하여 미리 보내 주었다.

다바라 村長은 휴가(日向) 議會에 회의가 10시부터 있어 일찍 휴가의회에 가 있겠다고 하여 남향촌에 가기 전에 다바라 마사토 촌장을 만나고 남향촌을 가는 것이 순서라 생각하여 고토씨 부부와 9시부터 서둘러 아침을 미야자키에서 먹고 출발하여 휴가(日向)의회로 서둘러 갔다. 다바라 촌장은 벌써 와 있었다. 회의가 10시부터이니 시간여유가 별로 없다. 가져간 인삼차를 주고 다바라 촌장도 목재문패와 동

筆者가 寄贈한 족자

경(銅鏡) 모조품을 만들어 선물로 가지고 왔다. 선물을 교환하고 인사(人事)를 마치고 족자 이야기를 하니 백화정 글이라고 하며 내용을 줄줄 외운다.

어제는 韓國岳과 다카지호노미네(高千穗峰)를 다녀왔다는 이야기 등을 하고 인사를 마치고 남향촌으로 향하였다.

소위 '일본 속의 백제마을'로 일컬어지고 있는 '난고촌(南鄕村)'은 대부분의 우리나라 일본관광여행객이 많이 들르는 도쿄나 오오사카와는 천리나 멀리 떨어져 있고, 위도상으로도 제주도보다 훨씬 남동쪽에 위치한 미야자키현(宮崎県)의 인구 3,000명의 아주 작은 산골 마을이다.

이제는 고인이 된 전 중앙대학교 명예교수이며 한국민속학회 명예회장이었던 임동권(任東權) 박사는 그의 에세이에서 이렇게 표기하고 있다.

　……황혼으로 물드는 서쪽 하늘을 바라보며, 골짜기의 좁은 길을 점점 깊이 약 한 시간 남짓 차를 달렸다. 벼랑 아래의 좁은 길, 시냇물 소리가 소곤거리듯이 들려온다. 골짜기의 절벽, 냇물과 굽은 길, 이것이 난고촌에 대한 나의 첫인상이다.

또 다른 어느 여류작가는 이렇게 적었다.

　……한국의 부산에서 바닷길로 후쿠오카로 건너와, 그곳에서 큐슈 최대의 강인 치쿠고강(筑後川)을 거슬러 올라가 다시 큐슈산맥을 넘어 난고촌에 닿는다.

연세대 정외과를 졸업하고 고대 대학원에서 고대사를 전공한 사학자 홍성화 씨는 그의 저서 『한일고대사 유적답사』에서 이렇게 적고 있다.

　미야자키는 큐슈의 남동쪽에 있어서 섬을 반 바퀴 이상 돌아야 한반도 방향에 닿을 수 있다. 단순하게 생각하면 한반도와는 그리 연관이 없는 듯 보인다. 하지만 미야자키에서 한국과 관련된 유적지를 발견할 수 있다.
　미야자키현 북쪽에 있는 산골마을인 난고촌 어귀에는 마을 이름을 표시하는 표지판 '백제마을(百濟の里)'이라고 쓴 표지판 밑에 '백제마을'이라고 한글을 병기했다. 또한 '백제교'라는 다리와 '잘 오셨습니다'라고 쓴 안내판, 그리고 장승도 볼 수 있다. 이곳이 부여와 자매결연을 맺었다는……

이 같은 기사로 미루어 독자들은 일본 속의 주목받는 백제마을 난고촌이 얼마나 깊숙이 자리잡은 산골마을인가를 짐작할 수 있을 것이다.

관광버스로 난고촌에 도착하여 버스에서 내리기가 무섭게 한국인이다 싶으면 어린 아이나 노인이나 할 것 없이 다가와서, "어서 오십시오. 잘 오셨습니다. 이곳에 오신 것을 환영합니다." 하는 제법 유창한 한국말로 웃으면서 그곳 촌민들은 한국관광객을 맞이한다. 그들의 유창한 한국말에, '과연 내가 일본에 관광여행을 온 것인가?' 하고 착각할 정도다. 그도 그럴 것이 이곳 난고촌에는 부여의 부소산 정상에 있는 정자 백화정(百花亭)이 그대로 서 있는가 싶을 정도로 이름과 크기, 모양이 그대로이다.

南鄕村의 기적 이룩한 田原正人의 첫 인상

원래가 수의사였다고 알고 있던 다바라 씨에 대하여 '순박한 촌부'의 모습을 상상하고 있던 필자의 생각과는 달리 당차고 박력있는 신사였다.

일반 관광객이라면 한번 쭉 둘러보는 정도로 눈길을 보냈을 부여 부소산 정상의 '백화정'에 걸려 있는 현판의 한시를 그토록 줄줄 외우는 것을 보고 필자는 다바라 씨가 난고촌을 일본 속의 백제마을로 만들기 위하여 얼마나 많은 시간과 노력을 기울였는가를 능히 짐작할 수 있어 새삼 존경심까지 일었다.

日本 속의 백제마을을 이룩한 주인공 田原正人 南鄕村 村長과 筆者

이곳에서 또 하나 낯익은 한국식 건축물은 부여와 난고
촌이 자매결연을 맺은 뒤에 한·일교류의 상징으로 1990년
에 건축되었다는 '백제관(百濟館)'이다. 이 백제관 건물이
부여의 백제관 건물과 모습이 똑같은 것은 국립 부여박물
관이 옛 객사 건물에 백제관을 개관하면서 시작했기 때문
에 난고촌의 백제관 역시 부여의 옛 객사 건물을 모델로
삼은 것 같다. '百濟乃館(백제내관)'이라는 현판은 부여 출신
으로 국무총리와 국회의장을 역임한 운정 김종필(雲庭 金鐘
泌) 선생의 친필이다.

그 외에 놀라운 일은 일본 나라(奈良)에 있는 도다이사
(東大寺) 경내의 서북쪽에 위치한 국보급 문화재인 목재건
축물 정창원(正倉院)이 그 크기 그대로 '서정창원(西正倉院)'
이라는 이름으로 세인들의 눈길을 끈다. 다른 점이 있다면
나라 도다이사의 정창원이 밀폐된 공간인데 비하여 이곳
서정창원은 전시공간이라는 점이 다르다 하겠다. 그것도 중앙정

부의 지원 없이 우리나라의 동(洞)이나 리(里) 단위의 행정기관에서 오직 그곳 촌민들의 협력하에 이룩된 건축물이라는 사실이 놀라울 뿐이다.

南鄕村을 일본 속의 백제마을로 꽃피운 시와스마츠리(師走祝祭)

시와스축제(師走祝祭)에 대한 자세한 이야기는 뒤에서 다시 설명하기로 하고, 여기에서 우선 밝힐 내용은 집안 대대로 이어오면서 이 축제를 이끌어온 축제장(祝祭長) 무라타 쥬타로(村田中太郎)에 대하여 먼저 얘기하는 것이 독자들의 이해를 돕는데 훨씬 효과적이라 생각한다.

주인공 무라타 씨는 이미 1982년 2월에 타계한 인물이다. 무라타 씨가 축제장의 역할을 집안 대대로 해왔다는 사실로 미뤄볼 때, 그 역시 백제의 유민이 아니었을까 생각된다.

나당연합군에 의해 서기 660년에 백제가 망하고, 그로부터 3년 후 백제의 부흥운동마저 수포로 돌아가자 백제 왕족의 일원으로 일본에 흘러들어 미야자키현 난고촌에 위치한 미카도 신사의 시와스축제 제사장 일을 대를 이어가며 맡아온 것으로 생각된다.

그가 타계한 지 10년 후 깊은 산 속의 난고촌이 일본 속의 백제마을로 뼈대가 잡혀가자 이를 보지 못하고 타계한 그를 두고 그의 부인은 남편 무라타 씨를 가리켜 '난고촌을 오늘날의 백제마을이 될 수 있도록 한 단계 더 탄력을 불어넣은 주인공의 한 사람'으로 기억하면서 이렇게 읊었다.

梅三分 百濟里 夜明

매화꽃 피려하니 백제마을도 이제 날이 밝는구나.

아들과 아버지의 견우직녀식 만남, 시와스마츠리(師走祝祭)

시와스축제의 기원은 깊고 깊은 산골짜기 난고촌에 전해내려오는 희미한 전설로부터 비롯되었다.

그 옛날 백제 왕족들이 일본에 망명했는데, 일설에는 기나이(畿內)지방을 통하여 일본에 들어왔다는 설도 있다. 어쨌든 백제의 정가왕(禎嘉王) 일행은 두 척의 배를 타고 북큐슈를 목표로 망명길에 올랐지만 세토나이(瀨戶內)에서 폭풍우를 만나 아버지 정가왕은 휴가나다(日向灘) 연안의 가네가하마(金ヶ浜)에, 장남인 복지왕(福智王)과 어머니 일행은 카쿠치우라(蚊口浦)에 표착하여 아버지는 난고촌에 정착하게 되었고, 아들 복지왕과 어머니는 그곳으로부터 90km 남쪽에 위치한 기죠우쵸히키(木城町比木)에 각각 정착하게 되었다.

그 후 난고촌의 입구 이사가(伊佐賀)에서 아버지 정가왕이 쳐들어오는 추적군을 맞아 격전을 벌이고 있다는 소식을 듣고 아들 복지왕이 군대를 이끌고 달려와 추적군을 물리쳤다. 그러나 이 전쟁에서 아버지 정가왕이 전사하여 츠카노 하라(塚ノ原)에 장사지냈으니 지금의 고분이 바로 그 묘라고 알려져 있다. 현재 미카도신사(神門神社)에서 제사지내고 있으며, 아들은 비기신사(比木神社)에서, 어머니는 고마루가와 강 어귀에 위치한 오토신사(大年神社)에서 각각 제사지내고 있다.

아쉬운 점은 정가왕과 함께 미카도신사에서 이사가대명신(伊佐賀大明神)이라는 이름으로 제사지내고 있는 화지왕(華智王)이 정가왕의 막내아들인지 여부는 유감스럽게도 아직까지 밝혀지지 않고 있다.

百濟 王族 日本 亡命 繁盛表

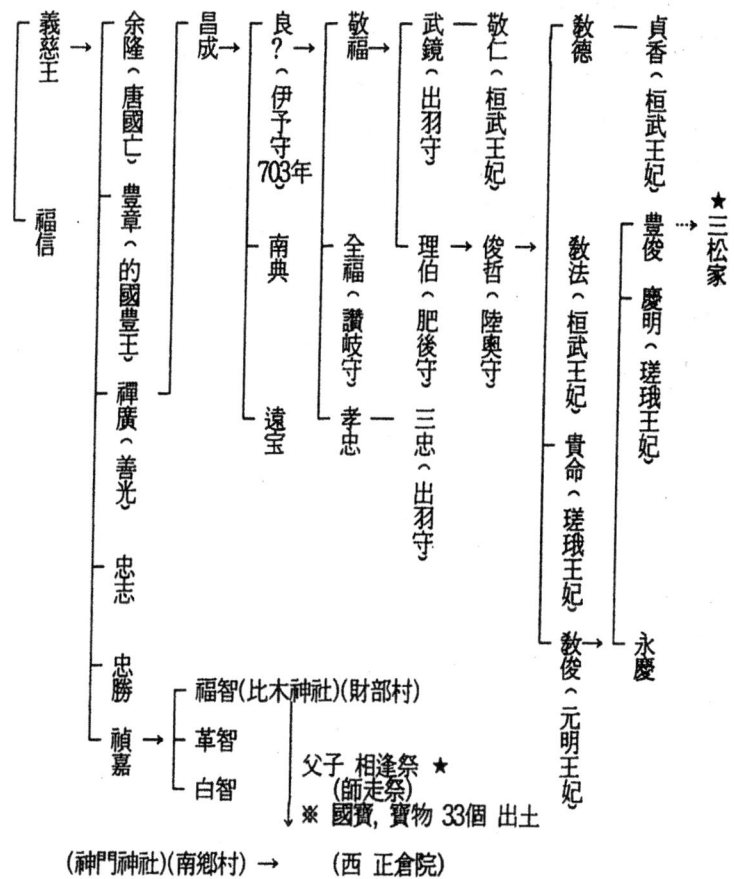

父子 相逢祭 ★
(師走祭)
※ 國寶, 寶物 33個 出土

(神門神社)(南鄕村) →　　(西 正倉院)

<参考>

1. 百濟王 神社, 百濟寺, 陵墓 100餘基 散在(大阪府 枚方市 中宮 西之町)
2. 百濟氏, 飛鳥氏, 倭君氏, 藤原氏, 冷泉氏 等 百濟王 後孫
3. 男系 = 將軍, 守, 頭, 使, 卿, 大夫, 督 等(高位職) 多數 輩出
4. 女系 = 桓武天皇 生母(新笠妃), 桓武天皇 王妃 2名, 嵯峨天皇 王妃 2名, 元明天皇 王妃 2名

한·일 두 나라의 옛 역사서를 근거로 살펴 볼 때 660년 나당연합군에 의해 멸망한 백제는 그 후 663년의 백제부흥운동의 싸움에서도 져서 많은 왕족과 귀족이 당나라로 끌려갈 때 다행히 끌려가지 않은 왕족이 일본의 기나이(畿內)로 망명했던 의자왕의 아들 중 선광(禪廣)이 백제왕이라 자칭하며 10세기까지 번영을 계속해 왔던 것으로 추정된다. 다시 말해서 7~8세기에 걸쳐 일본의 빈발한 정치적 사건에 의해 일본이 안정을 누리지 못한 사이에 백제왕가의 관계자가 이 지역에 표착했던 것으로 생각된다.

시와스 축제는 이러한 전설을 밑바탕으로 해서 행하여져 왔으며 표면적으로는 매년 한 번씩 비기신사에서 아들 복지왕이 난고촌 미카도신사의 아버지 정가왕을 면회하는 형태를 취하고 있지만, 일설에는 대년신사(大年神社)의 어머니가 난고촌에서 아버지를 면회 오는 아들 복지왕의 옷을 세탁하러 온다는 설도 있다.

어찌 되었든 이렇게 전해 내려오는 시와스 축제는 1947년까지만 해도 9박 10일의 행사로 치러졌다고 하나 지금은 2박 3일로 짧아졌다. 축제 첫날은 2월의 추위 속에서도 고마루가와강에 뛰어들어 목욕재계하고 츠카노하라(塚ノ原) 고분에서 제사를 올리고 밤하늘을 불태우는 성대한 불놀이를 즐기며 미카도신사에 도착한다.

축제 두 번째 날에는 신사에 모신 여러 신상들의 옷을 갈아입히고 이제까지 신상들에게 입혔던 옷을 고마루강에서 여럿이 모여 세탁하는 의식이 흥겨운 음악 속에서 거행된다.

축제의 마지막 날인 3일째에는 서로가 헤어짐의 의식으로 축제에 참여한 모든 사람들의 얼굴에 검댕이 칠을 하는 행사가 벌어진다. 이는 헤어짐의 슬픔을 감추기 위함이라는 설도 있고, 자신의 신분을 숨기기 위해서라는 설도 있다.

축제가 끝나고 아들 복지왕의 신위를 모시고 온 비기신사 주변에 사는 사람, 어머니 신위를 모시고 온 오토신사 주변에 사는 사람들이 제 각각 돌아갈 때 난고촌 사람들은 그간 행사에 사용되었던 주걱이나 취사도구 등을 높이 쳐들고 "오사라바! 오사라바!" 하고 크게 외친다. 이 '오사라바'라는 말은 일본어에서도 큰 의미가 없는 말로, '오래 살아서 또 보자'라는 우리의 말이 와전된 것이 아닐까 필자는 생각한다.

1,300년간의 한일관계사에 새 정점을 찍은 田原正人 村長

이미 앞에서 언급했듯이 다바라 마사토 난고촌 촌장은 1986년 7월에 촌장에 취임하여 '일본 속의 백제마을'을 이룩한 장본인이다. 그가 오늘의 '일본 속의 백제마을'로 난고촌을 변모시키기까지 얼마나 많은 노력을 기울였는가는 그가 부하직원들에게 내비친 한마디의 말이 이를 상징한다 하겠다.

"이봐, 촌 어디에선가 소가 병이 나면 나를 불러주게. 나는 이 촌장실보다 외양간 쪽이 훨씬 마음이 편하거든……."

이러한 코멘트는 다바라 마사토 씨의 본업이 수의사여서

가 아닐 것으로 필자는 생각한다. 서정창원을 짓기로 결정한 지 무려 4년만인 1991년에 이르러서야 겨우 정창원의 해체도면을 촬영하는 허가를 받았다는 한 가지 사실이 이를 입증한다 하겠다.

촌장에 취임한 다바라 마사토를 휘어잡은 것은, '어떻게 하면 마을을 살기 좋게 할 수 있을까?' '살기 좋은 고향으로 만들려면 어떻게 하면 좋을까?' '젊은 사람에게는 활기를 주고, 노인들이 풍요롭고 살기 좋은 마을로 만들려면 어떻게 진척시켜 나가야 할 것인가?' 하는 문제였고, 백제마을 만들기는 문화와 역사로부터 그 소재를 찾아야 한다는 결론에 이른 그는 '하면 된다'는 생각으로 초지일관 끈덕지게 밀고나가 '일본 속의 백제마을'이라는 기적을 창출했던 것이다. 다시 말하여 1,300년 한·일관계사에 정점을 찍은 셈이다.

일본의 국보급문화재 보관고 '正倉院'과 빼닮은 '西正倉院'

일본 최남단의 미야자키현 난고촌의 서정창원을 이야기하기에 앞서 수천 리 떨어진 일본 중부의 나라(奈良)에 있는 정창원에 대하여 먼저 설명하는 것이 한국 독자들의 이해를 돕는 것이라 생각된다.

현재 나라에 현존하는 정창원은 서기 752년 나라에 있는 도다이사가 창건되던 당시에 공양품으로 올려졌던 물건과 도다이사 건축에 사용되었던 도구 외에 경전 등, 당시 일본의 동양문화를 대표하는 물건 9,000여 점을 넣어두는 창고로, 지금은 일본의 궁내청 소관으로 되어 있다.

원래는 중앙과 지방, 또는 사원의 창고 중에서 가장 중요한 핵심적인 것을 '정창(正倉)'이라 하고 그것이 설치되었던 한 구역을 정창원(正倉院)이라 했다. 그러나 지금까지 존재하는 것은 나라의 도다이사 대불전의 북서쪽에 위치해 있는 일본 최대의 목재창고이다. 이 보고(寶庫)는 4각재와 3각재를 쌓아올려 짓는 독특한 양식으로 온도·습도·통풍 등의 관리가 적정히 행해지는 짜임새로 되어 있어서 귀중한 보물을 장기간에 걸쳐 보존하는 데에 가장 합리적으로 되어 있다. 그 크기는 남북으로 32.7m, 동서 9m, 높이 14m, 마루높이 2.5m이다.

이 정창원은 일본의 대정 2년(1913)에 궁내청에 의해서 해체·수리된 바 있었다. 이런 인연으로 다행스럽게도 그 당시 해체도면이 그대로 남아 있어 오늘날 일본 난고촌의 서정창원을 짓는 밑거름이 되었다.

南鄕村 西正倉院 이렇게 세워졌다

일본의 대표적인 역사 도시의 하나인 나라 사람들이 자랑하는 문화재 정창원이 수천 리나 떨어진 오지이며 인구도 불과 3,000명인 작은 시골 마을에 그 모습, 그 크기 그대로 건축된다는 사실부터가 1억2천만 일본인들의 관심을 끌었다.

촌민들의 의욕을 넘어 무모한 일이라 치부될 일을 처리해 내기란 쉬운 일이 아니었다. 그 당시 그 일이 얼마나 힘들었는가를 지금은 은퇴한 다바라 마사토(田原正人) 촌장 밑에서 조역(助役)으로 정창원 건축을 이끌었던 구로다 야스오(黑田和雄) 부촌장은 지난날을 회상이라도 하듯 지그시 눈을 감고 이른 바 '다섯 장벽(五壁)'의 얘기를 필자에게 이렇게 들려줬다.

"흔히 지난날의 고통은 지나고 나면 그 역시 아름다운 추억의 한자락이라고들 말하지만 이곳 시골마을에 정창원을 짓는다는 것을 뛰어넘을 수도 없고, 뚫을 수도 없는 장벽을 하나하나 뚫어야만 이룩될 수 있는 일이었습니다. 아시다시피 제가 정치적 영향력을 발휘할 만한 위력이 있는 것도 아니고, 그렇다고 그들을 움직일 만한 경제적 능력을 갖추지 못한 저의 입장에서는 그대로 계란으로 바위치기나 다름이 없었지요. 그런 일을 다바라 마사토 촌장님은 앞에서 이끌었고, 저는 뒤에서 밀어 목적을 완수했습니다."라며 설명한 그 다섯 장벽이 무엇이며, 이를 어떻게 극복했는가 하는 드라마 같은 이야기를 정리하여 옮기면 다음과 같다.

제1의 벽 : 奈良 소재 국립문화재연구소의 학술지원 이끌어 내기

나라의 도다이사 정창원 건물의 용도가 창고라는 사실은 독자들도 이미 유추했을 것으로 믿는다. 따라서 정창원의 문은 아예 열쇠로 잠겨져 있는 건축물이다.

이를 똑같은 크기와 모형으로 오른쪽을 전시공간으로 만든다는 사실에 나라의 도다이사 정창원 관계자는 물론, 중앙부서에서도 '아예 말도 안 되는 소리'라고 애초부터 냉소에 붙였던 것이 사실이다.

그러나 1987년 6월에 서정창원을 세우기로 계획을 세운 난고촌 관계자의 대응 역시 녹녹치 않았다. 1년 전인 1986년(소화 61년) 7월에 난고촌 촌장에 취임한 다바라 마사토는 완강히 맞섰다.

"우리 난고촌민들은 역사의 유물로서 숨 쉬지 않는 정창원을 원하는 것이 아니다. 숨 쉬지 않는 정창원은 나라의 도다이사 정창원으로 충분하다. 우리는 나라시대의 10대 백제 동경(銅鏡) 중의 하나인 난고촌 미카도신사(神門神社)에 1,300년 동안 간직해온 백제동경을 서정창원에 전시하여 지역 활성화시킬 것이다. 너희들이 우리 서정창원의 밀폐공간화를 고집하는 것은 우리 난고촌의 보물인 백제동경을 평가 절하하는 행위에 다름없다. 이래도 서정창원의 밀폐공간화를 주장할 것인가."

다바라 마사토 난고촌 촌장의 이런 주장에 정창원 관계자나 중앙부서의 서정창원 허가 관계인들은 더 이상 할 말이 없게 되었고 결국 허가에 이른다.

제2의 벽 : 설계도 만들기, 기본 설계비만 9,000만 엔

나라현 도다이사 정창원의 설계도가 작성된 지 1세기가 가까워서 그 자체부터가 대외비의 중요문화재로 애초부터 쉽사리 접할 수 없었다. 이를 어렵게 접하고 난고촌의 상징물이기도 한 서정창원을 지으려면 새로운 도면설계가 앞서야 했는데, 그 설계도면 작성에 드는 경비가 무려 9,000만 엔이니 지금 돈으로 환산하면 10억을 훨씬 웃도는 어마어마한 금액이었다. 한국의 리(里)단위 자치단체로서는 말이다. 그러나 중도에 그만 둘 수는 없는 일, 계속 밀어붙여 겨우 기본 설계도는 갖췄으나, 또 다른 난벽에 부딪혔다.

제3의 벽 : 목재 구하기(하늘도 무심치 않았다)

세 번째 벽은 공사를 이끌어갈 도편수를 구하는 일과 그 많은 목재를 구하는 일이었다.

물론 목재는 전 일본을 뒤지면 구할 수 있는 일이 아니겠는가 하고 쉽게 넘겨버릴 수 있는 일이지만 그렇지가 않다. 목재는 반드시 소나무여야 하고 토질과 기후 등에 크게 영향을 받는 생물인 이상 한곳에서 자란 나무여야 그 강도라든가 재질면에서 일치되어야만 하기 때문에 그것이 큰 문제였다.

서정창원 건축에 사용될 용마루며 지붕재 등의 구입에 어려움이 따랐지만 무엇보다도 문제된 점은 바로 서정창원을 떠받들고 있는 고상(高床), 즉 지면에 기둥을 세우고 그 위에 높이 바닥을 깐 건축물을 지탱하는 40개의 기둥감을 구하는 게 가장 큰 문제였다. 그 기둥재는 아랫부분의 지름 60cm에 길이가 8m, 나무 끝부분의 가느다란 쪽 지름이 50cm가 되지 않으면 아예 쓸 수조차 없었다. 이런 목재가 무려 800개, 이를 가로 70m에 세로 70m를 쌓아야 할 어마어마한 양이요, 이를 완성하는데 드는 비용은 20여 년 전의 일본 돈으로 무려 16억 엔이라는 천문학적인 숫자였다.

먼저 난고촌에 서정창원을 짓는다더라 하는 소문을 전 일본에 띄웠다. 그러자 이곳저곳에서 문의가 쇄도해 왔고, 그중에 나가노현(長野縣)의 가츠노(勝野) 목재소가 최적의 상담대상자로 떠올랐다. 가츠노 목재소의 가츠노 히데카즈(勝野英一) 사장은 나기 소마치(南木曾町) 의회의장으로, 이미 오래 전에 일본 나라에 있는 천리교(天理敎) 본부의 방대한 건축 목재를 한 번에 모은 실적을 갖고 있는 인물이었기 때문이다. 우리나라의 구(區) 또는 군(郡) 단위의 지방의회의장이기도 한 가츠노 히데카즈 사장이었기에 리(里) 단위의 지방자치단체에서 서정창원을 짓는다는 사실을 알고 적극적으로 협력해 주어 목재를 구입할 수 있었으니 하늘도 무심치 않았다는 말 외에 다시 표현할 길이 없다.

제4의 벽 : 법의 장벽 허물기

어렵게 설계도를 마련하여 본격적인 서정창원의 건축허가 신청서를 제출하고 희망에 부풀어 있는 순간, 예상외의 통보가 미야자키현 당국으로부터 날아왔다. 확인해 본 결과 설계도상의 방화시설, 건축물과 도로 등과의 비율관계, 건축물의 구조강력 등 안전조건에 관한 사항이 건축법에 어긋난다는 것이다. 그중에서도 가장 걸림돌이 되는 문제는 목조건축물의 강도 문제였다.

일이 이쯤에 이르자 기둥 등 큰 목재를 사용하는 기둥

부분을 철제나 강재로 대용하자는 안이 나왔다. 그러나 다바라 마사토 촌장은 단호히 이를 반대했다.

"그건 안될 말이요. 우리 난고촌의 명예를 걸고 진품 정창원 만들기에 타협은 있을 수 없소."

미야자키현 관계자와 난고촌 행정 관계자와 머리를 맞대고 논의한 결과, 츠쿠바(筑波)시에 있는 건설성의 건축연구소 무로다(室田達郎) 부장의 조언을 구하자 그는 자신이 직접 설계도에 따른 구조강력을 계산해 본 결과 구조강력에 이상이 없다는 희망적인 얘기를 들었다. 이에 힘을 얻어 교토의 건축연구협회, 도쿄의 일본건축센터 평정위원회 등의 문을 두드려 결국 건축허가를 신청한 지 6년 만에 건축법의 장벽을 헐었다.

제5의 벽 : 자금 조성

가장 어려웠다는 마지막 장벽인 서정창원의 건축자금 만들기에 성공한 극적인 성공 스토리는 녹음된 그의 육성을 여기에 그대로 옮기는 것으로 대신한다.

"사실 서정창원 만들기에 자금문제는 서정창원을 짓기로 결정한 이후부터 한 순간도 머리를 떠나지 않았습니다. 자금조달 문제가 풀리지 않으면 지금까지의 고생이 모두 물거품이 돼버리거든요. 그것도 한두 푼이 아니고 자그마치 14억 엔이니, 주민이래야 산골마을 사람 2천8백 명에, 난고촌의 재정규모가 고작 30억 엔이니 그 돈이 땅에서 솟아나거나 하늘에서 떨어지면야 모를까 그저 난감했죠. 그러나 죽으란 법은 없는가 봐요. 전혀 예상치 않은 희소식을 들었어요. 당시 자치성 사무차관 모치나가(持永堯民)가 바로 우리 미야자키현 출신이라는 것이었습니다. 그래서 다바라 촌장님과 저, 우리 난고촌 전체 주민이 나서, 당시 자치성 사무차관의 노력으로 정부의 금고를 열게 한 셈이죠. 서정창원 완공 후, 어느 한국관광객에게 서정창원이 완공에 이르기까지의 다섯 장벽에 대해 얘기해 드렸더니 이럴 경우를 '하늘이 무너져도 솟아날 구멍이 있다'라고 하더군요. 바로 그런 셈이죠."

聖德太子의 부름받은 百濟木工 39대손의 都片首

서정창원 건설비 문제가 해결된 후, 이 공사를 마무리할 도편수를 구했는데, 이를 책임질 도편수가 바로 옛날에 성덕태자의 부름을 받은 백제 목공 3명 중의 한 사람인 39대손이었다. 한마디로 말해 행운 그 자체라는 말 외에 달리 표현할 길이 없다.

유명한 성덕태자가 7세기초에 일본 최초의 사찰인 오사카의 사천왕사를 창건할 때 백제로부터 3명의 목수를 불렀는데 그 중 한 사람이 일본에 남아 지금까지 1,300여 년 동안 대를 이어 도편수 일을 하는 집안이었다. 말하자면 미카도신사의 죽은 백제 정가왕이 서정창원 도편수를 불러들인 격이니, 이를 어찌 보통의 인연이라 할 수 있겠는가?

2011년 현재 난고촌의 기적을 이룩한 다바라 촌장은 정년퇴임했고, 그의 조역으로 그를 돕던 부촌장 구로다가 지

서정창원

금은 일본 속의 백제마을 난고촌의 행정을 맡고 있다.

이제까지 일본 속의 백제마을 난고촌 이야기를 읽어주신 독자 중에 난고촌을 방문할 기회가 주어질지 모를 분에게 꼭 소개하고 싶은 인물이 떠올라 덧붙여본다.

그 주인공은 터널 하나를 사이에 두고 있는 난고촌의 이웃마을 도고죠(東鄕町) 출신으로, 일본의 대표적 시인 와카야마 보쿠스이(若山牧水)이다.

와카야마 보쿠스이는 명치 18년(1886)에 아버지 와카야마(若山立藏)의 장남으로 태어나, 지금까지 생가가 보존되고 있는 자신의 출생지를 번영으로 이끈 장본인이다. 그는 일본의 현대문학사상 어깨를 겨룰 만한 시인이 없다고 일컬어질 만큼 시인으로의 명성을 날려 일본 전역에 그의 시비(詩碑)가 100여 개나 된다.

저자가 처음 南鄕村을 방문했을 때 助役이었던 黑田和雄
現 南鄕村 村長(左)과 그곳에서 韓國語 교육을 돕던 金善英 양

그는 고향에서 소학교, 고등소학교, 중학교 교육을 받았으며, 졸업할 때는 100여 명의 졸업생 중 4등을 했고, 와세다대학에서 영문학을 전공했다. 그의 나이 23세 때였다.

그는 15세의 어린 나이에 단가(短歌)를 지었고, 대학졸업과 동시에 제1시가집 『장미의 숨소리』를 출간하였으며, 25세 때에는 제2시가집을 출간하였다. 27세 때에 오따(太田喜老子)와 결혼하였으나 가정형편이 어려워 부부가 맞벌이를 해야 했고, 그해 말 부친이 심장병으로 사망했다. 29세 때 제7시집 『추풍의 노래』를, 32세 때 『和歌講和』를 출간하고 부인과의 합작으로 『백매집』을 출간하였다. 37세 때는 『短歌作法』을, 38세 때는 『산벗꽃의 노래』를, 40세 때는 수필집 『나무와 그 잎』을 출간하고, 그해 10월에 처음으로 자기 집을 갖게 되었다.

41세 때는 센본마츠하라(千本松原) 보전운동에 앞장서다가 그해 9월에 휘호송포(揮毫頌布)를 위하여 부부동반으로 홋카이도(北海道)를 여행하였다. 42세 때의 5월, 휘호송포를 위한 70일간의 우리나라 전역의 여행을 끝내고 귀로에 고향에 계시는 노모를 방문하였다.

그 이듬해 43세 때인 9월 17일 영원히 돌아올 수 없는 불귀의 객이 되었다.

그는 짧은 생애 동안 15권에 달하는 시가집에 900여 수에 가까운 시가를 남겼는데, 그 중 300여 수가 술에 대한 시이다. 그는 일본 속의 백제마을 난고촌이 오늘의 모습을 갖추기 전 터널 하나를 지나 인접한 도고쵸(東鄕町)가 시인 와카야마 보쿠스이의 명성으로 밤에도 관광객으로 불야성을 이룬데 반하여 초라한 난고촌을 생각하며 어둠 속에서 '와카야마 보쿠스이가 우리 마을에 태어났으면……' 하고 탄식을 했다고 한다.

이 와카야마 보쿠스이가 한국을 여행할 즈음, 스웨덴의 젊은 황태자 구스탑스 16세가 고고학자로 내한하여, 경주 금관총에서 금관을 발굴한 발굴 팀의 일원으로 참여하여 한국에 대한 깊은 감흥을 잊지 못했던지, 1968년 일본의 가와바타 야스나리(川端康成)가 『설국雪國』으로 노벨문학상 수상차 스웨덴에 갔을 때 구스탑스 16세가 가와바타 야스나리에게 일본문화의 은혜국인 한국에 가본 적이 있느냐고 물었다는 일화가 전한다.

2

百濟 武寧王의 誕生說話와 加唐島

公州의 증산동 古墳群에서 출토된 誌石文

1971년 7월 5일, 충남 공주시 증산동 고분군의 왕릉 남쪽을 향하여 구릉의 끝자락에서 한국고대사, 특히 백제의 문화와 역사, 더 나아가서 백제와 일본과의 관계를 밝혀주는 귀중한 국보급 문화재 등 108종 2,906개의 유물이 쏟아졌다. 그 유물 중에는 그 능의 주인공이 누구인가를 밝혀주는 지석문(誌石文)이 있었다.

東寧大將軍 百濟斯麻 六十二歲
癸卯年 五月丙 朔七日壬戌 崩致
乙巳年 八月癸酉朔 十一日 丙申曆

동령대장군 백제사마 육십이세
계묘년 5월(丙) 7일(壬戌) 돌아가시다
을사년 8월(癸酉) 11일(丙申) 묻다

무령왕의 탄생지에서

무령왕 탄생지의 뒷산이며 일명 주(主)섬이라고도 한다. 우측 두 번째 坂本 문
화교류실행위원장은 主섬이란 이름은 武寧誕生과 무관치 않다고 하였다.

능에 묻힌 주인공은 당나라의 황제로부터 동령대장군(東寧大將軍)으로 봉해진 백제의 사마(斯麻), 즉 무령왕의 능임이 밝혀진 것이다. 이 지석문으로 무령왕이 62세에 돌아가신 사실이 알려졌다. 특기할 점은 제후국(諸侯國)의 왕, 예컨대 신라·백제·고구려·일본 등 왕의 죽음에는 '몽(薨)'으로 표기하는 것이 관례이고 오직 중국 황제(또는 天子)의 죽음에만 '붕(崩)'을 쓰는데 무령왕의 경우 '붕(崩)'으로 표기하고 있다는 점이다. 무령왕에 대하여 우리의 정사 『삼국사기』의 「백제본기 제4무령왕」에서 발췌하여 옮기면 다음과 같다.

무령왕의 휘는 사마(斯麻)요, 모대왕(牟大王 : 東城王)의 둘째 아들이다. 키가 8척이요, 안목이 그림과 같고 관후하니 민심이 모두 그에게 쏠렸다. 모대왕이 재위 23년에 돌아가자 즉위했다. 봄 정월 좌평 백가(苩加)가 가림성(加林城)을 점령하고 반란을 일으키니 한솔 해명(解明)을 시켜 토벌하니 백가가 항복하였다. 왕은 백가를 베어 백강(白江)에 던졌다.

10년 봄 정월, 명령을 내려 제방을 완고히 만들게 하고 내외의 놀고먹는 자를 쓸어 모아 농사터로 돌려보냈다.

21년 11월 겨울, 사신을 양나라에 보내어 조공하고 표를 올려 아뢰기를 ……백제왕은 바다 밖의 한 소국으로 멀리 조공의 예를 닦으니 그 정성이 지극한지라…… '백제제군사령동대장군(百濟諸軍事寧東大將軍)'에 봉한다.

23년 봄 2월, 왕이 한성에 거동하여…… 3월, 왕이 한성에서 돌아왔다. 여름 5월, 돌아가니 시호를 무령(武寧)이라 하였다.

역사학자들은 백제 제25대 무령왕에 대하여 도읍을 한

경주 분황사 석탑을 조성한 검은 벽돌로 장식한 武寧王陵의 內部

성에서 웅진으로 옮긴 웅진 도읍기(熊津都邑期 : 475~538)에
백제를 중흥시킨 영주로 평가하고 있다. 그러면 무령왕이
당시 백제의 어떤 정치적 상황에서 백제를 중흥시킨 주인
공으로 평가받는가를 독자들이 이해하기 쉽도록 당시의 정
치상황을 살펴보기로 한다.

백제가 고구려의 침공을 받아 도읍을 한성에서 웅진으로
옮긴 것은 제22대 문주왕(文周王) 때이다. 문주왕이 즉위한
4년 후 가을, 사냥을 나가 밖에 묵고 있을 때 병권을 쥐고
있던 병관좌평 해구(解仇)가 도둑을 시켜 왕을 살해한다.

뒤를 이어 문무왕의 장남이 13세의 어린 나이에 제23대
왕좌에 올랐으나(三斤王) 군국정사(君國政事) 일체를 좌평
해구(解仇)에게 맡겼다고 적고
있으나 실질적으로는 전왕을
죽이고 전권을 쥐고서 전왕의
장남을 허수아비 왕의 자리에
앉혔다고 이해해야 할 것 같
다. 삼근왕 21년에 좌평 해구
는 이에 만족치 않고 은솔 연
신(燕信)과 모반을 꾀했다가 죽
임을 당한다. 그 다음해 11월
왕이 죽었는데 그 이유는 밝히
지 않았다.

백제 제24대 왕은 바로
무령왕의 부친 동성왕(東城
王)이다. 그의 휘는 모대(牟
大)이며, 제22대 문주왕의
아우 곤지(昆支)의 아들로,
담력이 뛰어나고 활을 잘 쏘아

무령왕릉 출토품

백발백중하였다. 삼근왕이 돌아가니 즉위하게 되었다. 즉위한 지
10년, 위(魏)나라가 군사를 이끌고 침공하였다가 패하여 달아났
다. 17년 8월, 고구려가 침공하니 신라에 구원병을 요청하여 고
구려군을 물리쳤다. 23년 8월, 지금의 대전 대덕과학단지에 가림
성(加林城)을 쌓고 위사좌평 백가(苩加)에게 명하여 지키게 하자
백가는 그곳에 가기 싫어 병을 핑계 삼아 사직을 원했으나 이마

저 거절당하자 백가는 사람을 시켜 웅천의 북쪽에 사냥나간 왕을 칼로 찔러 죽였다. 제22대 문주왕(文周王)이 한성에서 도읍을 웅진(熊津), 곧 지금의 공주로 옮긴 이후 제25대 무령왕에 이르기까지 무려 세 명의 왕이 죽임을 당한 이러한 역사적 사실을 살펴볼 때, 당시 왕위 계승에 대한 분쟁과 갈등이 얼마나 심각했는가를 미뤄 짐작할 수 있다 하겠다.

무령왕릉 출토품

일본에 전하는 武寧王의 탄생설화

그런데 후쿠오카(福岡) 북쪽에 위치한 외로운 가카라섬(加唐島)에는 백제와 일본·중국 어느 역사서에도 기록으로 남아 있지 아니한 이야기가 전한다. 바로 무령왕의 탄생설화이다.

즉, 무령왕의 조부인 백제 제20대 비류왕(毗有王)이 재위 시에 여러 왕자들에게 말하기를, "내가 죽으면 다음의 왕은 둘째인 곤지(昆支)로 하여금 대를 이어 즉위케 하라." 말하고는 곤지를 태자에 봉하고 진희(眞姬)를 태자비로 각각 책봉까지 해놓고 세상을 떠나고 말았다. 그러나 비류왕의 뜻과는 달리 첫째왕자인 여경(余慶)이 왕위에 오르니 이가 곧 제21대 개로왕(蓋鹵王)이다. 그러자 곤지는 불만으로 세월을 보내던 어느 날, 본래는 자기의 처였는데 왕위에 오른 형이 강제로 빼앗아간 진희를 납치하여 일본에서 살기로 작정하고 선편으로 일본으로 향했다.

물론 이와는 다른 설도 있다. 즉 고구려와 신라로부터 괴롭힘을 받던 개로왕이 일본을 우방으로 끌어들이기 위해 곤지를 일본으로 사신(혹은 인질)으로 갈 것을 명하자 곤지가 본래의 자기 처인 진희를 함께 일본에 갈 수 있도록 해달라고 사정하니 개로왕이 빼앗아 살던 진희를 곤지의 아내로 삼아 함께 보냈다는 설이다.

곤지가 백제를 떠난 지 3개여 월 만에 일본 큐슈(九州)에 닿기도 전에 진희가 갑자기 산기가 있어 가까운 가카라섬(加唐島)에 정박하여 산모가 몸을 풀 만한 곳을 찾다 겨우 찾은 곳이 동굴이었고, 그 동굴에서 아들을 낳으니, 이가 후에 백제의 제25대 무령왕이며, 이 무령왕이 태어난 곳을 지금도 현지 사람들은 '오비오로시(腰帶下垂)'라고 부르고 있다. 이는 '(어린애를 낳기 위해) 허리띠를 아래로 내린다'는 뜻이다. 그리고 그가 태어난 가카라섬을 일명 '주인섬(主島)'라고도 일컫는데, 이는 '군주, 즉 왕이 태어난 섬'이란 뜻이다.

이처럼 실질적으로 왕자이면서도 궁궐에서 태어나지 못하고 외국의 외딴섬 동굴에서 태어난 무령왕은 '사마(斯麻)'

라는 이름으로 일본에서 자라다가 그의 나이 40세에 이르렀을 때, 우여곡절 끝에 먼저 왕위에 오른 배다른 동생인 제24대 동성왕이 죽자 옛 왕의 실질적인 장남의 입장에서 혹은 명분상 조카의 입장에서 옛 왕이었던 큰 아버지의 왕통을 이어받은 것으로 되었다 하겠다.

무령왕의 탄생에 대하여 이처럼 때로는 개로왕의 아들로, 때로는 곤지의 아들로, 왕위에 오른 순서에 따라 우리의 『삼국사기』에서처럼 동성왕의 아들로 기록되고 전해오는 것은 그의 조부였던 제20대 비유왕 이후 백제의 왕위 계승을 놓고 얼마나 심한 각축전이 벌어졌던가를 보여주는 한 증거라 하겠다. 끝으로 유물로 본 무령왕과 일본과의 관계를 살펴보기로 하자.

무령왕의 棺木에 대하여

1971년 무령왕릉 발견, 발굴 당시 관목으로 추정되는 나무관이 있어 한국과 일본의 사학자와 과학자가 이 나무가 어디에서 온 것인가를 조사해 본 결과, 일본의 왜금송인 다카노마키(高野槇)임이 밝혀졌다. 이 다카노마키는 무령왕이 어릴 때 살던 뒷산에서만 자라는 일본의 고유종으로 우리나라에는 전혀 자라지 않는 나무라 한다.

武寧王이 어릴때 놀던 高野山의 금송들

무령왕의 이 목관을 두고 일본의 사학자 중에는 소국의 왕(武寧王)이 죽었기 때문에 대국의 게이타이천왕(26대 繼体天皇)이 하사한 것으로 해석하였다. 그 반면, 우리 학계에서는 비록 무령왕이 나이가 어리고 손아래 조카벌이지만 먼저 죽었기 때문에 어렸을 때 외국에서 함께 자란 연분으로 혈육의 정에서 애도의 뜻으로 친히 왕관(王棺)을 보냈다고 해석했다. 필자도 역시 이에 동조하며, 그들 역시 어렸을 때 함께 자란 정분과 숙질지간이라는 혈육 간의 도리를 모를 까닭이 없으련만 괜한 자존심에서 억지를 부리는 치졸함이라고 말하고 싶다.

隅田八幡鏡과 음각된 문자

일본이 세계적으로 자랑할 만한 역사 유물을 보관하고 있는 창고인 정창원(正倉院)에는 무령왕과 관계가 있는 우전팔번경(隅田八幡鏡)이라는 긴 이름의 청동거울이 소장되어 있다. 이 청동거울은 먼저 왕위에 오른 조카 사마(斯麻 : 武寧王)가 자기보다 늦기는 하지만 일본의 천황에 오른 숙부 오오도(男弟 : 繼体天皇)에게 어렸을 때 함께 자란 숙질간이라는 혈육의 정으로 보낸 청동 거울이다.

이 청동거울에는 다음과 같은 명문이 새겨져 있다.

癸未年 八月十日 大王年 男弟
在意朱心加 斯麻念長壽 遺開中直
穢人令州利二人等
以百上銅 二百旰 作此意

계미년(502) 8월 10일 대왕년 남제
진심된 마음으로 사마는 장수하심을 바라며 개중직과
예인영주리 두 사람을 보낸다.
백동 2백한으로 이 거울을 만들다.

이 명문의 '사마'는 이미 『삼국사기』「무령왕조」에서 무령왕의 휘가 사마(斯麻)임을 앞에서 밝혔고, 게이타이천황(繼休天皇)에 대하여 『삼국사기』는 백제 개로왕의 막내 동생인 '남제(男弟)'라 하였고, 〈풍토기〉에는 '웅대적(雄大迹)'으로, 『일본서기』에는 '남대변(男大邊)' 혹은 '남대적(男大迹)'으로 어릴 적 이름을 표기하고 있는데 '男弟'·'雄大迹'·'男大邊'·'男大迹'이 모두가 표기는 다르지만 발음은 '오오도(ォォド)'로 똑같다.

무령왕릉에서 발굴한 유물 중 돌로 만든 짐승(石獸) 1점은 국보 제162호로, 왕비의 베개 1점은 국보 제146호로 지정되었으며, 왕릉의 내부 벽면이 아직까지 우리나라에서는 고구려·신라·백제·고려 등, 그 어느 시대에도 전례가 없는 짙은 회색빛의 벽돌로 축조되어 있다. 경주 분황사 석탑의 벽돌과 똑같은 크기, 같은 색의 벽돌로 축조되었다.

1974년에 문화재관리국에서는 『무령왕릉 발굴보고서』를 펴낸 바 있다.

▎무령왕에 대한 여러 사서의 계보 ▎

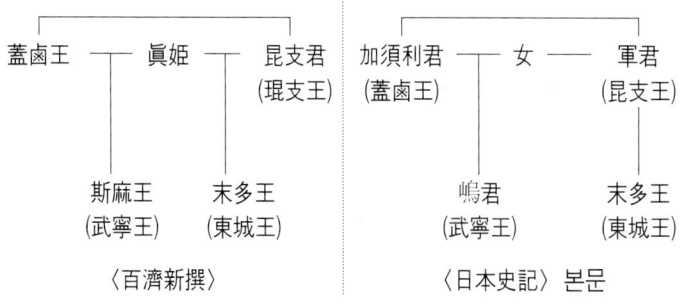

〈百濟新撰〉　　　　　　〈日本史記〉 본문

제 **3** 장

日本의 陶磁器 藝術

1

日本 陶磁器의 始祖 李参平

'일본 도자기의 메카'라 불리우는 사가현(佐賀縣)에 위치한 우리 나라의 면 단위쯤 되는 아리타(有田)에 들어서면 일본 도자기의 시조 이참평을 만날 수 있다. 그 전에 독자들의 이해를 돕기 위해 임진왜란 당시 우리의 역사적·사회적인 배경을 설명하고자 한다.

임진왜란은 1592년 임진년에 일어났기에 우리나라에서는 임진년에 일본이 일으킨 전쟁이라는 의미에서 '임진왜란'이라고 칭하며, 일본에서는 '분록구게이죠의 역(文綠慶長の役)'이라고 한다. 배경을 설명하자면 당시 우리나라에서는 명조(明祖)의 뒤를 이어 선

조가 왕위에 올랐다. 문약(文弱)에 빠진 지배계층은 당파싸움으로 나날을 보내면서 국방정책이 확립되지 않았고, 병조참판 이이(李珥) 같은 분은 십만양병설을 주창하며 국방의 중요성을 역설하였으나 오히려 배척당하였다. 국왕은 간신배들의 감언이설에 귀를 기울이고 서애 유성룡(西厓 柳成龍)과 같은 충신의 말을 듣지 않았으니 나라의 국운이 망국으로 치닫지 않을 수가 없었다.

이와 같이 우리의 조정이 당파싸움과 안일한 생각으로 세월만 가는 동안 일본에서는 새로운 형세가 전개되고 있었다. 즉 15세기 후반 서구세력이 동양으로 밀려들어옴에 따라 유럽 상인들이 조선 땅으로 들어와 사회가 문란해지면서 종래의 봉건적인 지배형태를 위협하기 시작하였다. 바로 이때 일본에서는 도요토미 히데요시(豊臣秀吉)라는 인물이 나타나 혼란기를 수습하고 전국을 통일하여 봉건적인 지배권을 강화하는데 심혈을 기울였다.

豊臣秀吉, 신흥상업세력 억제 위해 대륙진출 꿈꿔

자국의 통일에 성공한 도요토미 히데요시는 오랜 세월동안의 싸움에서 얻은 제후들의 강력한 무력을 해외로 방출시킴으로써 국내의 통일과 안전을 도모하고, 신흥상업세력의 억제를 위한 일환으로 대륙침략의 꿈을 갖게 되었다. 그리하여 도요토미 히데요시는 대마도주(對馬島主) 소이(宗義調)에게 명하여 우리나라가 일본에 사신을 보낼 것을 요청, 수호하도록 하였다. 이는 우리나라와 손을 잡고 명나라를 치자는 명분을 내세운 조선 침략이었다.

그러나 선조 23년 (1590) 일본의 실정과 도요토미 히데요시의 저의를 살피기 위하여 우리 조정에서는 두 사람의 통신사, 즉 황윤길(黃允吉)을 정사로, 김성일(金誠一)을 부사로, 허성(許筬)을 통역 및 기록관인 서장관(書狀官)으로 일본에 보냈다.

이듬해 3월, 통신사

이참평의 묘 앞에서(필자)

편에 보낸 도요토미 히데요시의 서신에 '정명가도(征明假道)', 즉 "명(明)나라를 정복하기 위해 길을 빌린다."는 내용의 문장이 들어있어 그의 침략 의도가 분명하였으나 사신의 보고는 일치하지 않았다.

다시 말해서 정사였던 황윤길은 반드시 병화가 있을 것이라 말하고, 부사 김성일은 그와는 반대로 도요토미 히데요시의 생김새가 원숭이처럼 생긴 인품으로 보아 우리나라를 침략할 인물이 못된다고 하였다. 조정에서는 중신들 간에 의견이 분분하였으나 간신배들의 세에 밀려 부사였던 김성일의 말을 쫓아 도요토미 히데요시의 침공에 대비하지 않았다.

15만 일본군 침략, 2달 만에 서울 이어 평양도 점거

이렇게 우리의 조정이 무방비의 안일한 상태에 빠져 있는 동안 일본의 침략계획은 무르익어 내전을 통하여 연마한 병술(兵術)로 드디어 1592년 4월에 15만 대군으로 조선을 침공하였다. 제1군은 고니시 유키나가(小西行長)를 선봉으로 부산에 상륙하고, 그 뒤를 따라 가토 기요마사(加藤淸正)·쿠로다 나가마사(黑田長政)·고바야카와 다카가케(小早川隆景) 등과 함께 세 갈래로 나누어 진격하였으며, 제2군은 가토(加藤淸正)가 인솔하고, 제3군은 구로타(黑田長政)가 이끌면서 삼면에서 서울로 진격하였다. 이에 우리 장수 신립(申砬)이 병사를 이끌고 충주 탄금대에서 배수의 진을 치고 싸웠으나 패하여 죽고, 왜군은 파죽지세로 큰 저항 없이 북상하여 서울로 진군하고 우리 국왕 선조는 피난길에 올라 평양으로 도주하였다.

이때 백성들은 도성(都城)과 백성을 버리고 도망치는 왕에게 돌팔매질을 했고 왜병이 도성에 당도하기도 전에 경복궁에 불을 지르고 서책과 노비문서에 불을 질렀다. 사태가 급박해진 선조는 명나라에 사신을 보내 구원을 청하였다. 그러는 사이에 5월 2일에는 고니시 유키나가(小西行長)의 군대가 서울을 함락하여 본거지로 삼았고, 다시 2군으로 나뉘어 가토는 함경도로, 고니시는 평안도로 각각 북상하니 조선 국왕은 다시 의주로 피난을 하게 되었다. 고니시는 6월에 평양을 점령하였다.

이순신 장군의 등장과 거북선의 위력

당시 경상우수사(慶尙右水使)였던 원균(元均)은 왜군에 패배하여 왜군의 상륙을 저지하지 못하고 많은 전선(戰船)을 손실하였다. 그러나 전라좌수사(全羅左水使) 이순신(李舜臣) 장군의 등장으로 전세가 역전되어 왜군은 해상활동이 차단되고 보급로가 끊어졌다. 특히 거북선의 위력으로 전세를 바꾸어 놓았다. 이순신 장군은 전선(戰船)을 이끌고 제1차는 옥포(玉浦)에서, 제2차는 사천(泗川)의 당포(唐浦)에서, 제3차는 한산도(閑山島) 앞바다에서, 제4차는 부산해전에서 왜선 수백 척을 모조리 쳐부수는 큰 전과를 올렸다. 이로써 제해권을 완전히 장악하니 이 공으로 이순신은 삼도수군통제사가 되었다.

이순신 장군의 전승으로 왜군은 전의를 잃어가고 우리나라에서는 전국 각지에서 의병과 승병이 구름같이 일어나 왜군과 싸웠다. 명나라에서는 심유경(沈惟敬)을 평양에 보내어 일본과 화의를 제청하게 하고 송응창(宋應唱)·이여송(李如松) 등으로 하여금 4만 군사를 이끌고 평양을 공격했다. 왜군은 크게 패하여 서울로 남하하니 권율(權慄) 장군이 행주산성에서 왜군을 맞아 싸워 크게 격퇴시켰다.

당시 이순신 장군의 활약상이 전 세계의 해전(海戰) 사상 어떤 수준이었는가를 말해주는 실화 하나를 여기에 소개한다.

1904년에 있었던 일본과 러시아의 전쟁, 즉 러일전쟁을 일본의 승리로 이끌어 당시 만주 일대와 우리나라의 정치·경제·군사상의 우월성을 확보했다는 일본의 영웅 도고 헤이하치로(東鄕平八郞)에게 누군가가, "당신은 영국의 넬슨, 조선의 이순신과 견줄 만한 인물"이라고 말하자 도고 헤이하치로(東鄕平八郞)는 머뭇거리지 않고, "넬슨과는 비교될 수 있겠지만 조선의 이순신과는 비교될 수 없죠."라고 대답했다고 한다. 그는 러일전쟁에 출정하기 직전에 경남의 어느 곳인가의 충무공사당에 찾아가 승전을 빌었다고 한다.

왜군은 각지에서 의병들의 궐기와 명군의 진격으로 보급이 곤란해지고 여기에 악질(惡疾)의 유행으로 전의를 완전히 상실, 선조 23년(1593) 4월 전군을 부산의 서생포로 후퇴시켜 여기에 성을 쌓고 화의를 진행하였다. 명나라의 심유경(沈惟敬)이 왜군장수와 함께 일본의 도요토미 히데요시의 본영에 들어가는 등 사신이 왕래하며 화의를 꾀하였으나 회담은 결렬되었다. 당시 도요토미 히데요시는 명나라에 대하여 다음과 같은 조건을 제시하였다.

① 명의 황녀를 일본의 후비로 보낼 것
② 감합인(勘合印), 즉 무역증인(貿易證印)을 복구할 것
③ 한반도 8도 중 4도를 일본에 할양할 것
④ 우리(朝鮮)의 왕자 및 대신 12인을 인질로 보낼 것

등을 요구하였다.

그러나 명나라는 역으로 선조 29년(1596) 사신을 파견하여 도요토미 히데요시를 일본 국왕에 봉한다는 칙서와 금인을 전하니 도요토미 히데요시는 크게 노하여 이를 받지

않고 사신을 돌려보낸 후, 다시 한반도 침공을 꾀하니 선조 30년(1597), 이른바 정유재란(丁酉再亂)이 일어나게 되었다.

도요토미 히데요시는 14만 대군을 이끌고 우키타 히데이에(宇喜多秀家)를 대장으로, 고니시(小西)를 선봉장으로 재침하였으나 우리나라와 명나라의 연합군과 이순신 장군의 수군에 대패하여 퇴각하던 중 도요토미 히데요시가 병사하게 된다. 그리고 그의 유언에 따라 왜군은 완전히 퇴각하였다. 이로써 임진왜란과 정유재란의 7년 전쟁이 끝났다.

그러나 우리의 전화(戰禍)는 참담했다. 경복궁을 위시한 중요 건축물과 서적·미술품 등의 소실은 물론이려니와 경제는 파탄지경에 이르고, 인명 피해도 말할 수 없이 많았다. 왜군은 수만의 우리나라 부녀자·아동 할 것 없이 코와 귀를 베어가는 만행을 저질렀다. 지금도 교토(京都)에는 귀무덤(耳塚)이 있다. 당시 왜군이 약탈해간 문화재 갯수는 확인된 것만 해도 3만4천이며, 확인되지 않은 것이 수십만이라고 한다.

특히 우키타 히데이에(宇喜多秀家)는 1593년 서울의 남산 주조소에서 금속활자인 동대자(銅大字) 58,148자와 동소자(銅小字) 31,168자를 일본으로 가져가 일본 최초의 동활자본인 『본광국사기本光國寺記』를 발행하기도 했다.

일본의 조선 침략 부당성을 지적한 沙也可의 귀화

임진왜란을 논하면서 사야가(沙也可)라는 인물을 빼놓을

수 없다. 사야가는 임진왜란 때 가토 기요마사의 좌선봉장으로 3천 군사를 인솔하고 들어왔으나 조선침공을 반대하며 부당하다고 생각했다. 그는 우리나라에 들어와서 바로 부하를 인솔하고 경상병사(慶尙兵使) 박진(朴晉)에게 투항한 후 조총(鳥銃) 제작기술을 가르쳐 주었고, 왜군과 싸워 많은 전공을 세워 버슬이 삼품당상(三品堂上)에 이르렀다. 왕은 그에게 성명을 하사하고 자헌(資憲)에 승진시켰다. 그의 이름은 김충선(金忠善)으로, 인동목사(仁同牧使) 장충점(張忠點)의 딸과 결혼하여 슬하에 5남 1녀를 두었다. 지금도 일본의 친족들이 매년 수백 명씩 대구 녹동에 위치한 그의 사당인 모하당(慕夏堂)을 찾아 참배하고 있다.

이상이 일본 도자기의 시조(始祖 : 陶祖)로 일컬어지는 이 참평이 강제로 일본에 끌려가기 이전의 우리나라와 일본의 시대적 배경이다.

李參平, 계룡산 동학사 입구에서 강제 연행돼

이참평이 일본에 끌려간 것은 일본의 2차 침공시(1597년)인 정유재란 때였는데, 그는 백제의 옛 도읍지 공주의 금강변 국립공원인 계룡산 동학사 입구에서 도자기를 만들며 조용히 살고 있을 때였다.

이참평의 13대손인 요히토(義人)가 쓴 그의 가족 약사를 보면 '조선충청남도금강인귀화(朝鮮忠淸南道金江人歸化)'라 쓰여 있는데, 여기에서 금강(金江)은 금강(錦江)의 잘못된 표기이다. 그리고 금강도(金江島) 또는 공주도(公州島)라고 쓰인 곳도 있는데, 이곳은 섬이 아니라 백제의 고도인 내륙의 공주(公州)를

성역화된 李參平公의 묘소 앞에 선 필자와 徐洪錫 사장

잘못 표기한 부분이다. 좀 더 자세히 설명하면 백제는 475년, 지금의 서울(漢城)에서 고구려 장수왕(長壽王)의 침략을 받아 백제 제21대 개로왕(蓋鹵王)이 죽고 제22대 문주왕(文周王)이 웅주(熊州)로 천도하였으니 그곳이 바로 지금의 공주(公州)이다. 이때 개로왕의 동생 곤지왕(昆支王)이 부인과 함께 일본에 사신으로 가던 도중 일본 북큐슈 가라츠(唐津)시의 가카라섬(加唐島)에서 백제 제25대 무령왕(武寧王)을 낳았다. 그래서 무령왕을 일명 도왕(島王)이라고도 칭한다.

무령왕의 실명은 사마왕(斯麻王)이다. 그 이름을 따서 일본의 사가현의 가라츠시에는 '사마왕회(斯麻王會)'가 조직되어 있다. 이 사마왕회가 주축이 되어 일본 북규수의 가라츠시 가카라섬(加唐島)과 공주가 자매결연을 맺어, 2003년에는 공주시장이 학생들을 대동하고 가카라섬을 방문하였으며, 2004년 6월에는 공주와 사마왕회 등이 협력하여 무

일본인들이 이참평 公의 고향 東鶴寺 입구에 세운 도조의 기념비

령왕 탄생기념비를 1,200만원의 예산으로 건립했다.

바로 가카라섬의 옆에 나고야(名護屋)의 성지(城址)가 있다. 이곳이 바로 임진왜란 때 도요토미 히데요시가 15만 대군을 한반도로 출병시킨 곳이다. 도요토미 히데요시가 자신의 출생지인 나고야(名古屋)의 이름을 따 나고야(名護屋)라 이름을 붙였다고 한다. 지금은 한·일 문화교류의 전진기지가 되어 양국의 문화재가 전시되고 있다.

금강은 백마강(白馬江)·백촌강(白村江) 혹은 백강(白江)이라고도 표기하고, 일본 역사서의 서술에 따른다면 '동아시아에서 가장 큰 전쟁을 치른 백촌강 전투의 현장'이기도 하다. 백제가 망하고 3년 후인 663년 백제부흥을 위한 재건운동이 일어나 백제 왕족 복신(福信)과 도침(道琛)이 왜에 있는 백제 왕자 부여풍(夫餘豊)을 귀국시키고, 왜의 제37대

사이메이천황(齊明天皇)에게 구원병을 요청하니, 사이메이 천황은 아스카(飛鳥)의 백제대사(百濟大寺) 주선석장(酒船石場)에서 목욕재계하고 승전을 기원하는 제사를 올린 후에 군사를 모아 나니와궁(難波宮)으로 끌고 가 그곳에서 훈련을 시킨 2만7천여 대군을 북큐슈의 아사쿠라궁(朝倉宮)으로 집결

이참평 公의 13대 후손과 필자

시켜 400척의 배에 나누어 타게 하고 백제구원을 위하여 백마강 전투에 참전하였다. 그러나 백제군과 왜군은 나당연합군에 대패하고 백제 왕자는 패한 왜군과 휘하의 군사를 대동하고 나당연합군에 항복하고야 말았다. 바로 이 전투를 두고 역사서는 당시 동아시아의 전쟁사상 최대의 해전으로 기록하고 있다.

임진왜란을 일컬어 '도자기전쟁(陶磁器戰爭)'이라고도 한다. 당시 아리타(有田) 번조(藩祖)였던 나베시마 나오시게(鍋島直茂)가 귀국할 때 조선의 많은 문물과 학자·기술자들을 데려갔다. 이참평도 이때 데려갔을 것으로 추정된다. 나베시마는 아리타번의 가노직인 다쿠 읍주 다구안순(多久安

順)이 이참평을 강제 연행할 때 함께 배를 탔던 것이 인연
이 되어 다구안순가에서 함께 생활하게 되었다.

李參平, 일본 백자토광산 최초 발견

다구안순은 이참평이 도공임을 알고 도자기를 만들 것을
명하매 이참평이 최초로 가마를 만든 곳이 다쿠시 다쿠마
을 서쪽 언덕바지 도진고바요(唐人古場窯)이다. 이참평이 다
쿠에서 18년 동안 세 번이나 가마를 옮겨가며 도자기를 만
들었으나 만족할 만한 자기가 나오지 않아 큰 성과를 거두
지 못하였다.

李參平公의 동상과 白鐘寅 작가와 著者

李參平公의 銅像 제막식장에서

　1616년 이참평이 아리타(有田)의 이즈미산(泉山)에서 백자토 광산을 발견하여 시로가와(白川)의 덴구다니요(天狗谷窯)에서 도자기를 만든 것이 일본 도자기의 시작이라 할 수 있다. 오늘날 아리타야키(有田燒)가 세계적인 도자기로 성장하게 된 것도 이참평의 큰 공적이라 하겠다.

　다쿠시(多久市)의 고문서에 의하면 그 당시 이참평은 148인의 도공집단의 수장으로서 아리타 마을에서 우수한 백자를 만든 것이 오늘날 아리타 이만리가 번성하게 된 모체라 할 수 있다. 백자토 광산을 발견한 이참평은 이후 가네가에 산베이(金江三兵衛)로 이름을 바꾸고 일본인으로 작품활동을 하다가 1655년 한 많은 이국생활을 청산하고 지금은 마을 뒷산에 글자가 보이지 않는 반토막의 돌비석만 남겼다.

　그럼 이제 대대로 천황에게 어용식기와 다완을 공급해 왔다는 고란샤(香蘭社)가 있는 아리타야키의 성지가 된 아리타는 어떤 곳인지 알아보자.

행정구역상 큐슈 사가현에 위치한 아리타는 기차역도 간이역이라 일컬을 작은 역으로, 하루 몇 번의 기차가 지나가면 그만인 겹겹이 산으로 둘러싸인 분지로서, 거주인 1만3천, 도자기 가마 200여 개, 도자기 점포가 300여 개에 이른다. 일본 도자기의 최초 발상지로서 400여 년의 역사를 이어오며 오늘날 세계적인 명성을 이어가고 있는 백자 토광산은 앞으로도 100여 년은 더 사용할 수 있는 거대한 광산이다.

지금도 우리나라에서 건너간 조선인 도공을 위하여 고려신(高麗神)을 제사하고 간노우산(觀音山)에서는 도공 후예들이 고향을 생각하며 술을 마시면서 매년 6월 1일에는 모든 시민들이 모여 참배를 한다. 이참평이 1665년 8월 11일 세상을 등질 당시 그의 나이는 77세였다.

지난 2004년, 다쿠시에서 이참평의 공적을 오래토록 기리기 위해 기념관인 현창암(顯彰庵)을 성소(聖所) 아래의 명당자리에 마련하고, 최초의 요지 등을 정비하여 역사적 순례지로 만든 것은 학생들의 산 교육장으로서 뿐만 아니라 시민들의 정서함양에도 더없이 좋은 일이라 생각된다. 이는 앞으로 다쿠시 발전의 토대가 될 것이다.

1990년, 사가현의 도조 이참평 기념비 건립위원회가 이참평의 고향 공주 계룡산 동학사 입구에 '일본도조 이참평 공 기념비'를 웅장하게 세웠다. 그 당시 필자는 부여의 전 문화원장 이석호(李夕湖) 선생과 함께 참석했었다. 비문의 도입부를 그대로 옮기면 다음과 같다.

文錄慶長の役に際して來日され(1616年)日本最初の白磁燒成
に…….

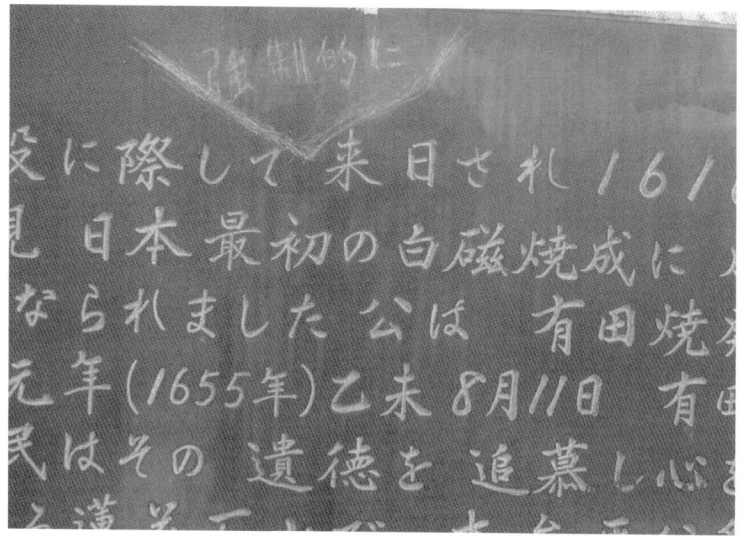

일본 사가縣에 이참평 기념비 건립위원회가 세운 日本 陶祖 李參平公 記念碑의
문제되었던 부분

이 비문 중에 인용 과정에서 필자가 방점을 찍은 '來日'
이라는 용어가 문제가 되었다. '연행(連行)'이라고 하였으면
될 것을 '내일(來日)'이라고 한 것이 문제가 된 것이다. 누
군가가 '내일'이라고 음각된 글자 앞에 날카로운 돌조각으
로 '강제적으로'라는 글자를 낙서하듯이 써 넣었다. 역사는
있는 그대로 기술하는 것이 역사다. 역사는 왜곡해서도 안
되고 미화해서는 더더욱 안 된다.

지금 일본의 역사교과서 왜곡문제가 이웃 나라에 얼마나
많은 상처를 주고 있으며 외교마찰을 가져오는가. 앞으로
의 세계는 동아시아의 세계다. 일본은 이러한 세계질서 속
에서 동아시아의 중심에 서서 선도해 나가야 할 국가이다.

그런데 이와 같은 조잡한 마음가짐으로 이웃 국가에 상처
나 입히고 교과서를 왜곡한다면 일본의 장래는 없다. 일본
은 전후 독일을 배워야 한다. 양식 있는 학자들의 자성의
목소리로 일본의 극우화를 막아야 하겠다.

日韓友情年2005
「陶祖 李参平 顕彰之碑」建立

深遠な美の世界——有田焼。日本の誇る磁器芸術は、海を
越えて朝鮮半島よりやって来た。有田焼物語は、多久市の
ページを開くところからはじまる……。

陶祖李参平（金ヶ江三兵衛）
ゆかりの地佐賀県多久市に寄贈・建立

有田焼の「陶祖」李参平を顕彰する碑が、日・韓両国の人々の熱い友情の心に支えられて多久市多久町にある多久聖廟近くにこのほど建立された。

多久は、文禄・慶長の役（一五九一〜一五九八）で鍋島直茂に連れてこられた李参平が領内に一五年間居住「唐人古場」と呼ばれる窯で試し焼きをしたとき、求めて有田に移り、泉山で白磁鉱を発見、磁器創業の礎を築いた。

「顕彰の碑」は、多久市北多久町在住の書家藤田秀義（秋月）氏（63）と、韓国在住で「韓・中・日藝術文化交流会」の文柱天会長が陶祖李参平を敬い永く顕彰しようと寄贈。

多久市もこの申し出に絶大な理解と協力を惜しまず、同市（多久聖廟）近くの休憩所を改修「顕彰庵」として碑を収めた。庵内には、多久に聞いた初窯、唐人古場跡の写真、有田の泉山の白磁鉱なども展示されている。

（写真・上＝建立なった陶祖・李参平顕彰之碑、下＝「顕彰庵」看板も藤田秋月氏制作寄贈）

陶祖 李参平 顕彰之碑를 文 會長이 기증하고 建立했다는 日本측 記事

이참평 현창비 제막식

큐슈시는 한국학생들이나 여행객들에게 역사의 산 교육장이다. 무령왕의 탄생지이며 나고야 성지, 다쿠시 유락호텔의 천연온천, 이마리(伊萬里)시 아리타의 도자기 관광, 일본 서구문물의 유입창구인 나가사키 하우스-템포스, 사이메이천황(齊明天皇)의 조창궁지, 다자이후(大宰府)의 대야성(大野城) 팔번궁을 엮어 관광벨트화한다면 한국학생들의 수학여행 코스로 최적의 호지가 될 것이다.

인구 3,000여 명밖에 되지 않는 미야자키현(宮埼縣)의 난고촌(南鄕村)은 교통도 불편한 그 산속에 나라의 정창원(正倉院)과 똑같은 설계의 서정창원을 세워, 백제 정가왕이 가져간 유물을 전시하는가 하면, 백제 고도 부여에서 직원을 1명 파견 받아 행정요원과 주민들에게 한글을 공부시키고, 모든 표지판에 한글을 병기하여 한국 사람이 보면 바로 읽을 수 있게 하고 있다. 또한 부여와의 문화교류를 통해 매년 20만여 명의 관광객을 유치하고 있는데 후쿠오카·사가·나가사키가 손을 잡고 한국관광객을 유치한다면 관광자원이 많은 이곳으로서는 백만 이상의 관광객을 유치할 수 있을 것이라 사료된다.

앞으로 일본이 크게 발전하려면 신칸선을 타고 동경에서 큐슈→부산→중국을 거쳐 유럽으로, 동남아로, 러시아로 나갈 수 있어야 한다. 큐슈와 부산의 국제 하이웨이도 속히 조성돼야 한다. 그렇게 되면 저가로 물류를 신속하게 운송할 수 있어 양국의 수출산업에 지대한 혁명이 올 것이라 믿는다.

여행도 신칸선으로 편안히 간다면 새로운 세계가 전개될 것이며, 그렇게 되려면 일본의 출발기지는 물류문제 등 여러 가지 조건으로 보아 다쿠시가 최적지일 것이다. 도자기가 이마리 항구를 통하여 수출되는 관계로 외국에서는 아리타야키를 일명 이마리야키라고도 한다. 앞으로 다쿠시에서 고속철로 도자기가 수출된다면 다쿠야키라고 이름 붙여질는지도 모른다. 현재까지 다쿠시는 처녀림처럼 잘 보존되어 있으나 앞으로는 크게 발전할 것으로 여겨진다.

李參平 후예들의 도예작가 정신

그럼 여기에서 일본 도자기의 시조로 불리는 이참평 후손들의 지금의 위상은 어떠한지 알아보기로 하자.

물어물어 그들의 공방을 찾아갔으나 일본 도자기의 시조 이참평 선생의 명성에 비해 후손들의 사는 모습은 너무나

韓・中・日芸術文化交流会
会長　文　柱　天　様

有田町教育委員会
教育長　出雲悠司

拝啓　時下益々ご清栄のこととお慶び申し上げます。
　本日、有田町・稗古場在住の金ヶ江省平様(初代金ヶ江三兵衛から 14 代目)が来館されました。その折、お話をお聞きしましたが、文会長様が来有されて有田町白川にある初代の金ヶ江三兵衛の墓碑にお参りいただいたそうですが、その時に見た標柱の建て替えを早急にご計画されているという話を伺いました。また、伊万里市市会議員岩本盛房様も直接に有田町にお越しいただき、お話を伺いました。
　実はあの墓碑には長い歴史があります。初代金ヶ江三兵衛は有田焼の陶祖として町民の尊敬を集めてきました。しかし、初代から数えて 5 代目で窯焼を廃業し、その後は絵描き職人として渡世をおくりました。そういうこともあって、長年初代の墓はその子孫すら、存在を確認できずにいました。しかし、町の中では 1916 年に創業 300 年祭を挙行し、その時完成したのが陶山神社の上方にある「陶祖李参平之碑」です。
　また、昭和 12 年 11 月 14 日、稗古場・報恩寺境内に「李参平」の墓が改修落成したことが有田町役場日誌に記載されています。これは当時の有田郷友会が主催して建てられたものです。そのころは白川の墓碑はまだ未確認で、これほどの功績のある初代金ヶ江三兵衛の墓がないのはおかしいということで金ヶ江家の墓地近くに建立され、今でも立派な墓が存在します。
　その後、昭和 42 年 3 月 20 日に有田町教育委員会が開かれました。先に有田町文化財保護委員会から提出された重要文化財として町の史跡指定の答申が行われ、協議の結果「初代・金ヶ江三兵衛(李参平)墓碑」を町の史跡に指定することが決定しました。これにはまたいきさつがあって、町の知者礼一さんと言う方が長年李参平の墓碑を探求していて、たまたま白川に倒れていて頭部が破損した墓碑を発見しました。しかしそれが初代の墓であるという裏付けが得られないままいたところ、たまたま隣町の龍泉寺にあった過去帳に墓碑と全く同じ戒名が発見され、初代の墓であることが証明されたのでした。
　お話を伺い、文会長様の並々ならぬご好意に大変感謝申し上げます。ただ、篠原有田町長、陶祖李参平公顕彰委員会(会長・蒲地商工会議所会頭)とも協議いたしましたが、当方にて早急に標柱は建て替えること、また墓碑を巡る歴史の流れを墓碑の周辺に建てる必要を感じております。

초라했다. 우리의　철거민촌　수준　이하였다. 현관문을　열고 들어서니 13대손　가네가에　요히도(義人)라는　이름의　80대 중반쯤의　노인이　필자를　맞이했다. 전에　살던 집과 공방이 불에 타 이곳으로 이사했다는데 사는 형편이 말이 아니다. 요시토(義人) 노인은 술수가 없는 사람이었다.

백발의 노인 얼굴엔 고통스럽게 세상 풍상을 겪으며 살아온 흔적이 역력했다. 젊은 시절에 그는 대를 이어 도예에 입문하지 않고 징용을 피하기 위하여 국영철도회사에 입사하여 정년퇴임했다고 했다. 정년퇴임 후 아들 쇼헤이(省平)가 도예작업을 하고 있어 일손을 놓았다고 한다. 한국에서 찾아온 손님을 맞는 장소가 스스로도 미안하게 생각되었던지 가네가에 씨는 지금의 작업장은 이참평 선생이 작업하던 그 장소가 아니고 원래의 공방이 화재로 전소되는 바람에 그곳을 팔고 지금의 장소로 옮기게 되었다고 했다.

'참 안 되었구나' 하는 필자의 안타까운 마음을 조금이나마 다독여 준 것은 그의 아들이 만들었다는 작품들이었다. 몇몇 작품에 조선 백자의 그윽함과 순수함이 분명히 살아 있었다. 바로 그 점이 내 호기심을 불러일으켜 그들을 돕고 싶은 생각을 갖게 했다.

그와 그의 아들 쇼헤이의 전송을 받으며 처음에 이참평 선생이 일했다는 곳으로 발걸음을 옮겼다. 새로 지었다는 건물은 상당한 규모의 도자기 매장이었다. 그곳 책임자라는 사람에게 건네받은 명함 앞면에는 '李'자가 큼직하게 인쇄되어 있었다. 상호며 주소 전화번호 등은 뒤에 기재되어 있었다. 시쳇말로 어처구니가 없었다. 비유가 좀 그렇지만 곰이 재주를 부리던 자리에서 제3자가 돈을 버는 형국이라고나 할까, 올곧은 도예작가로서 어려운 여건 속에서도 지조를 지켜가고 있는 이참평 후예들의 삶과 대비되어 입맛이 씁쓸했다.

지난 2월, 이참평 선생의 기념관인 현창암 건설 추진협의차 다쿠시를 방문했을 때 다쿠시의회 의장 다케도미 겐이치 씨가 공항까지 마중나와 주었다. 다쿠시의 유락호텔에서는 다니구치(谷口) 사장을 비롯하여 임직원과 이마리시 의회 의원 등 다수가 현수막까지 내걸고 환영해 준 고마움을 이 자리를 빌어 감사를 드린다. 특히 요코오(横尾俊彦) 시장의 저녁 만찬시간 전에 후쿠이(福井) 거주 일·한예술 문화교류회 부회장 내외가 오시고, 동경에서 미술세계 전무인 고토(後藤泰祥) 씨가 참석해 주어 회의가 더욱 진지하게 이루어졌다.

寄 附 受 納 書

平成17年4月25日

文 柱 天 樣

多久市長 横 尾 俊 彦

平成17年2月21日付で寄附申込のあった下記の寄附物件については、平成17年4月18日付で受納しましたので通知します。

記

物件の表示 陶祖 李参平（金ケ江三兵衞）顕彰之碑

李参平 현창비를 기증하고 준공식에 초청되어 갔을 때 환영하는 모습

李参平의 14代孫 李省平内外와 筆者

拝啓　初冬の候、あなた様におかれましては、益々ご清祥のこととお喜び申し上げます。

さて、先般は、陶祖「李参平」のご事情を賜りますとともに、韓・中・日の芸術文化交流のため、友好交流の方々とともに、遠路はるばる当地をご訪問いただき、誠にありがとうございました。

貴国文献等を印象深く残しておりますし、皆様方の熱意も有難く存じました。

その上、貴重な「李参平」肖像画をご寄贈いただき重ねて御礼申し上げます。大切に保管し、李参平先生顕彰に資していただく存じます。

会長様の貴いご教導に感謝いたしますとともに、今後とも文化交流の推進と本市の発展のため、ご指導を賜りますようお願い申し上げます。

末筆ではございますが、会長様の益々のご健勝とご多幸をお祈り申し上げ、御礼とさせていただきます。

敬具

平成十七年十二月九日

多久市長　横尾　俊彦

文　接　天　様

다음날, 이마리의 고려교 건너편의 팔백 고려인 무명 도공탑을 방문했을 때는 이마리시의회 의장, 구로가와 통신의원, 시의 전전화인조역, 도예의 명인 등 20여 명이 마중나와 함께 향을 피워 참배하였다.

가라츠 가라시마의 무령왕 탄생지와 나고야(名護屋) 성지를 일·한예술문화교류회 부회장 가케우치 요세키(桓內楊石) 씨와 방문할 때는 다케도미 의장이 노구를 이끌고 친히 안내하였으며, 다쿠시의 관광실장 구기사키(釘崎正弘) 씨가 끝까지 수고해 주었다. 사가현 교육장연합회 회장 오가다(尾形善次郎) 씨가 이참평 선생의 최초 가마터 당인 옛 가마터와 고려골 가마터 등을 자세히 설명해가며 안내해 주었다.

특히 필자가 사가현 아리타(有田)의 이즈모 유우지(出雲悠司) 교육장에게 한·일문화예술교류회 한국측 책임자의 입장에서 이참평 선생의 요지 성역화를 허락해 주면 사재를 털어서라도 그곳을 성역화하겠다고 제의했더니 며칠 후 늦게 인편을 통해 전문을 보내왔다. 필자의 제의를 받고 그날 긴급 교육위원회 회의를 가졌는데 선생의 뜻을 고맙게 받아들여 도요지를 깨끗하게 새로이 정비한다는 약속의 내용이었다. 그는 조용한 성품의 참 교육자였다.

이번에 다쿠시가 이참평 선생의 기념관인 현창암이 아리타시와 이마리시의 협조로 다쿠시 시장과 다쿠시 의회의장 등을 필두로 시의회의장, 시교육장과 관계인사 다수가 합심하여 역사적인 기념물로 조성되기를 간절히 바란다.

현창암의 비문과 간판 등은 필자가 기증하였으며, '현창암'
이라는 현판 글씨는 후지타 히데요시(藤田秀吉) 씨가 직접
썼다.

2

사츠마야키(薩摩燒)의 14代孫 沈壽官

그들은 이렇게 일본으로 끌려갔다

명나라와 우리나라의 연합군과 일본이 맺은 휴전협정을 깨고 도요토미 히데요시의 명을 받고 당시 사츠마의 17대 번주가 그의 아들과 함께 두 번째의 조선원정에 나선 것은 임진왜란이 일어난 지 5년 후인 1597년 2월이었다. 바로 정유재란이다.

일본군이 전라북도 남원시에 있는 남원성에 입성한 날은 8월 한가윗날, 당시 남원에는 이금강(李金剛) 왕자가 피난 와 있었기 때문에 남원군민과 관군은 왕자를 지키기에 최선을 다했으나 뜻을 이루지 못하고 박·심·이·차·하·김 씨 등, 18개 성씨의 도자기 기술자 43명이 이금강 왕자와 함께 포로가 되어 거제도를 거쳐 사츠마현, 즉 지금의 가고시마 현으로 끌려갔다.

여기에서 더 언급할 점은 당시 43명이 일본으로 끌려갈 때 그들의 몸뿐만 아니라 도자기를 만드는 모든 기구와 도자기의 주재료인 백토는 말할 것이 없고, 심지어 유액을 만드는 원료까지 가져갔는데, 특히 도자기의 주재료인 백토는 이 백토만을 따로 실어갈 배를 준비할 정도로 많이 실어갔다고 한다. 그것은 당시만 해도 일본에서 백토광산이 전혀 발견되지 않았기 때문이다. 일본의 백토광산에 대해서는 일본 도자기의 비조로 일컬어지는 이참평(李參平) 항목에서 자세히 설명했다.

당시에 일본 침략군들이 이처럼 도공이며 기타 도자기를 만드는 도구와 재료 일습을 가져간 것은 그만큼 일본인들이 우리나라 도자기를 선망하며 높이 평가했다는 증좌이며, 당시까지만 해도 일본은 도자기를 만들 때 전혀 백토를 사용하지 않았으므로, 행여나 주재료인 백토나 유액이 달라지면 그때까지 그들이 보면서 감탄했던 우리의 도자기

初代 沈堂吉의 最初의 作品(火計り燒)

보다 못한 도자기가 생산될지도 모른다는 우려에서였다. 다시 말해 일본은 우리의 불만 빼고 전부 가져간 셈이다.

위의 남원성은 70년대 초, 남원시 당국이 새마을 운동의 일환인 도시정비과정에서 헐릴 위기에 처했었으나, 당시 우연한 기회에 한국을 찾아 고향을 방문한 심수관 씨가 자신의 선조 일행이 왜군에게 붙잡

14代 沈壽官(右)과 著者

힌 남원산성이 헐린다는 말을 듣고 이 사실을 박정희 대통령
에게 수차례에 걸쳐 간곡히 건의한 끝에 헐릴 위기에서 벗어
났으며 오히려 보수 정비되어 도문화재로서 오늘에 이르고 있
다.

정유재란 이듬해에 일본으로 끌려간 도공들이 박평의(朴
平意)를 중심으로 몇몇이 구시키노(串木野) 마을에 가마를
연다. 바다를 건너온 조선 도예의 씨앗 하나가 일본에 떨
어지는 사츠마야키의 발원은 이렇게 시작되었다. 1900년
대 외교관으로 출발, 주미 일본대사를 거쳐 두 번에 걸쳐
일본 외무상을 역임했고, 제2차 대전 말기에 미국 미주리
함상의 맥아더 장군 앞에서 일본의 항복문서에 조인한, 또
한 동경재판에서 A급 전범의 혐의로 복역 중에 옥사한 도
고 시게노리(東鄕茂德), 우리 이름 박무덕(朴茂德)이 바로 박

평의의 직계 후손이다.

현재, 일본에서 가장 성공한 도예가의 한 사람으로 평가되는 심수관 씨는 어렸을 때부터 무척 영리하여 그곳 소학교를 수석으로 졸업했다고 한다.

심수관 씨의 말에 의하면 선조인 심당길과 함께 남원성에서 붙잡혀간 도공 박평의(朴平意)의 후손이며 초등학교 선배이기도 한 도고 시게노리(東鄕茂德)가 성공한 선배의 입장에서 심수관의 소학교 졸업식장에 참석했는데 식이 끝난 후 자신을 불러 머리를 쓰다듬어주면서, "장하다. 일본에서 조선인으로 살아가려면 공부를 잘 해야 한다."고 하면서 격려해 주었다고 한다.

도고 시게노리, 즉 한국명인 박무덕(朴茂德)은 비록 A급전범으로 총리대신 도조히데키 등과 함께 처형되었지만 일본인들 사이에서는 당시 쇼와천황의 생명을 구한 인물 중한 사람으로 기억되고 있다.

이왕 말이 나온 김에 한민족으로서 일본에서 태어나 철저한 일본인으로 살다간 몇몇 주인공을 열거하면 다음과 같다.

기시 노부스케(岸信介 ; 1896~1987)

일제시대에 도조 히데키 총리 밑에서 상공대신과 군수차관을 지냈으며 총리를 역임했다. '쇼와(昭和)의 요괴'라는 별명을 얻을 정도로 일본의 침략전쟁 시기에 실력자 중의 실력자이기도 했다.

12대 심수관 作品   13代 심수관 作品

사토 에이사쿠(佐藤榮作 ; 1901~1975)

기시 노부스케의 친동생이지만 개인적인 사정으로 성씨를 바꿔서 형과 성씨가 다르다. 1965년 한·일 국교정상화가 최종 타결될 당시 일본 총리였던 그는 노벨평화상 수상자이기도 하며 일본의 최장수 총리이기도 하다.

필자가 심수관 씨의 집을 찾았을 때 벽에 '묵이식지(黙而識之)'라는 액자가 걸려 있어 관심을 갖고 들여다봤더니 심수관 씨가 입을 열었다.

"사토 에이사쿠 씨가 저에게 묻더군요. '당신네는 일본에 온 지 얼마나 되십니까' 하고 묻기에, 한 400년 된다고 했더니 '우리 가문은 그 200년 후에 건너온 집안입니다'라고 말하더군요."

정유재란이 '도자기전쟁'이라 불리는 까닭

임진왜란이 일어난 그 다음해인 1593년에 도요토미 히데요시가 조선으로 출병한 사츠마 번주 시마츠 요시히로에게 내린 문서에서 '도공을 비롯한 금공·목공·석공은 물론 자수장(刺繡匠)까지 기술자란 기술자는 모조리 끌고오라'는 명령을 내린다. 특히 도요토미 히데요시의 도공에 대한 집착은 대단한 것이어서 우리가 임진왜란과 정유재란이라 일컫는 이 전쟁을 일본인들은 '文綠慶長の役'이라는 역사용어보다 '도자기전쟁'이라고 칭할 정도로 대단했다. 거기에 더하여 사츠마 번주 시마츠 요시히로 역시 개인적으로 당시까지, 일본에서는 전혀 생산되지 않는 백자를 무척 갖고 싶어 했기에 시마츠 요시히로는 도공을 비롯한 온갖 기능공의 인간사냥에 남달리 열성이었다.

이렇게 끌려온 도공들이었기에 이들은 몇 척의 배에 도자기를 만들 점토와 도구, 유약의 원료 등과 함께 실려 사츠마 반도에 도착한다. 이들은 어떤 이유에서인지 일부는 가미노카와(神之川)에, 다

沈壽官의 先祖인 沈堂吉이 가져가지 못한 불씨를 가져가 薪傳爐에 불을 붙이는 14代 沈壽官

른 일부는 마에노하마(前之浜)에, 또 다른 일부는 시마비라(島平)

해안에 각각 내린다. 이중 시마비라 해안은 바로 심수관의 선조 심당길(沈堂吉)이 내린 해안이다. 이들이 한 곳에 내리지 않고 세 곳에 나뉘어 내린 것은 일행 중에 일본군의 첩자노릇을 한 자가 있어서 그들과 함께 살 수 없다고 해서 헤어졌을 것이라 추측하는 학자도 있지만 확인할 길은 없다.

韓民族 긍지 살린 功績에 獻詩 올려

심수관가의 작품 전시공간이며, 또한 작품 매장이기도 한 수관도원을 방문하려면 기차편으로 후쿠오카에서 급행으로 네 시간을 달린 다음 다시 자동차를 이용하는 것이 일반적인 방법이다.

그 네 시간의 기차여행 동안 문득 '아, 심수관 씨야말로 한·일 문화교류의 공로자구나' 생각이 머리를 스쳐 나도 모르게 주머니에서 메모지와 붓펜을 꺼내 한·일 문화교류회 한국측 대표 입장에서 헌시(獻詩) 한 수를 지었다.

沈士靑松道家生
壽如金石檀君孫
官名不使四百年
頌詞韓魂擅揚名

청송심씨 학자 집안에 태어난
단군의 자손이여 오래도록 장수하소서
명예로운 관명 결코 드러내지 않는 400년 세월
한국의 혼 지닌 선비라 세인들 칭송하네

역에서 내려 다시 택시로
20분을 달려 수관도원에 도착
했다. 심수관 씨와 첫인사를
나누면서 헌시를 쓰게 된 동기
와 과정을 말씀드리며 헌시를
건넸더니, 심수관 씨도 감격한
듯 필자를 자택으로 안내했다.

심수관 씨는 아내와 가족
모두를 불러 필자를 소개하
며, 자신과 자신의 도예가문
을 위하여 이렇게 시를 지
어 주셨다면서 시 내용을
설명해 주고 필자에게 정중
히 감사의 인사를 올리라고
하였다.

14代 심수관 작품

상당수 일본인이 그렇듯 집안의 정갈한 벽면에 자그마한
신주를 모신 신단에 필자가 건네 준 헌시를 올려놓고 기도
와 절을 올렸다. 예식이 끝나자 심수관 씨가 정중히 고마
움을 표했다.

"저희 가문의 영광입니다. 선조님들의 은덕으로 이렇게
헌시를 받는 것은 저로서는 처음 겪는 일입니다. 감사합니
다."

필자도 가슴이 뭉클했다.

沈壽官家, 이래서 깊은 대나무 숲에 스며들었다

심당길 일행이 시마비라 해안에 상륙하여 가마를 연 것은 그 다음 해인 1599년이었다. 그들이 처음 만든 도기는 여러 가지 제약으로 도자기라고 하기엔 부끄러운 옹기 수준이었다. 하지만 그마저 만들어지는 대로 제품 모두를 번주에게 바쳐야 했고, 그들 도공은 찌그러지거나 하자가 있는, 다시 말해서 번주에게 바치지 못한 불량품만 겨우 쓰는 형편이었다. 그러나 옹기급 도기마저도 주변의 일본인들에게는 선망의 대상이었다. 그들은 나무조각을 얽어서 만든 통을 물통 등으로 사용하고 있었기 때문이다. 뿐만 아니라 번주로부터 각별한 보호를 받고 있는 터여서 일본인들의 질시 혹은 약탈의 대상으로 괴롭힘을 당했다.

이를 견디지 못한 조선의 도공 중에 일부가 더욱 더 깊은 산림 속으로 스며들다 보니 현재 심수관 13세가 자리잡고 있는 대나무 우거진 나에시로가와(苗代川)에 자리잡게 되었고, 그때가 그들이 일본에 상륙한 지 5년만인 1603년이라고 『사츠마야키총람』은 적고 있다.

우리 도공들이 이룩한 日도자기계의 세 봉우리

일본으로 끌려간 우리의 도공들은 일본 도자기 역사에 우뚝 솟은 세 봉우리를 형성하는데 그것이 바로 가라츠(唐津)도예, 아리타(有田)도예, 그리고 사츠마(薩摩)도예이다. 그들은 도자기를 굽는다는 공통점 외에 나름대로의 특성을 지니고 있어 이렇게 구분된다.

우선 가라츠도예는 임진왜란 때 끌려간 도공은 물론이려니와 그 이전에 일단의 해적들에 의해 잡혀갔거나 아니면 그들의 유혹에 의해 끌려간 도공들이 중심이며, 그 대부분이 한강 이북 출신들이다.

아리타도예는 1616년 일본에서 처음으로 백자기의 주원료인 백토 광산을 발견한 일본의 도조(陶祖)로 불리우는 이참평(李參平) 중심의 도예를 이르는 말이다.

끝으로, 사츠마 도예는 위의 두 도예와는 달리 자기와 도기를 동시에 구웠다. 바로 박평의와 심수관의 선조 심당길 중심의 도예를 이른다. 여기에는 우리나라에서 일본에 포로로 잡혀간 인물 중에 화제의 인물이 된 김해(金海)라는 사람도 있다.

'金海'라는 이름의 수수께끼 인물

수수께끼의 주인공 김해(金海)는 29세 때 일본으로 끌려가 1621년 59세로 도공의 일생을 마칠 때까지, 번주의 전폭적인 지지 아래 사츠마 도예의 발전에 큰 족적을 남긴 인물 중의 한 사람이다. 유감스럽게도 김해는 그의 본명이 아니다. 그렇게 불릴 뿐이다. 그의 일본 이름은 호시야마 나카지(星山仲次)이고, 김해는 그의 호이다.

기록에 의하면 그는 경북 고령군 성산 출신으로 일본에 건너간 후, 고향의 이름을 따서 가마가 있는 산 이름마저 성산이라 불렀고, 일본 이름마저 '성산'이라 글자가 들어간 호시야마 나카지라 했다는 것이다. 그의 호를 김해라 한 것은 그의 고향 김해가 예로부터 도자기에 좋은 흙이 많이 나는 고장이라 김해라는 호를 지니게 되었을 것으로 추측하고 있다.

물론 또 다른 설도 있다. 김해라는 인물은 실제로 사츠마의 번주 시마즈 요시히로(島津義弘)가 조선을 침략할 때 그 앞잡이로 길 안내를 하여 여러 성이 함락될 때마다 큰 공을 세웠고, 그런 인연으로 번주로부터 남다른 총애를 받았기에 본 이름을 감추게 되었을 것이라는 주장이 더 설득력 있어 보인다.

일본 신사건물이 단군사당인 역사의 아이러니

필자가 수관도원(壽官陶園)을 방문하기 전에 미리 자료를 조사하는 과정에서 가장 관심을 끈 것 중의 하나가 '옥산당(玉山堂)'이라는 작은 건물에 쓰여진 단군사당이라는 네 글자였다. 자료에 나타난 단군사당은 자그마한 전형적인 일본의 신사 건축양식인데 어떻게 그 일본식 신사건물이 단군사당이 될 수 있나 하는 의구심과 함께 역사의 아이러니를 새삼 느꼈다.

우리 일행은 수관도원의 사무장 야마다(山田)의 안내를 받으며 수관도원 뒤편에 자리잡고 있는 옥산당을 향하여 발걸음을 옮겼다. 옥산당을 오르는 길은 무척 가파랐다.

한참을 올라가다 보니 차밭 사이로 난 길 끝 삼나무로 둘러싸인 작은 공간에 있는 일본신사 건물양식의 건축물이 우리를 기다리고 있었다.

야마다 사무장이 입을 열었다.

"저 신사 건물이 바로 단군 위패를 모신 옥산당, 일명 단군사당입니다."

순간, 나는 내 심장에 강한 전류가 흐르는 듯한 충격을 느꼈다. 아니, 전형적인 저 일본식 신사 건물이 단군사당이라는 사실을 내가 내 눈으로 직접 목격하다니, 뭔가 크게 잘못된 것이 아닐까 하는 생각 때문이었다.

'檀君神位'라는 위패 하나 달랑 놓인 제단

일명 단군사당이라 불리는 옥산당의 문이 열리는 순간, 필자는 또 한번 놀랐다. 350여 년 역사의 단군사당이라면서 단군성조의 영정도 모시지 못하고 '단군신위'라는 위패 하나 달랑 놓인 제단이 너무나 초라했기 때문이다. 촛대 위의 양초에 불을 켜고 향을 사뤄 올린 후, 단군 성조 위패를 향해 절을 하면서 나는 결심했다. 단군사당의 영정은 기필코 내가 준비해 올리리라고……

단군사당의 참배를 끝낸 우리는 옥산당 뒤편 또 다른 작은 건물로 안내되었다. 그 건물은 특이하게도 밑바닥 주춧돌 부분에서부터 그 건축물을 빙 둘러싸면서 위쪽까지 꽉 막혀 있어 안을 전혀 들여다 볼 수 없는 구조로 되어 있었다.

이제까지 말 한 마디 없던 심수관 씨가 입을 열었다.

"이 안에 무엇이 있는지 아시겠습니까? 바로 당군사당인 옥산당을 짓는 계기를 마련해 준 바위가 있는 곳입니다. 440여 년 전, 단군신이 불덩이가 되어 떨어져 굳었다는 바위지요. 그 역사적인 바위를 지키기 위해서는 이런 건축양식 외에 달리 길이 없었습니다. 선생께서 여기 올라오면서 단군사당이 조선의 건축양식이 아니고, 일본식 건축양식임을 보시고 놀라시는 것을 옆에서 지켜봤습니다. 그에 대한 자세한 이야기는 제 사무실에서 커피라도 나누면서 말씀드리겠습니다. 아픈 역사의 아이러니지요."

저자가 유명화가에게 부탁하여 현재 그곳 檀君祠堂에 걸려 있는 檀君의 影幀. 좌, 土井友之会長 우, 李貞守女史.

단군사당 옥산당의 역사

그의 사무실에서 심수관 씨가 들려준 단군사당, 즉 옥산당의 기구한 운명의 역사는 다음과 같다.

조선에서 끌려온 도공들이 집단으로 이곳에 끌려와 도기를 만들어 번주에게 바친 지 60여 년 후, 어느 날 밤에 커다란 불덩이가 하늘을 떠돌다가 지금의 수관도원 뒷산에 떨어졌다고 한다.

그날 밤, 심수관 씨의 선조께서 꿈을 꾸는데 어느 노인이 꿈에 나타나서, "내일 아침 날이 새면 뒷산으로 올라가 보거라! 거기에 이제까지 없던 바위가 있을 터이니 그 바위 앞에 사당을 짓고 네 핏줄의 조상인 단군성조를 모시거라."

날이 밝자 심수관 씨의 선조께서 마을의 원로들을 모아 올라 가보니 과연 이제까지 한번도 본 적이 없는 바위가 놓여져 있었고, 그때까지 그 불덩어리의 열기가 식지 않아 따뜻한 온기를 느낄 수 있었다는 것이다.

당시 수관도원 주변의 모든 주민은 시마즈 번주의 명에 따라 남원에서 끌려온 사람들이 집단생활을 하면서 번주에게 바칠 도기를 만들고 있던 때여서 주민 모두가 정유재란 때 끌려온 남원의 도공 후예들이였던 연유로 쉽게 단군사당을 지을 수 있었는데, 그때가 바로 1673년이었다고 한다. 물론 단군사당은 조선의 건축양식으로 지어진 채로 물려 내려오다가 일본이 근대국가의 기틀을 갖춰가던 1907년, 일본 정부 당국의 강력한 명령에 의해 신사 모습으로 개축되어 오늘에 이르고 있다는 설명이다.

전지 한 장 크기의 단군성조 영정 기증

단군사당에 단군성조의 영정을 기증한 것은 필자가 수관도원을 방문한 지 1년 후였다.

단군성조 영정 제작은 영정전문 화가에게 맡겼다. 납기를 어기지 않고 단군성조 영정을 완성하여 들고 간 작품은 역시 명성에 걸맞게 훌륭했다.

1989년 가을, 필자의 개인사정으로 단군성조 영정은 이정수(李貞守) 여사 편에 일본으로 보냈다. 이정수 여사는 심수관 씨가 한국에 오면 전속으로 한국 관광가이드 겸 비서 일을 도맡아 하던 분으로, 일본 사람들조차 일본인으로 착

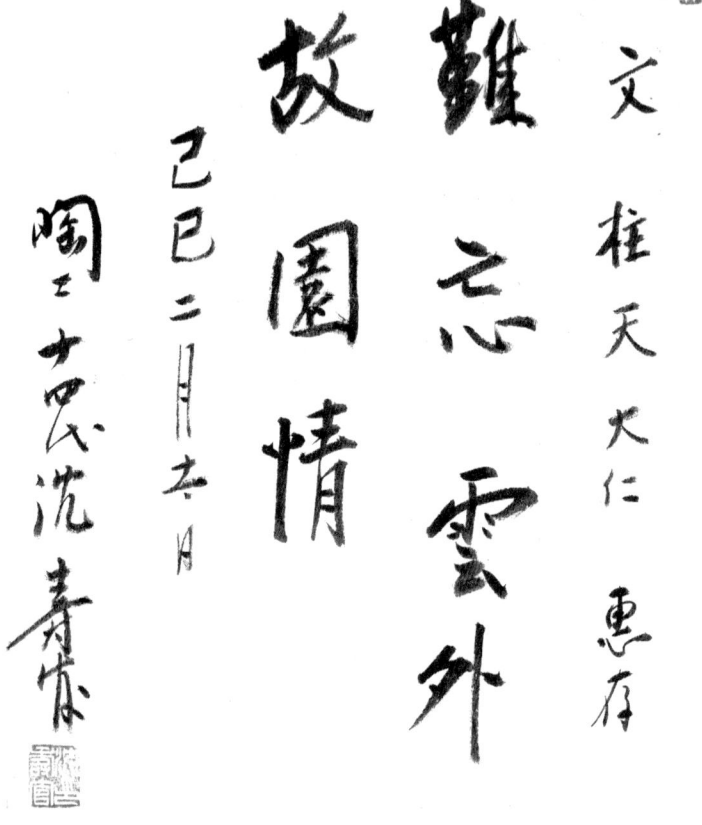

文 柱天 大仁 惠存

難忘雲外

故園情

己巳 二月卄日

陶工世家 沈壽官

沈壽官선생이 文회장에게 보낸 情筆

각할 정도로 일본어에 능통하신 분이다.

일본에 다녀오신 이정수 여사의 설명에 의하면, 심수관 씨 앞에서 영정 포장을 풀자, 심수관 씨의 얼굴이 약간 변하더니 단군성조를 흔히 그림을 통해서 봤던 흰 수염을 길게 기른 신선 같은 인물로 상상했던지 의외라는 듯한 표정을 지으며, "단군성조께서 이렇게 수염이 길고 많은 것은 곰이 백일 동안 마늘을 먹고 공들여 기도하시어 그러신 건가요, 그래서 이렇게 수염이 많으신가 보군요?"라며 고개를 끄덕였다고 한다.

이렇게 해서 단군사당에 당시까지 초라하게 놓여 있던 단군신위는 단군성조의 영정으로 대치되어 오늘에 이르고 있다.

3

日本 民俗學者 야나기무네요시(柳宗悅)와 「朝鮮陶磁壺」

　이미 한 세기 전에 한국의 미를 재발견한 민속학자요, 미학자인 야나기 무네요시(柳宗悅)는 이미 중국 송(宋)나라 때부터 그 가치를 인정한 고려청자와는 달리 평가절하되어 있던, 조선 백자 항아리의 아름다움을 일본 미술계 관계자들로부터 격렬한 항의를 받으면서까지 그 가치를 높이 평가해준 우리에게는 고마운 인물이다.

　1889년 해군 소장의 아들로 도쿄에서 태어난 그는 특권계급의 자녀들만이 다니던 가꾸슈인(學習院)에 입학, 동인 문예지인 『시라가바(白樺)』 창간에 참여하여 10여 년간 동인으로 미술분야의 편집을 맡아 글을 썼다. 동인지 『시라가바』는 일본의 신문학 개화기에 크게 공헌한 동인지이기도 하다.

　도쿄대학 문학부에서 심리학을 전공하였으며 1913년 졸업후에　　도요대학(東洋大學)·동지사대학(同志社大學)·하와이대학 등에서 교수를 역임했다. 그는 영국인 버나드 리이찌, 일본의 도미모토 겐기치(富本憲吉), 가와이 간지로(河井寬次郎) 등 유명 도예가들과의 교류를 통하여 민속공예에 관심을 갖게 되었다.

그 후, 그는 민예운동을 제창하고 그 선구자로 크게 활동했다. '민중의 공예'라는 뜻의 '민예'라는 용어는 그가 창안한 용어로, 민중의 일상생활 속에 엄연히 살아 있는 미의 세계, 즉 실용적·생활적인 것으로 다른 미술처럼 감상만을 목적으로 하는 것이 아니요, 공예의 미는 '실용에 따르는 미'에 그 특성이 있다고 주장했다.

야나기 무네요시는 1910년, 일한합병(日韓合倂) 5년 후인 1915년 단 한 번의 한국여행을 통하여 우리의 고유 예술품에서 동양미의 극치를 발견한 주인공으로, 1936년에 도쿄에 '일본민예관'을 창설하고 그 관장이 되었으며, 1957년 일본 정부로부터 문화공로상을, 1966년 아사히신문사의 문화상을 수상하기도 했다. 저서로는 『야나기 무네요시 선집』 10권, 『야나기 무네요시 종교선집』 5권 등이 있다.

그는 앞에서도 언급했듯이 일생에 단 한번 한국에 다녀간 것만으로도 한국 고유 예술의 본질을 꿰뚫어보고, "한국의 예술은 민족적 비애가 낳은 선(line)의 예술이요, 중국의 예술은 의지가 낳은 형(form)의 예술이요, 일본의 예술은 정취가 낳은 색(colour)의 예술"이라고 정의했다.

1919년 3.1운동 당시, 야나기 무네요시는 한국예술에 관한 글에서,

"나는 조선의 예술, 특히 그 요소라고 할 수 있는 선(line)의 아름다움은 실로 그들의 사랑에 굶주린 마음의 상징이라 생각한다. 아름답게 길게길게 이어지는 조선의 선은 확실히 간절하게 호소하는 마음 바로 그것이다. 그들의 원한도 그들의 기원도, 그들의 요구도, 그들의 눈물도 그 선을 타고 흐르는 듯이 느껴진다." 라고 적고 있다.

韓國白磁의 美를 再發見한 日本의 民俗學者 柳宗悅

야나기무네요시(柳宗悅)는 고려청자(高麗靑瓷)를 다음과 같이 말했다.

고려청자(高麗靑瓷)는 고결(高潔)한 선벽(鮮碧)을 바탕으로 한 천공(天空)에 한학(閑鶴)이 나는 극히 예술적(藝術的)이고 인간적(人間的)이면서, 사색적(思索的) · 시정적(詩情的)이고 회화적(繪畵的)이며, "자연미(自然美)와 생활미(生活美)"를 나타낸 것이다. 좀 구체적(具體的)으로 말하자면 시원스럽게 펼쳐진 들판 야국(野菊)들, 개울가에 늘어진 버들, 호상(湖上)에 유유(悠悠)히 떠도는 몇쌍의 들오리, 이러한 풍취(風趣)는 한국인(韓國人)이 지닌 심정(心情)임에 틀림이 없다.

1970년대에 도자기계의 이조도자기편람회에서 일한 인연이 있어 남들보다 먼저 이조 백자의 미를 접하고 그 아름다움을 알게 된 필자는, 야나기 무네요시가 이미 1932년에 발표한 글을 1954년에 보완하여 다시 펴낸 『조선의 예술』을 접했을 때의 감격을 아직도 잊을 수 없어, 그 글 중에서 「朝鮮陶磁壺」의 서문 부분을 선생에 대한 고마움과 존경의 징표로 여기에 옮겨 싣는다. 지면 관계로 전문을 싣지 못하고 그 서문만 옮겨 적었음을 밝혀둔다.

朝鮮陶磁壺 序

중국의 자기는 우리가 기다리든 기다리지 않든, 언제나 저편에서 다가온다. 조선의 자기는 이편에서 찾든 찾지 않든 언제나 우리를 기다리고 있다.

날마다 사용하는 기물(器物)로서는 후자쪽이 더 바람직하다. 조용하고 소극적이어서 곁에 두고 마음 편히 지낼 수가 있다. 곁에 두고 보면 점점 더 떠나기 어려운 느낌이 인다. 항상 기다리고 있는 풍정이 마음을 끈다. 보지 않을 때에도 말없이 기다리고 있다. 조용한 기물(器物)은 마음을 어지럽히지 않는다. 방안이 언제나 조용해진다. 일상 생활상으로 본다면 나는 조선의 자기를 택하고 싶다.

어떤 특별한 경우에 중국의 경우는 맑아서 좋다. 손님 접대시 명나라의 청화백자(靑華白磁)는 식사를 더 품위 있게 해준다. 그러나 조용히 대화를 나누고 싶은 때나 항상 주거하는 방에서는 강렬한 느낌의 기물이 맞지 않는다. 그런 때 조선의 자기에 정말로 친근감을 느낀다. 기물로서는 다시없는 성질이다.

조선의 자기는 크게 고려의 것과 이조의 것으로 나누어진다. 고려자기의 아름다움은 일찍이 송나라 시대에 중국에서도 인정한 것이다. 청자(靑磁)의 비색(秘色)에는 다시없는 아름다움이 있다. 기교를 중시하는 이들은 누구나 이 시대의 청자를 으뜸이라고 한다. 게다가 세밀한 상감(象嵌)의 수법과 아름다운 철화(鐵畵) 등이 발달하여 그 역사를 화려하게 장식하였다.

고려의 자기는 섬세하다. 선의 미묘함은 비할 데가 없다. 그만큼 발달된 것이라 할 수 있고 이에 따라 연약함이 가해진다. 마침내는 덧없는 정(情)으로까지 이끌어간다. 나라의 약함이나 무상(無常)의 가르침이 여기까지 이르게 한 것 같다. 고려의 자기는 여성적이다. 그러나 그에 비하여 이조의 자기는 폭이 있다. 시대가 변하면서 종교도 불교에서 유교로 바뀌고 곡선이 직선으로 옮겨진다. 뚜렷한 대련이다. 종류의 변화는 이조로 내려오면서 훨씬 더 많아진다. 어떤 이는 이 시기부터 야키모노(燒物)의 질이 떨어진 것처럼 말한다. 섬세한 기교만을 보는 이들에게 이런 견해가 많다.

그러나 아름다움의 가치로 본다면 그렇게 간단하게만 말할 수는 없다. 이 호(壺)가 그것을 증명한다.

조선의 자기는 분청과 백자로 나누어져 있다. 분청자기는 고려에 연결된 것이다. 청자의 기술이 쇠퇴하여 분청자기가 된 것으로 설명하는 이가 많다. 그렇게 설명하면 조리는 선다. 그러나 그 아름다움까지 쇠퇴했다고 한다면 그것은 옳지 않다. 새로 가해진 백토분청의 수법은 이제까지 없던 맛을 낳았다. 대범하고 여유있는 분방한 멋은 분청자기가 아니고는 볼 수가 없다. 고려에 없는 수수함이 있다. 대부분은 가난한 중들이 생계를 잇기 위해 만든 것이라고 하는데 어딘지 고요하고 구애받음이 없는 선취가 있다. 이런 단순한 맛은 고려의 자기에서는 찾아보기 힘들다. 분청자기가 일본에 전해져서 다기(茶器)로서 더없이 환영을 받은 것도 무리는 아니다. 풍취의 멋으로 말한다면 나는 분청자기를 들고 싶다. 수수한 맛이 있어 묘한 깊이가 느껴진다. 늘 사용하여 손에 익은 것은 그 맛이 한층 더하다.

명나라의 영향을 받아 도자기가 발달하여 오랫동안 그 역사가 계속되었다. 남화(藍畵)·철화·동화(銅畵)·유리(琉璃)·조각(彫

刻) 등 갖가지다. 우리들은 여기에 이르러서 이조의 가장 독자적인 세계와 마주친다. 고려에 비한다면 얼마나 남성적인가. 시대가 택한 유교의 풍격(風格)이 여기서 가장 분명해진다. 그토록 곡선을 사랑한 민족이 여기에서 단정하고 엄한 직선의 미에 닿는다. 형태는 대지(大地) 위에 안정되어 진다. 무늬도 형태도 한층 더 분명해져 있다. 그러나 중국의 자기처럼 힘으로 밀려오지는 않는다. 또 일본의 자기처럼 밝은 미소로 육박해 오지도 않는다. 더 조용하고 소박하다. 일에도 마음에도 급한 데가 없다. 같은 분명함이라도 한결 온화하고 조용하다.

조선에는 관요(官窯)는 있으나 개인도(個人陶)는 없다. 그러므로 모두가 무명(無銘)이다. 그 이유는 두 가지이리라. 조선에서는 기물의 거의 전부가 실용품이다. 단순히 보기 위해서 만든 것이 아니고, 다기를 비롯해서 식기(食器), 실내 도구에 이르기까지 모두가 쓰임새가 있다. 이것이 이유의 하나이다. 도공은 직인(職人)이요, 요업은 천한 직업이다. 이런 직업을 가진 자는 미술가가 아니며, 미술가가 이런 천한 직업을 가질 수는 없다고 생각하는 것이다. 이것이 개인 도공이 없는 이유의 둘째 이유이다.

조선에서는 일본처럼 야키모노(燒物)를 애완(愛玩)하는 풍습은 없다. 수집하는 사람도 없고, 또 다도(茶道) 같은 것도 없다. 기물은 훨씬 현실적이다. 나날의 용구(用具)이다. 이 사실은 이조의 요물의 미를 이해하는데 중요한 요소인 것이다.

일반적으로 쓰이는 물건이라 성질이 낮은 것으로 생각되고 있지만, 그렇기 때문에 구태여 기교를 부리거나 풍취를 찾거나 하는 기연(機緣)이 없었던 것이다. 그래서 오히려 작위(作爲)의 폐를 벗어난 것이다. 만듦새는 자연스러우며 소박하다. 게다가 어디까지나 실용을 목적으로 했기 때문에 거기에 견뎌낼 튼튼함이 요구 된다. 거기에는 약한 데가 없고 신경질적인 데가 없다. 실용에 근거를 둔 사실이 그 요물을 위험에서 구했다.

개인도가 많은 일본에서는 이 필연이 없다. 일본에서도 본격적으로 아름다운 것은 오히려 잡기(雜器) 속에서 발견되지 않던가. 지금도 각 지방의 사기그릇 가운데에 좋은 것이 남아 있다. 일본의 요물에 나쁜 것이 많은 것은 실용을 무시하고 만드는 것이 많기 때문이다.

조선에서는 물건에 그런 심한 옥석(玉石)의 차이가 없다. 나쁜 것은 미숙하거나 조잡한 데에 기인하는 것이지 미의 병(病)에서 생긴 것은 아니다. 보기에 좀 흉한 것이라 해서 죄될 것은 없다. 그래서 조선의 것은 대체로 쓸만 하다. 옥석의 차가 심한 일본과는 이점이 현격하게 다르다. 일본 것에는 죄될 것이 많다.

조선의 것도 관요와 민요(民窯)로 나누어진다. 대개 그림이 그려진 것은 '상등품'이며, 법령으로 민중들이 사용하는 것을 금하고 있었다. 한 가지 이유로는 회청 같은 것이 그 당시에는 얻기가 어려웠기 때문이다. 일반 서민들은 백사기(白沙器)를 사용하도록 강요되었거나 아니면 철유(鐵釉)의 기물(器物)을 사용했다. 그러나 분청자기만은 관민(官民)의 것이 함께 섞여 있는 것 같다.

그림이 그려진 자기의 대부분은 관요에 속한다. 말하자면 '상등품'이다. 그러나 이조에서의 '상등품'은 일반적인 '상등품'에 따르는 개념과는 평행하지 않는다. 성질이 아주 특별하다. 보아서 알 수 있듯이 '상등품'에 따르게 마련인 정교함이 없다. 형태도 간소하고 그림도 간소하다. 더구나 회화풍(繪畵風)의 묘사는 없다. 거의가 약화(略畵)이다.

조선의 공예품을 직접 대해 보면 '하등품'과 공통된 데가 얼마나 많은가를 알 수 있을 것이다. 저 청나라 때의 관요 오채

(官窯五彩)와 일본의 고라쿠엔(後樂園) 도자기와 비교해 보면 얼마나 큰 차이가 있는가 말이다. 바꾸어 말하자면 이 가운데에서는 '상등품'과 '하등품'의 명확한 차이가 없는 것이다.

어째서 이 역사상의 이례(異例)가 일어나고 있는가. 아마 그 하나의 이유는 앞서 언급했듯이 도자기를 높은 미술의 위치에 두지 않았기 때문일 것이다. 쉽게 말해 어디까지나 실용품으로서 취급했기 때문일 것이다. 쓸데없는 과잉 장식이 그것으로 막아진 것이다. 또 하나의 이유는 수법에서도 연유했을 것이다. 이를테면 관기(官器)든 민기(民器)든 바탕에서나 유약에서나 거의 같은 것을 사용한다. 굽는 가마의 구조도 마찬가지이다. 굽는 방식도 특별히 다르지 않다. 어느 쪽이나 다 되는 대로이다. 굽을 보면 관기라 해도 모래의 결이 거칠다. 형태역시 공통적인 것이 많다. 상등품이나 하등품의 차이는 단지 그려진 그림뿐이다.

그런데 그 그림 자체가 간결하고 소박하므로 그야말로 하등품에나 있을 법한 도화(陶畵)에 지나지 않는다. 상등품에 공통된 저 착잡한 회화적 요소가 조금도 나타나 있지 않다. 이조의 청화 백자는 철화이건 오수(吳須)이건 진사(辰砂)이건 간에 거의가 같아서 별로 높고 낮음의 차이가 없다.

이 사실이 얼마나 병폐(病弊)에 빠지기 쉬운 관요의 운명을 건져 주었는지 모른다. 도예사(陶藝史)에서 볼 수 있는 흥미 깊은 이례이다.

1932년 1월 『工藝』 13호에 실림

4

大分縣의 別府와 竹田

필자는 일본 오이타현(大分縣)의 벳푸(別府)를 한국에서 가장 가깝고 온천이 좋아 매년 몇 번씩 갈 기회가 있었다. 오이타현(大分縣)은 히라마츠 모리히코(平松守彦) 지사의 노력으로 '일촌일품(一村一品)'을 생산하는 곳으로 유명하여 일본 국내는 물론 외국 관광객들도 많이 찾는 명소이다. 벳푸의 스기노이(杉乃井)호텔은 규모도 크고 온천도 유명하여 김영삼(金泳三) 전 대통령과 일본의 하시모토(橋本) 총리가 한·일 정상회담을 한 곳이기도 하다.

필자 역시 김 대통령과 하시모토 총리간에 정상회담을 할 때 벳푸를 방문했는데, 김 대통령 경호를 위하여 일본 각지에서 2,400명의 경찰이 800명씩 3교대로 철저한 경비를 하는 것을 목격하였다. 당시 스기노이호텔은 한·일 정상간의 회담을 위한 매화(梅花)와 국화(菊花) 화분의 꽃이 만개하여 장관을 이루었고, 호텔방의 외부로 보이는 창 모두를 방탄유리로 교체하였다고 한다.

스기노이호텔은 한국여행객들에게도 인기가 있어 큐슈 (九州)지방 여행객들이 많이 찾는 호텔이었으나, IMF 이후 여행객의 감소로 호텔경영에 큰 어려움이 있다고 했다. 필자는 스기노이호텔의 와다나베 다츠후미(渡邊辰文) 사장과는 오랜 인연으로 필자의 오랜 일본 친구인 지촌 허용(芝村 許龍) 선생의 전시회도 그곳에서 개최토록 주선해 주었고, 전시작품 또한 와타나베 사장이 친지들에게 권유하여 작품을 팔아주는 열성을 보여줄 정도로 가까운 사이였다.

杉乃井 호텔에서의 저자, 渡邊辰文 社長과 後藤 전무, 芝村화백

스기노이호텔은 박물관도 갖추고 있고 지리적으로도 가까워 한국관광객이 많이 찾는 호텔의 박물관 간판 글씨를 받고자 하여 일·한 친선예술문화교류회 가키우치 요우세키(垣內楊石) 부회장에게 글씨를 부탁하였고, 필자는 한시(漢詩)를 지어주었다. 지촌(芝村) 선생은 그림을 그려 넣어 훌륭한 작

左 池田社長 - 스기노이 호텔 앞에서, 藤原氏

품을 완성했던 기억이 있다.

또 와타나베 다츠후미(渡邊辰文) 사장께서 아리타(有田)에 사람을 보내 초벌구이 도자기 한 상자를 가져와 그 초벌구이에 그림도 그리고 글씨도 써서 완성품으로 구어 왔는데, 10여 일의 전시기간 동안 (주)미술세계의 고토 다이조(後藤太三) 전무,

후지하라(藤原憲治) 한·일 친선예술문화교류회 사무국장, 이께다(池田幸浩) 사장, 노구치 데츠오(野口哲男) 등 여러 친지들과 융숭한 대접을 받으며 즐겁게 보낸 추억이 있다.

오이타현(大分縣)의 한 극장에서 「여명서광(黎明曙光)」이라는 연극을 하고 있었다. 우리의 「황성옛터(작사 왕평, 작곡 전수린, 노래 이애리수)」와 비슷한 줄거리였다.

그 내용은 이러했다.

만주국을 건설할 당시의 이야기를 연극화한 내용인데, 이

연극에서 부대장 다나카(田中) 대장의 부대원들이 적에게 포

위되어 기총사격으로 부
하들이 하나씩 쓰러져 죽
어가는 진퇴양난(進退兩難)
에 처해 있을 때, 부대장
다나카는 죽음을 결심하
고 그 집의 벽에 유서(遺
書)를 쓰고 일본국의 국기
와 중요서류를 불태운 후
조용히 자결하려고 할 때
그 집 주인의 여동생 이
향란(李香蘭)이 다나카 대
장에게 마지막으로 물을
먹여주며, "부대장님, 내
가 일본노래를 한 곡 부

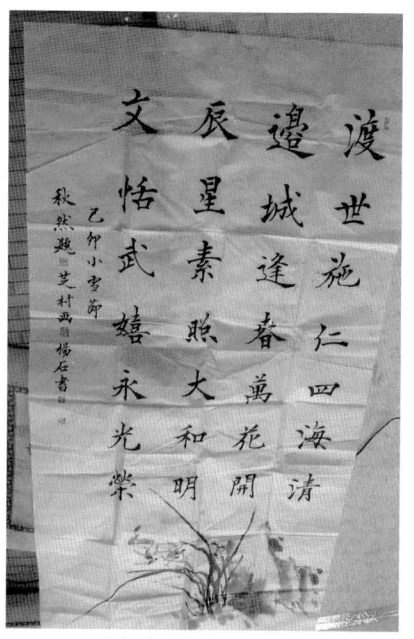

著者가 渡邊에게 傳한 筆

르겠습니다."라고 말하자 뜻하지 않은 이향란의 말에 다나
카 대장이 고개를 끄덕였다.

예쁜 만주복을 입고 이향란이 무대에 조용히 나와 두 손
을 가슴에 얹고 아름다운 목소리로 「고죠노 츠키(荒城の月)」
를 부르는데, 1절에 이어 2절까지 시정(詩情)이 넘치게 노래
를 계속할 때 부대장 다나카는 고국 일본을 연상하며 조용
히 숨을 거두었으며, 이 광경에 3,000여 관중은 얼굴을 가
리고 하염없이 눈물을 흘렸다.

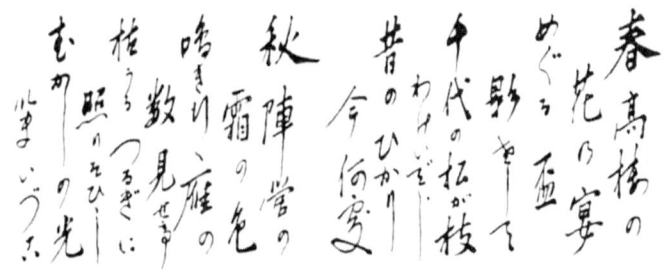

　이 「고죠노 츠키」는 우리의 「황성옛터」와 내용과 배경이 똑같아서 여기에 소개하고 싶을 뿐만 아니라, 박정희 전 대통령도 이 '황성옛터'를 애창곡으로 불렀다고 한다.

　이 「고죠노 츠키」는 도이반스이(土井晩翠) 씨가 작사하였고, 다키겐타로(瀧兼太郎) 씨가 작곡했다고 한다.

土井晩翠夫婦

瀧兼太郎

제 **4** 장

韓國의 印刷文化와 金屬工藝

百濟 金屬工藝의 眞髓──百濟 金銅大香爐

필자는 마음이 착잡할 때 시간이 나면 부여(扶餘)로 내려가 그곳 문화원장 이석호(李夕湖) 씨를 만나고, 박물관에 들러 백제의 유물을 보고 온다. 백제의 금동대향로(金銅大香爐)는 항상 전시되지는 않고 때에 따라 전시된다. 금동대향로를 전시할 때가 이르면 국립부여박물관은 전시기간을 발표한다. 그럴 때에는 진품 금동대향로를 보러 부여로 내려간다. 백제의 금동대향로가 연인(戀人)처럼 국립 부여박물관에서 필자를 반가이 맞이해 주기 때문이다. 국보 제287호인 금동대향로는 비단 필자만의 연인이 아니다. 가슴 한 구석이 허전한 여인에게는 그 빈 가슴을 채워주는 연인이요, 뭔가 답답하고 착잡한 생각에 위로받고자 하는 관광객에게는 그 답답함과 착잡함을 깨끗이 씻어 내주는 그런 연인 같은 존재이다. 1,300여 년 전에 그렇게 다양하고 섬세한 작품을 만들어낸 백제인의 솜씨에 경탄을 금할 수 없는 대 작품이다.

백제 금동대향로가 햇빛을 보던 날

백제 금동대향로는 1993년 12월, 부여의 나성과 능산리 고분군 사이에 위치한 현재까지 이름을 알 수 없는 어느 절터의 금당 좌측 북쪽의 공방 안에 위치한 길이 135cm, 깊이 50cm 정도의 나무 곽으로 만든 수조(水槽) 속의 구덩이 바닥에서 뚜껑과 몸체가 분리된 상태로 각종 금속제품, 칠기파편, 유리제품, 토기류, 기와류와 함께 출토되었다.

향로가 발견된 구덩이는 원래 공방에서 필요한 물을 저장하는 곳으로, 유물을 발견한 후의 세밀한 조사에 의하면 위급한 상황에서 수조에 묻힌 것으로 추정되는데, 그러한 상황 속에서도 금동향로가 손상을 입지 않도록 각별한 조치

百濟 金銅大香爐(上) 日本 宇治市 所在 平等院 鳳凰堂 옥상의 장식용 봉황(下)

하에 묻혀 있음을 알 수 있었다.

이 자랑스러운 금동향로는 한 마리의 큰 용이 용트림하는 형상으로, 몸통은 갓 피어나려는 연꽃봉오리의 모양을 하고 있으며, 맨 꼭대기에는 봉황 한 마리가 여의주를 입에 물고 날개를 활짝 편 채 서있다. 높이는 62.5cm, 몸통의 최대 지름은 19cm, 무게는 무려 11.8kg에 달하는 사상유례가 없는 대형향로로, 밑에 받치고 있는 용과 여의주를 턱밑에 끼고 있는 봉황이 상당히 두드러져 있다. 이제까지 발굴된 한·중·일 삼국의 금동향로의 높이가 20~30cm인점을 생각할 때 높이만으로도 무려 두 배가 넘는다는 단순 비교만 하더라도 얼마나 큰 대작의 금동향로인지를 알 수 있을 것이다.

향로의 유래와 제작

향로는 고대 인도나 중국 등 여러 나라에서 악취 제거나 종교의식, 그리고 구도자의 수양정진을 위하여 향을 피웠던 것으로 중국에서는 이를 훈로(薰爐)라고도 이른다.

훈로는 중국 전국시대 말기에서부터 한(漢)나라에 이르는 시기에 바다를 상징하는 승반(承盤) 위에 한 개의 다리와 중첩된 산봉우리 형태의 몸체를 갖춘 이른바 박산향로(博山香爐)이다. 박산은 중국의 동쪽 바다 가운데에 불로장생의 신선들이 살고 있다는 이상향인 삼신산(三神山), 즉 봉래산·방장산·영주산을 상징적으로 이른다. 이 박산향로는 당시의 산악숭배·무속·불로장생의 방생술(方生術)과 양생술(養生術)·

무위사상(無爲思想)과 음양사상(陰陽思想) 등이 널리 유행했던 북중국 지역에서 흔하게 표출되었고 낙랑의 무덤에서도 발견된 바 있다.

한대(漢代)의 박산향로에는 삼신산에 살며 불로장생한다는 신선들과 동물·산수 등이 등장되고, 때로는 신선들의 세계와 당시의 생활풍속의 형태가 함께 표현되기도 했다. 또한 동물들은 실재하는 동물 이외에도 상상의 동물이 많았다. 특히 상상의 동물들은 임금이 선정을 베풀 때 나타난다는 용이나·봉황·기린 등의 상서로운 동물들이 많이 표현되었는데, 특히 봉황은 예외 없이 향로의 정상에 위치해 있다.

불교의 전래, 문양면에서 혁신 가져와

이러한 박산향로는 신선사상이 전성기에 있던 전한대(前漢代)에는 매우 화려하고 사실적인 표현기법을 보이고 있으나, 신선사상이 퇴조에 접어든 후한(後漢) 이후의 시대에는 갖가지 장식이나 선계(仙界)의 내용이 점차 사라지고 산봉우리만 남는 단순한 향로로 변모되었다. 이같은 현상은 중국의 삼국시대와 남북조시대 초기인 4세기 무렵까지 계속되고 그 형태도 솥과 같은 모양과 병과 같은 다른 형태로 만들어져 애초의 박산향로의 명색이 거의 단절되기에 이른다.

그 후, 불교가 중국에 전래되면서 향로는 부처님 앞에 향을 사뤄 바치는 이른바 향로공양의 목적으로 사찰용은 물론 일반 생활용품으로 널리 퍼지면서, 종래의 박산향로의 형태에 불교적 문양이나 내용이 등장하기에 이르는데 이때가 바로 4~5세기 이후이다. 따라서 향로의 본체에는 한대(漢代)의 신선사상을 담은 내용이 아닌 불교의 연꽃·당초문·불꽃 등이 표현되거나 향로의 몸체가 아예 보주연화형(寶珠蓮華形)으로 바뀐다.

5~6세기에 이르는 남북조시대의 향로는 위와 같은 화려한 연꽃 문양이 도입된 장식적인 요소가 강하게 나타나고 6세기 이후의 향로에는 불꽃무늬가 부착된 향로가 도입되지만 기형(器形)이나 문양 등에서 쇠락하고 단순한 형태로 변한다.

백제 금동대향로의 특징

백제 금동대향로를 전체적인 형태로 보면 뚜껑(蓋)·몸체(爐身)·다리(臺足)가 하나로 되어 있다.

뚜껑 위의 장식은 높이 12cm로서 한 마리의 봉황이 턱 밑에 여의주(如意珠)를 끼고 날개를 활짝 편 모습으로 묘사되어 원형의 반침을 딛고 있다. 뚜껑은 높이 18cm로 횡으로 돌아가며 4~5단의 삼산형의 문양대로 장식되어 있다. 삼산형의 둘레는 선으로 장식되었으며 안쪽에 빗살무늬가 있다. 제일 윗단에는 완함(阮咸)·배소(排簫)·장적(長笛)·거문고(玄琴)·북(鼓)을 연주하는 5인의 선인(仙人)을 같은 간격으로 배치하였는데, 모두 머리 우측으로 머리카락을 묶었다. 그 아래에는 갓 피기 시작하는 꽃봉오리의 꽃잎과 같은 모양으로 삼산이 배치되어 있고 각종 인물상과 동물상 등의 문양이 있다. 이 향로의 뚜껑에는 74곳의 봉우리와 봉황·용을 비롯한 상상의 동물, 현실세계에 실재하는 호랑이·사슴·코끼리·원숭이·멧돼지 등 39마리의 동물과 5인의 악사, 산중의 신선 등 16인의 인물상이 있다.

이 밖에도 6군데의 나무와 12군데의 바위, 산중턱을 가로질러 난 산길, 산 사이로 흐르는 시냇물, 입체적으로 돌출되어 낙하하는 폭포도 있다.

이 향로에서 표현하고자 한 내용과 주제는 삼신산을 중심으로 한 신선의 세계와 불교관이다. 그리고 문양의 표현에 있어서 이상형의 세계와 현실의 세계가 잘 조화되어 있으며 주악상의 두 발을 한쪽으로 모아 감은 모습은 다른 곳에서는 찾아볼 수 없다. 다만 백제적인 특징으로 추정할 뿐이다.

향로의 문양 요소들은 부여군 규암면 외리(外里)의 건물 터에서 발견된 무늬전돌과 그 구성이 매우 비슷하다.

향로는 공주 무령왕릉 발굴 당시에 출토된 잔탁(盞托)과 타오르는 불길 모양의 왕관꽃이 등의 안정감을 비춰볼 때 백제가 부여로 도읍을 옮긴 후 정치적 안정을 되찾은 6세기 중엽 경에 백제인들의 정신세계와 예술적 역량이 함축되어 이루어진 백제 공예품의 진수(眞髓)라 할 것이다.

백제 금동대향로에 새겨진 각종 문양

향로의 뚜껑에는 봉황, 5인의 주악상, 41곳의 능선을 가진 산과 그 사이사이에 작게 표현된 53곳의 산이 있다. 상상의 날짐승과 길짐승, 현실 세계에 실재하는 호랑이·사슴·코끼리 등 39마리의 동물과 산중의 신선 등 16인의 인물상, 6군데의 나무, 12군데의 바위, 산중턱을 가르며 난 산길, 산 사이로 흐르는 시냇물 및 입체적으로 돌출되어 낙하하는 폭포 등이 묘사되어 있다.

그리고 몸통 부분에는 두 신선과 날개달린 물고기를 비롯한 수중동물, 물가의 생활과 밀접한 것으로 여겨지는 사슴과 학 등 26마리의 동물이 보인다. 즉 이 향로에는 신선으로 보이는 인물 18인, 동물 65마리가 표현되어 있다.

① 玄琴을 타는 주악상

금(琴)은 당악(唐樂) 현악기의 하나로, 모양은 거문고와 비슷하고 줄이 일곱이다.

② 排簫를 불고 있는 주악상

이 악기는 대나무로 만드는데, 율에 따라 길이가 다른 열여섯 개의 죽관을 한 줄로 늘어놓아 꽂은 모양이다. 만주의 집안(輯安)에 있는 고구려 벽화에서 이를 연주하는 천인(天人)의 모습을 볼 수 있다.

③ 阮咸을 타고 있는 주악상

진나라의 완함이라는 악공이 비파를 개량하여 만들었다고 전해지는 현악기이다. 둥근 몸통에 자루를 박고 네 줄을 맨 모양이다. 약간 측면을 향하고 연주하는 표정에는

엷은 미소가 감돌고 있다. 이 악기는 개량되어 월금(月琴)
이라고 불렸다.

④ 長笛을 부는 주악상

지금까지 발견된 주악상에는 피리를 부는 선인이 횡적을
부는 모습으로 묘사되었으나, 이 향로에는 종적으로 표시
하고 있어 특이하다. 적(笛)은 대(竹)로 만든 관악기의 한
가지로 입으로 부는 피리의 일종이다.

⑤ 鼓를 두드리는 주악상

북을 연주하는 모습이 현장감 있게 표현되었다. 왼손은
북을 잡고, 오른손에는 북채를 들고 두드리는 형상으로 표
현되어 있다.

⑥ 神仙

뚜껑에 16인, 몸통부분에 2인 모두 18인의 선인이 표현
되어 있다. 이들의 몸동작은 모두 다르며 먼 곳을 바라보
는 선인, 길을 내려가는 선인, 바위에 앉아 수도하는 선인,
바위에 앉아 먼 곳을 홀로 가리키는 선인 등 다채롭다.

⑦ 기마인물상

이 기마인물상은 말의 갖춤새가 거의 분명하게 묘사되고
인물상도 투구를 쓴 듯하다. 앞발을 쳐들고 달리는 모습이
경쾌하고 퍽 사실적으로 표현되어 있다.

⑧ 기마수렵인물상

달리는 말 위에서 들짐승을 향해 활을 당기는 모습이다.
이 향로의 수렵인물상은 백제의 수렵을 보여주는 귀중한
자료가 되며, 또한 일본 정창원 소장의 은제선조수렵문(銀
製宣彫狩獵文)과 연관해서 일본문화에 미친 백제의 영향을
짐작케 한다.

⑨ 畏獸

외수(畏獸)라는 명칭은 중국 남북조시대에 유행되었으며
매우 특징있는 형태로 그려진 한 종류의 귀신도를 가리킨
다. 사지(四肢)는 동물의 형태를 갖추고 있으면서도 몸체만
은 인간만이 취할 수 있는 동작을 취하거나 달리는 것과
같은 매우 유연한 몸짓을 취하고 있다.

⑩ 人面獸身像

중국의 고대 설화에 등장하는 귀신영이(鬼神靈異)들의 모
습은 수없이 많지만 대체로 인간형과 동물형 두 가지로 대
별된다. 그 중간인 반인반수형의 모습을 지닌 것도 적지
않다. 그런데 중국의 고고자료 중에도 반인반수형 중 수두
인신형(獸頭人身形)은 그 종류와 수가 많으나 인면수신형(人
面獸身像)은 대체로 무덤을 지키는 진묘수(鎭墓獸)에 국한된
다.

⑪ 筮蛇虎頭像

이 형상의 정확한 명칭은 알 수 없다. 신체 부분은 없고

머리 부분만 있는데 그 머리의 모습은 호랑이와 흡사하다. 이빨을 드러낸 큰 입에는 한 마리의 뱀을 물고 있는데, 이 형상의 성격은 알 수 없으나 중국 한대(漢代)의 무덤 이맛 돌에 이와 동일한 화상이 새겨져 있다.

⑫ 狌狌

『산해경』에 생김새가 긴꼬리원숭이 같은데 귀가 희고 기 어 다니다가 사람같이 달리기도 하는 성성(狌狌)이라는 동 물이 나온다. 이것을 먹으면 달음박질을 잘하게 된다고 하 였다.

⑬ 호랑이

이 금동향로에는 여러 동물형상이 조합된 괴수들이 많이 등장하는데, 이 가운데 실재상의 동물을 비교적 가깝게 표 현한 예이다. 향로의 뚜껑 부분에는 기마 수렵장면이 있는 바 호랑이는 그와 연관된 것으로 보인다.

⑭ 人面鳥身像

『산해경』에는 몸체는 조류이고 머리는 사람의 모습을 한 이른바 인면조신상(人面鳥身像)이 여러 모양으로 그려 전한 다. 그러나 이 향로에서 묘사된 신조(神鳥)와는 거리가 멀 고 오히려 불교미술에 보이는 가릉빈가(迦陵頻伽)가 훨씬 어울린다. 이러한 반인반조(半人半鳥)의 형상은 고구려 고 분벽화에서 찾아볼 수 있고 그 근원은 서역지방이므로 이 역시 불교적 영향이 엿보인다고 할 수 있다. 이 인면조신상은 머리를 여인의 두상으로 묘사하고 작은 화관을 쓰고 있는 모습이다.

⑮ 靈芝草

삼신산의 신선들이 사는 곳에는 신성한 버섯이 자라고 있고 옥천으로부터는 술이 흘러나온다고 여겨졌다. 이 풀(靈芝草)을 먹으면 늙지 않는다 하여 불로초라고도 한다. 흔히 십장생 중의 하나로 장식문양이나 그림으로 그려지는데 복초(福草)라고도 하며 상서로운 것으로 여겨졌다.

⑯ 코끼리를 탄 인물상

한 선인이 거대한 코끼리를 타고 어디론가 여행을 떠나는 모습이다. 코끼리에 타고 있는 인물과 등에 짐이 실려 있는 모습인데 불교적인 요소로 볼 수 있다.

⑰ 秦樂飛天人像

향로의 몸체에 돌려진 연꽃 화판(花瓣)에는 다양한 서수(瑞獸)·서금(瑞禽)·어룡(魚龍) 등이 등장하고 있으며 그 사이사이를 날아다니는 비천선인(飛天仙人)들의 모습이 선경(仙景)의 신비감을 불러일으킨다. 이 선인은 관(冠)을 쓰고 마치 태껸을 하는 모습으로 무용을 하듯 율동적인 자세가 자연스럽게 묘사되었다.

2002년, 한일월드컵축구경기가 있을 때에 일본에서 위의 백제 금동대향로를 일본에서 전시할 수 있도록 2~3개월만 임대해 줄 것을 요구하였으나 우리 정부는 해외반출이 금지된 국보의 리스트에 올라 있음을 밝히고 일본의 요구를 거절하였다.

그 후 일본은 우지(宇治) 시에 있는 평등원(平等院)의 봉황당(鳳凰堂) 옥상에 장식용으로 만들어진 봉황이 백제의 대형금동향로의 봉황과 모양이 완전히 일치하는 것을 알고 용상 위의 봉황을 떼어내어 박물관에 보관하고, 그 자리에 떼어낸 봉황과 그 모양과 크기가 똑같은 모조품을 제작하여 설치했다.

2

世界最初의 金屬活字本 『直旨心體』

지난 5월 하순, 도하 주요 신문의 문화면에는 우리 국민이라면 누구나 기뻐하고 자랑스럽게 여길만한 기사가 실렸다. 내용은 1980년 5월 18일부터 27일까지 광주를 중심으로 당시 전두환 중심의 군부세력에 맞서 전개된 민주항쟁 관련 문서·사진·영상기록물 등과, 조선시대 영조 때인 1760년부터 고종 때인 1910년까지 151년 동안 국왕의 동정과 국정의 갖가지 운영사항이 매일매일 1인칭 일기체로 기록된, 국보 제153호인 『일성록』이 2011년 UNESCO 세계기록유산 등재가 유력하다는 내용의 기사였다.

문화재청과 유네스코한국위원회의 발표에 의하면,

유네스코 국제자문위원회는, 24일(한국시간) 영국 맨체스터에서 회의를 열고 일성록과 5·18민주화운동 기록물의 세계기록유산 등재를 검토했다. ……유네스코 국제자문위원회는 국왕이 자신의 정치운영을 되돌아보고 반성한 기록이라는 점

에서 독창적인 기록물이면서 동시에 18~20세기 동서양의 정치
문화적 교류의 실상이 담겨 있다는 점에서 인류 보편적인 가
치도 지니고 있다.

는 내용을 덧붙이고 있다. 특히 『일성록』은 오직 한 질만
편찬됐으며 2,329책 모두가 현재 서울대학교 규장각에 소
장되어 있다.

지금까지 유네스코 세계기록유산에 오른 한국의 문화재
는 모두가 인쇄문화재이다. 등재된 문화재의 목록은 다음
과 같다.

- 『훈민정음 해례본』과 『조선왕조실록』(1997년 등재)
- 『승정원일기』와 『직지심체』(2001년 등재)
- 『조선왕조의궤』와 『고려대장경판』(2007년 등재)
- 『동의보감』(2009년 등재)

이상 7종이다. 이번에 『일성록』과 5 · 18민주화운동 기록
물이 등재된다면 세계에서 5번째, 아시아에서는 가장 많은
유네스코 세계기록유산 등재국가가 된다.

이중에서 현재 이미 외국으로 넘어가 프랑스 파리 국립
도서관 서장고에 보관되어 있다가 지난 8월에 '대여'라는
형식으로 되돌려 받은 『직지심체』와 해인사 경판고에 소장
되어 있는 팔만대장경판은 과연 어떤 문화재인지 살펴보기
로 하자.

직지심체는 어떤 책인가?

이름 그대로 세계 최초의 금속활자본으로 이전까지 세계 최초의 금속활자본으로 전해져 온 독일 구텐베르크의 『세계심판世界審判』보다 70여 년 먼저 펴낸 세계적인 문화유산으로 현재 프랑스의 파리 국립도서관 동양문헌실에 소장되어 있다가 '대여'라는 형식으로 되돌려 받았다.

『직지심체요절』의 원래 이름은 『백운화상초록 불조 직지심체요절白雲和尚抄錄 佛祖 直指心體要節』이라는 긴 이름이지만 이를 간추려 백운화상이 간추려 펴냈다는 부분을 빼고 『불조직지심체요절』, 『직지심체요절』, 『직지심체』, 『직지』 등으로 줄여 호칭하고 있다. 이를 언론 매체에서 『직지심경(直指心經)』이라고 잘못 보도하고 있는데, 그렇게 알려진 것은 1972년 프랑스 파리 국립도서관에서 주최한 책전시회에 『직지심경』으로 잘못 소개되었던 데서 비롯된 해프닝이다.

이렇게 잘못된 이름이 그대로 언론 매체에 소개된 데다 이미 귀에 익고 불자(佛者)라면 누구나 외우고 있는 『반야심경般若心經』이라는 용어에 익숙해져 『직지심경』으로 각인된 듯하다.

『직지심체』는 불교의 경전이 아니고 세계 불교사를 통하여 크게 영향을 미친 조사(祖師)나 선사(禪師) 145분의 법어나 송(訟)·찬(讚)·문답(問答) 등이 수록되어 있기 때문에 '경전'이라는 뜻의 '직지심경'은 잘못된 표기인 것이다. 따라서 독자나 불자들은 잘못된 '직지심경'이 아닌 『직지심체』 혹은 줄여서 『직지』로 기억하고 호칭하기를 바란다.

유네스코에 등재된 『직지심체』

2001년 유네스코 세계기록유산으로 등재된 『직지심체』는 상 · 하권 2권으로 펴냈던 것인데 세계 최초의 금속활자본으로 그 중 하권만이 현존하며 세계기록유산으로 등재되어 있다.

이 책은 1886년 한 · 불수호조약이 체결된 후, 초대 주한 대리공사로 부임한 꼴랭 드 쁠랑시(Collin de Plancy, 1853~1922)가 우리나라에 근무하면서 수집해간 각종 문화재에 포함되어 있었다. 이렇게 프랑스로 건너간 『직지심체』는 그 후 1911년 드루오호텔에서 경매될 때 앙리 베베르(Henry Vever ; 1854~1943)가 180프랑에 구입하여 소장하고 있다가 1950년 경 그의 유언에 따라 후손들이 프랑스 파리 국립도서관에 기증하여 보관되어 오다가 반환받았다.

이 책이 우리 독자에게 알려진 것은 박병선 여사가 직접 목격하고 발표하면서 부터이다.

抄錄한 白雲和尙과 그 외의 판본들

145분의 훌륭한 스님들의 법어나 송찬(頌讚) 등과 법어를 묶어 『직지심체』를 펴낸 백운화상(白雲和尙)은 고려 충렬왕 24년(1298) 전북 정읍에서 출생하였다. 1351년, 그의 나이 54세에 중국 호주의 석옥선사(石屋禪師)에게서 불법을 구하였고, 그로부터 『불조직지심체요절佛祖直指心體要節』 한 권을 전해 받았다.

득도 후, 그는 해주의 안국사와 신광사의 주지를 역임했고, 그의 나이 72세에 황해도 성불사에서 석옥선사로부터 전해 받은 책을 기준으로 문제의 『직지심체』를 저술하고 2년 후인 1374년에 입적하였다.

처음에 목판본으로 펴낸 『직지심체』는 상·하권이 1책으로 간행되어 현재 국립중앙도서관과 한국정신문화연구원 장서각 및 전남 영광의 불갑사에 소장되어 있으며, 이는 1377년 청주 홍덕사에서 인쇄한 것으로 나타나 있다.

그 첫 번째 필사본은 광해군 5년(1613) 송노엽이 필사하였다.

우리의 무지가 국보 중의 국보를 잃었다

문제의 『직지심체』는 제일 먼저 발견하여 소장했던 꼴랭드 뺄랑시가 아니더라도 금속활자본에 대한 기초적인 지식만 있는 사람이라면 누구나 수집할 수 있는 보물이다. 독자들도 우리나라에서 펴낸 프랑스 파리본의 금속활자 영인본(寫眞)을 봤다면 즉시 수집했을 것이다. 전체 74쪽 중 73쪽 끝줄에 분명히,

宣光七年丁巳七月日淸州牧外興德寺鑄字印施
선광7년정사7월일청주목외홍덕사주자인시

라고 명기되어 있기 때문이다.

아쉬운 점은 우리 선조들은 이를 수집하여 간직할 만한

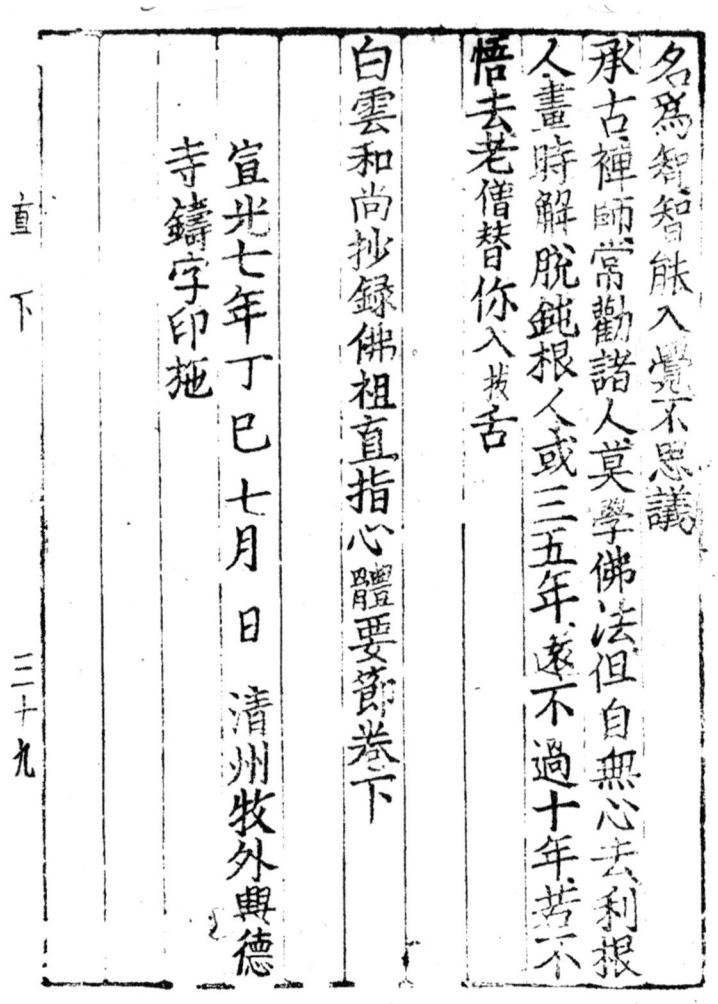

名爲智脈入寰不思議

承古禪師常勸諸人莫學佛法但自無心去利根
人盡時解脫鈍根人或三五年遠不過十年若不
悟去老僧替你入拔舌

白雲和尚抄錄佛祖直指心體要節卷下

宣光七年丁巳七月日 清州牧外興德
寺鑄字印施

直

下

三十九

『直指心體』의 끝에서 두 번째 페이지인
위 影印本 마지막 行에 '鑄字印施' 라는 글자에 그만…

눈을 갖고 있지 않았기 때문에 국보 중의 국보를 그만 놓친
것이다. 문제의 『직지심체』가 구텐베르크의 금속활자본보
다 70년 앞서 간행된 금속활자본이라 하지만 불과 30여 자

의 알파벳을 조합하여 펴낸 금속활자본과 3천여 자에 가까운 문자를 금속활자화하여 펴 낸 우리의 『직지심체』를 단순 비교하는 그 자체부터가 넌센스다.

위에서 살펴본 바와 같이 현존하는 금속활자본의 책자를 비교할 때 우리의 직지심절이 구텐베르크의 『세계심판世界審判』에 비해 70여 년 앞서 있지만 우리나라의 금속활자인쇄가 실제로는 약 400여 년 앞서 있다. 이를 진단학회편을유문화사에서 발행한 『한국사』「중세편」, 즉 고려사에서 간추려 소개하면 다음과 같다.

당시 고려에서 금속활자본의 책자를 출간케 된 사회적 배경은 국내적으로 1172년(명종2)에 비롯된 정중부(鄭仲夫) → 경대승(慶大升) → 이의민(李義旼) → 최충헌(崔忠獻) → 최이(崔怡)의 세습에 이르기까지의 장기간의 무신난과 사회적 혼란, 최이에 의한 강화도 천도를 부른 국제정세의 변화 등이 빠른 시일 내에 갖가지 종류의 서적을 대량으로 출판하는 계기를 마련하여 자연스럽게 종전의 시간이 많이 걸리는 목판인쇄에서 탈피하여 빠른 시일에 출판할 수 있는 조판(組版)형식의 인쇄술이 발전하여왔다. 그 실례로, 종전에는 한어·여진어·일어의 역관(譯官)이면 국제 외교상 별 어려움이 없었지만 이들 3개 국어 외에 거란어와 몽고어의 필요성이 대두되고, 이런 여건상 종전에는 서민계층이 차지하고 있던 역관자리를 양반계층의 식자들이 차자하는 비율이 많아졌다.

이에 따라 1101년 3월(숙종3)에 국립대학격인 국자감(國子監) 안에 '서적포'라는 이름의 출판부서를 두어, 1234년(고종21) 최윤의(崔允儀)가 고금의 예문을 모아 50권으로 『고금상정예문古今詳定禮文』을 편찬하였다는 기록이 『동국이상국집東國李相國集』

에 전한다.

그러나 우리나라 최초의 금속활자본『고금상정예문古今詳定禮文』은 지금 전하지 않아 구텐베르크가 펴낸 책보다 400년이나 앞선 인류최초의 금속활자본 책으로서의 명예를 누리지 못하고 있다. 문제의 금속활자본『직지심체』를 펴낸 청주 흥덕사는 충청북도 청주시 흥덕구 운천동 866번지 (우.361-841)임을 여기에 부기한다.

3

자랑스런 印刷文化財 高麗大藏經板

 우리가 평소에 『해인사팔만대장경』 혹은 줄여서 『팔만
대장경』이 유네스코 유산에 등재된 것이 아니고 1997년
에 『훈민정음해례본』과 『조선왕조실록』에 이어 2001년에
앞의 『직지심체』, 그로부터 6년 후인 2007년에 『조선왕조
의궤』와 동시에 등재된 유네스코 세계기록유산에 등재된
문화재의 공식명칭은 『고려대장경판』이고, 별칭으로 『해인
사대장경판』이라고도 말한다.

 이와는 달리 우리가 흔히 쓰는 『팔만대장경』이라든가 『
해인사 팔만대장경』은 지금 해인사에 보관되어 있는 국보
제32호 고려대장경판으로 인쇄하여 펴낸 불경을 이르는
말로, 단어 끝에 '판(板)'자가 붙는 용어와는 전혀 다르다는
사실을 인지해야 할 것 같다.

고려가 경판 제작에 총력을 기울인 사회배경

독자들도 알고 있듯이 불교는 고려를 지탱해준 정신적 지주였다. 그러나 말기에 이르러 1103년에 상장군 고문개(高文蓋) 등을 비롯한 무신들의 반란으로부터 시작하여 정중부 → 경대승 → 이의민 → 최충헌과 그의 아들 최이에 이르기까지 계속적인 무신들의 세도정치와 이들 무신들의 독단과 강압에 저항하여 일어난 묘청의 난 등, 100여 년 넘게 나라는 혼란에 휩싸였고 백성들의 고통은 극에 달했다.

그 뿐만 아니라 국제정세에도 큰 변화를 가져와 주변에 여진·금·송·묘·거란·일본·원나라 등이 진을 치고 때로는 침범해 오거나 때로는 국경지대에서 괴롭혔다. 또 그들끼리 전쟁이 있을 때는 구원병을 보내야 하는 괴로움을 겪어야 하고, 또 구원병을 보낸 나라와 전쟁하고 있는 상대국으로부터는 왜 구원병을 보냈느냐는 추궁을 당해야 했다. 그 고통은 고려도성이 1232년(고종19)에 강화도로 들어가 39년 후인 1260년(원종1)에 다시 개경에 나올 때까지 계속되었다. 그 고통에서 벗어나는 통로가 곧 부처님께 의지하는 것이었기에 국왕에서부터 실질적으로 권력을 휘두르는 무신세력, 백성 할 것 없이 모두가 팔만대장경판 제작에 매달렸던 것이다.

고려의 대장경판 제작의 小史

결론적으로 말해서, 고려의 8만대장경판의 판각작업은 1236년부터 강화도로 천도하여 판각작업을 마친 1251년까지의 16년간 두 차례에 걸쳐 경판을 만드는 작업을 통하여 대장경을 간행했다. 다시 말해 금속활자를 짜맞춰서 찍어 책을 펴내는 방식이 창안·실행되기 이전에 나무판에 글자를 새겨서 찍어 책을 펴내던 시절에는 경전발간의 선행작업으로 판을 새기는 판각작업이 필수적인 단계이므로, 당시에 팔만대장경을 발간한다는 것은 곧 팔만대장경의 판각작업이 없이는 불가능한 일이다. 고려는 여러 차례의 외침으로 첫 번째 제작했던 판각이 전화로 소실되어 더 이상 팔만대장경을 펴낼 수 없게 됨에 따라 원나라의 침공으로 도읍지를 강화로 옮겨 갔을 때, 부처의 힘으로 원나라를 물리치겠다는 염원에서 그 두 번째 판각작업을 완료하여 지금 해인사에 보관하게 되었다.

제1차 판각작업은 초판 고본 판각작업과 속장경 판각작업으로 나뉜다. 초판 고본의 판각작업은 거란의 침략을 받자 현종(顯宗)과 문종(文宗)대에 걸쳐 완성한 것으로, 지금은 없어진 대구의 부인사(符仁寺)에 도감(都監)을 두고 『대반야경大般若經』 600여 판, 『화엄경華嚴經』과 『금광명경金光明經』, 『묘법연화경妙法蓮華經』 등 6,000여 판의 판각작업을 완료하여 이를 펴냈다. 이렇게 펴낸 초판고본 경판과 대장경은 1232년(고종19) 원나라의 침입을 받아 대부분의 경판 및 대장경이 불타 없어졌고 대장경만 일본의 난레이사(南禮寺)에 1,715권이 남아 있을 뿐이다.

속대장경은 앞의 초판 고본의 판각작업에 누락되었거나 혹은 유보된 경판의 보완작업으로 의천(義天)이 송나라에 갔다 오면서 수집해온 불경과 그 외에 요(遼)·일본 등에서 수집한 4,700여 불경을 수집, 판각하여 펴낸 불경을 말한다.

이렇게 펴낸 속대장경 중에서 순천 송광사에 『대반열반경소大般涅槃經疏』 중 9권과 10권이 있고, 고려대 도서관에 『천태사교의天台四敎儀』 40권, 일본 나라의 도다이사(東大寺)에 『화엄경수소연의초華嚴經隨疏演義鈔』 40권, 나고야의 신후구사(眞福寺)에 『석마하연통현초釋麻訶衍通玄鈔』 4권이 전하고 있다.

제2차 판각작업은 원나라의 침입을 받아 강화도로 천도하고 불심으로 적을 물리치고자 이미 전화로 불타서 없어진 판본을 대신하여 1236년(고종23) 강화도에 간경도감을 설치하고 판각을 시작하여 16년만인 1251년(고종38)에 완성하여 현재 합천 해인사의 장경판고(국보22)에 보관되어 있다.

高麗 八萬大藏經板(海印寺)

이때는 실권을 잡고 천하를 휘두르던 최충헌이 물러나고 그 아들 최이가 권세를 휘두르던 때다. 당시 그의 영향력이 얼마나 컸는가 하면, 원나라 군사들이 침범해오자 실권자로서 적을 막아 싸울 방책을 세우지 않고 먼저 군수물자를 운반하는 대형수레 100대에 자기의 사유물을 실어 강화로 옮기고 고종을 억지로 강화도로 끌어들였다고 역사서는 전한다.

그리고 백성들에게 영을 내리기를, 원나라 군사들이 군수물자가 될 만한 것은 지니거나 숨기고 깊은 산속으로 숨으라는 것이다. 막상 적을 맞아 싸운 것은 뜻있는 백성과 승군이 대부분이었고, 자신이 사병으로 쓰지 않았거나 사병으로 쓰고 싶지 않은 병사를 제거하기 위해 역대무관들이 그들을 최일선으로 내보내는 일을 되풀이했기에 고려시대에 외적의 침입이 더 많았다는 견해도 있다.

제2차 대장경판의 판각에 상당액의 재정적 지원을 감당했을 것으로 생각되는 최충헌과 최이는, 사택 주변의 집을 사들여 주민들을 몰아내고 사택의 터를 궁궐터보다 더 넓게 확장했다. 심지어 자신들의 신변 보호를 위해 사병을 관리하는 부서를 두 개나 두어 한 부서로는 사택의 경계 안쪽을 지키는 내군을 관리케 하고, 또 다른 부서로는 사택 경계의 밖에서 지키는 외군을 관리하게 했다니 독자들도 그 규모를 짐작할 수 있을 것이다.

각설하고, 이렇게 완성된 팔만대장경판은 총 1,511부, 6,802권, 81,137매로, 언제 합천 해인사로 옮겨졌는지에 대한 자세한 기록은 전해지지 않고 있다. 이 경판으로 찍어낸 팔만대장경이 일본의 다이쇼(大正) 『신수대장경新修大藏經』의 저본이 되었다. 특히 자랑스런 우리의 대장경판의 총목록은 을유문화사에서 1961년에 발행한 진단학회편의 『한국사』의 〈중세편〉「부록8」에 그 목록이 자세히 소개되어 있다.

경판의 크기는 세로 8치, 가로 2자3치, 두께 1치2~3푼, 세로의 두 끝에는 경판이 뒤틀리지 않도록 각목을 붙이고, 네 귀는 구리로 장식하였으며, 전면(全面)에 칠을 입혔다. 한 면당 1행 14자 23행으로 322자를 수용할 수 있어 판 하나로 644자를 찍어낼 수 있는 셈이다.

국보 제32호 고려대장경판은 해인사의 본당인 대적광전(大寂光殿) 뒤쪽 23개의 돌계단을 올라가면 맞부딪치는 국보 제22호인 장경판고(藏經板庫)에 보관되어 있다. 그중 남쪽의 판고를 수다라장(修多羅藏), 북쪽 판고를 법보전(法寶殿)이라 한다. 이 판고 안의 중앙 통로 좌우에 여러 단의 단을 만들어 그 단 위에 경판이 세워져 보관되어 있다. 판고의 구조는 가로 15칸, 세로 2칸의 돌담으로 둘러쳐져 있으며, 기둥은 일반기둥 형식과는 다른 형식으로 위와 아래가 가늘고 가운데 부분이 불룩한 이른바 배흘림형이어서 무척 이채롭다. 바닥은 소금을 섞은 황토 흙으로 다졌으며, 통풍은 자연통풍이 가능한 구조로 되어 있다.

해인사에 八萬大藏經板을 보관하고 있는 藏經板庫(國寶 22호)

지금의 판고는 원래 지었던 협소한 판고를 헐고 근세조선 세조 때에 증축된 건물이 헐림에 따라 성종 19년(1488)에 학조대사가 증축하여 오늘에 이른 것이라 한다. 이 장경판고를 위해 고려대장경이 있는 것이 아니고 고려대장경판을 위해 만들어진 건축물이 장경판고이거늘 비교할 수 없이 귀한 고려대장경판보다 이 장경판고의 국보번호가 빠른 점이 기이하게 생각되었으나 그 까닭은 아직까지 알아보지 못했다. 단지 필자 개인적인 생각으로, 귀한 명검을 잘 보존하기 위해 나중에 만든 칼집을 더 귀히 취급한 것 같은 찜찜한 생각만 갖고 있을 뿐이다.

제5장

日本에서 꽃피운 百濟 佛教文化

1

佛敎가 日本에 傳해지기까지

초기의 日本 역시 祭政一致 社會

고대 일본에서는 다른 나라의 초기 형태처럼 죽은 영혼에 대한 숭배와 주술적인 풍습이 아주 다양하게 존재하고 있었으며, 가문의 조상신을 섬기기도 했다. 이들의 토착적이고 전통적인 신앙을 신도(神道)라고 하며, 당시의 왕이라 불리는 수장도 종교적, 주술적인 권위와 세속적인 권위를 지닌 제정일치적(祭政一致的)인 군주였다.

이러한 시기인 372년(소수림왕2) 6월에 고구려에 전해졌고, 384년(침류왕 원년)에 백제에 전해진 불교가 일본에 전해진 것은 일본의 아스카시대에 백제의 성왕(聖王 ; 523~554)이 '아미타불상(阿彌陀佛像)'과 '관음세지상(觀音勢至像)'을 보내주어 일본에 불교가 전파되었는데 그때가 538년 킨메이천황(欽明天皇) 시대로 일본 역사서는 기록하고 있다. 바꿔 말하면 불교가 우리나라(고구려)에 전래된 지

164년 만에 일본에 전해진 셈이다.

일본의 불교는 아스카(飛鳥)에 있는 소가노이나메(蘇我稻目)의 저택에 불경과 불상을 모시는 것부터 시작되었다. 그런데 이때 일본에 까닭모를 전염병이 돌자 우환을 없애자는 모노노베노 오코시(物部尾輿)의 주장에 따라 불상과 경전을 강물에 버리고 태웠다. 그 후에 전염병이 사라졌는지에 대해서는 알 수 없다.

몇 번의 좌절을 겪은 불법(佛法)의 전파는 고구려·신라·백제의 계속적인 노력과, 일본에서도 불교를 받아들이려는 사람들의 노력으로 결국 576년에 불교가 공인받게 된다. 불법의 공인은 외국의 선진문물을 받아들이는 계기가 되었고, 활발한 국제관계의 시작은 아스카시대의 개막을 말해주고 있다.

당시의 일본열도에서는 여러 가지 자연계의 특별한 물건들(산·나무·바위)에 정령이 깃들어 있다고 생각했고, 그런 신들에게 제사를 지내는 관례들이 있었다. 예를 들면, '토토로'라는 큰 나무에 깃들어 있는 정령이다. 일본인들은 모든 자연물에 신이 깃들어 있다는 관념이 있다. 그런 관념들은 고대까지 소급해 가서 불교가 전래되던 시대에 조차도 그런 관념들이 일반적이었다. 그래서 새로운 종교, 특히 이국에서 들어오는 종교에 대해서 거부감이 컸던 것으로 생각된다.

이 시대에 왕을 중심으로 해서 대왕의 가신적(家神的) 입장이었던 모노노베(物部) 씨의 경우에는 왕이 실질적으로 신도의 정점이었기 때문에 신도를 유지하려는 입장이었고,

비교적 혁신적인 씨족인 소가(蘇我) 씨의 입장에서는 불교를 받아들여 자신의 위치를 강화하고, 나아가서 왕의 지위도 단순히 신도의 정점으로서가 아니라 새로운 종교의 정점으로 만듦으로써 국가 자체를 새로운 단계로 이끌어 가려는 구상을 가지고 있었다고 봐야 할 것이다.

초기 佛敎에서 塔의 位相

불교의 가식적 핵심은 불상·탑 등을 포괄하고 있는 사찰건축이라 할 수 있다. 이 사찰건축을 중심으로 해서 어디에서 어디로 불교가 전래되었는지에 대한 결정적 기록은 없다. 일본열도에서 최초로 출현한 불교의 사찰로는 "아스카사(飛鳥寺)"라는 절이다. 이 절은 가운데 탑을 두고 세 개의 금당이 있는 '일탑삼금당(一塔三金堂)'식의 사찰이다. 이런 사찰의 배치는 고구려의 금강사지(金剛寺址)에서 발견되고 있고, 백제 남원의 만복사지에서도 같은 형태의 배치가 확인되고 있다.

탑과 금당이 하나씩 있는 일탑일금당식의 가람도 있는가 하면, 금당이 하나이고 탑이 두 개인 이탑일금당식의 가람 배치도 있다. 이런 것들은 중요한 의미를 지니고 있다. 원래 탑은 부처의 무덤에 해당하여, 부처의 무덤을 중심으로 해서 불교를 믿는 신자들이 모여들고 죽은 부처를 예배하는 장소로 사원이 만들어지게 되었다. 애초에는 탑이 사찰의 중심이어서 탑을 중심으로 해서 여러 개의 금당을 배치할 수 있었다. 그러나 시간이 흐름에 따라 탑이 무엇을 의미하는지를 이해하지 못하는 사람들에 의해 구체적 모습을 하고 있는 불상이 더 인기를 얻게 되었다. 그래서 사람들의 관심이 탑에서 불상으로 옮겨가게 되면서 탑의 위상이 점점 줄어들게 되어 탑은 장식물에 불과하게 되고 불상이 사원의 중심이 되어가는 과정에 있었다.

가람배치라고 하는 것은 형태상뿐 아니라 탑과 불상 사이의 역관계를 설명해 주는 동시에, 그것은 시기적인 선을 결정하는데 중요한 의미가 있다. 시기적으로 일탑삼금당이 앞서고 이탑일금당식의 가람배치가 뒤진다.

불교를 생각할 때 탑 역시 빠뜨릴 수 없는 중요한 요소이다. 중국·한국·일본을 포괄해서 생각하면 중국에서는 벽돌로 쌓아올린 전탑(塼塔)이 중심이었고, 한반도에서는 석탑이 만들어졌으며, 일본에서는 목탑이 만들어졌다. 아마 그것은 그 나라에서 손쉽게 구할 수 있는 재료를 활용한 결과라고 생각된다. 그러나 탑을 만드는 아이디어에 있어서는 목탑적인 요소가 강하다. 중국의 경우에 전탑을 만들기는 하지만 그 앞에 누각형 건물이 있었고, 그것들을 목재가 부족한 지역에서는 전탑화시켰다.

또 한반도에서는 목탑을 만들기도 하면서 한편으로는 보다 풍부한 석재를 이용하여 석탑을 만들게 되었다. 정림사지 5층석탑은 비록 석재를 이용하고 있지만 기와부분, 처마부분, 부연 등의 목재적 기법을 충실히 표현하고 있다. 그런 면에서 정림사지의 5층탑이 석탑이긴 하지만 일본의 호류사(法隆寺) 5층목탑과의 관련성을 충분히 짐작할 수 있다.

佛教移入時에 佛教가 日本에 끼친 영향

오늘날에는 불교를 종교라고 이해하고 있지만, 불교가 처음 전해진 일본열도에서는 복합적인 의미를 가지고 있었다.

첫째로, 불교의 불상과 사원들이 왕권을 미화하는 수단이 되었다는 점을 간과할 수 없다. 흔히 어떤 나라의 수장, 왕, 군주는 부처와 동일시되었다. 중국에서도 부처를 만들 때 그 당시 황제의 얼굴을 본떠서 만들었다. 현세의 군주가 부처라는 관념을 가지고 불교가 중심이라기보다는 군주를 미화하기 위한 수단으로 받아 들여졌다는 측면이 있었다.

일본인들이 부여에 세운 불교전래 사은비

둘째로, 불교와 같이 들어온 건축술 자체가 일본열도에는 없었으므로 종래에는 없었던 새로운 건축물을 만들게 되었다. 그 이전 건축물에 살던 사람이 불교사원을 보았을 때의 충격은 컸었다. 그런 사원을 만들고 운영할 수 있는 주체가 자기들을 지배하고 있는 군주라고 하는 것을 통해서 피지배자들이 지배당하는 것을 당연시 하게 되는데 이용되었다고 할 수 있다.

그 밖에도 그 당시의 승려들은 최고 지식인들로서 불교에 대한 지식뿐 아니라 국가를 운영하는데 필요한 여러 가지 기술과 지식을 습득하고 있었다. 또 그것들을 지배층에 전달해 주는 의미에서 불교의 수용이라는 것은 대단히 큰 의미를 지녔다.

선진문물로 들 수 있는 것은 역시 도자기·마구·말재갈·등자 등을 만드는 기술자들, 여러 가지 안료를 이용해서 그림을 그릴 수 있는 사람들, 비단을 짤 수 있는 이런 사람들이 이 시기에 건너오게 된다. 이런 사람들을 '금래재기(今來才伎)'라 불렀다. 금래재기들은 불교와 마찬가지로 그 당시에 태동하고 있는 일본열도에 여러 가지 새로운 선진기술을 제공하는 역할을 수행했다.

오경박사(五經博士)는 유교경전에 관한 지식을 갖추고 있는 사람들이고, 그것들을 교환할 수 있는 능력을 갖춘 사람이었다. 오경박사는 일본열도에 새로운 국가가 성립되는 과정에서 문자의 습득, 해득, 외교문서의 작성 등 일본열도 주민들이 적응하는데 크게 기여했다.

오경박사는 반드시 백제인만은 아니었다. 실제로 이 당시의 성씨를 보면 단씨, 고씨, 사마씨 등이 있어서 이런 성들은 중국 성이어서 오경박사 중에는 중국 양나라로부터

들어온 사람도 포함되어 있다고 보아야 한다.

　필자는 우리의 앞 세대들이 일본인을 단지 키가 우리에 비해 왜소하다고 해서 '왜국' 또는 '왜인', 비하하는 말로 '왜놈'이라고 스스럼없이 말한 것은 아니라고 생각한다. 일본인을 비하하는 말로 '왜놈'이라 한데 비하여 중국인은 '대국의 사람'이라는 뜻에서 '대국놈'이 '되놈' 또는 '뙤놈'으로까지 표기된 것으로 알고 있다. '~놈'이라는 단어는 현재는 듣고 싶지 않은 용어가 되었지만 어원상으로는 '나 아닌 제3자인 남'에서 비롯된 말이라고 한다. 독자들의 오해가 없기를 바란다.

　필자는 지난 40여 년 가까이 한·중·일 문화교류회장의 신분으로 수십 번 일본을 드나들면서 각계각층의 일본인을 만난 소감은, 역시 일본인은 '생각이 옹졸하고 마음의 폭이 좁구나'하는 것을 뼈저리게 직접 체험했으며, 왜 선인들이 일본 혹은 일본인을 '왜국'이니 '왜인'으로 표기했는가를 이해할 수 있었다. 일본인과 스스럼없는 대화를 나눌 경우에도 칭찬해 주는 표현에는 "하이… 하이…"하고 머리 숙여 조아리지만 비판적인 말에는 전혀 싫다는 표현이나 내색 없이 입을 다물어 버린다.

　이와 같은 그들 고유의 근성은 오랜 세월을 거슬러 올라가 그들의 역사서인 『일본서기日本書紀』나 『고사기古事紀』에도 그대로 나타난다. 간단한 예를 들면, 문물의 경우 "백제에서 또는 신라에서 도래(渡來)했다"라고 표기하면 될 것을 "당나라의 것이 백제나 신라를 거쳐 도래했다"는 식으로 표기하는가 하면, 자기 나라의 문물에 영향을 끼친 백제계나 신라계의 인물에 대한 표기에도 일본말로 발음이 같은 다른 글자를 차용하여 표기한다든가, 혹은 아명(兒名)이나 별명, 심지어 지명까지 차용하는 옹졸한 태도를 취한다. 이런 그들의 근성은 그대로 후대의 학자들에게까지 이어지고 있으며, 극소수의 양심 있는 학자들만이 역사상의 진실을 사실 그대로 밝히고 있다.

따라서 우리의 백제나 신라가 일본에 끼친 문화나 문물 등에 대하여 논할 때 그들의 그러한 사고방식을 미리 헤아리지 않고 접근하면 이해하기 힘든 부분도 있고, 잘못 오류를 범할 우려가 있다는 것도 알아두어야 할 것이다. 그에 대해서 다음 장에서 상세히 하나하나 짚어보기로 한다.

2

百濟의 聖德太子가 세운 四天王寺

　지금의 오사카 시내 중심지인 그 옛날 백제군(百濟郡) 한
복판에 우뚝 선 가람이 사천왕사(四天王寺)라는 절이다. 사
천왕사가 있는 이 고장은 옛부터 행정지명이 줄곧 백제군
(百濟郡)이었다. 현재 이 가람은 행정지명 오사카시 덴노지
구(天王寺區 元町)에 속한다.

　사천왕사의 드높은 오중탑은 특히 장관이다. 이 절은 백
제시대 세 번째 왕도였던 부여의 군수리 절터와 건축 양식
이 똑같다. 즉 군수리 절터처럼 사찰의 중문과 오중탑 및
금당을 남북 일직선으로 배치하여 사방은 회랑이 4각형으
로 빙 두르고 있다. 이 사천왕사는 쇼오도쿠 태자가 발원
하여 593년에 백제 건축가 류씨(柳氏)에 의해서 건축되었
다고 한다.

　명공 류씨에게는 쇼오도쿠 태자(聖德太子)의 생부인 요메
이천왕(用明天皇)이 생전에 곤고(金剛)라는 이름을 지어주었
다고 한다. 그 때문에 류씨 가문은 뒷날 오사카의 건축 전

四天王寺 全景

문회사인 '곤고구미(金剛組)'로 발전하였다고 한다.

어린 시절에 마구간 왕자로 불리던 어린 시절의 쇼오도
쿠 태자는 독실한 불교신자로 불교 반대파들과의 전쟁에
직접 참여하기도 했다.

왕실의 조신(朝臣)인 모노노베노 모리야(物部守屋)가 이
끄는 배불파는 급기야 왕실 전복을 모의하고 군사를 일으
켰으며 이들은 이른바 국신파(國神派)로서 고대부터 하늘
신을 받드는 신도(神道)의 수호 세력이었다. 즉 백제로부터
들어온 불교가 일본 황실을 중심으로 날로 번창하자 모노
노베노 모리야 일당은 그들의 지지 세력이 계속하여 약화
되자 호시탐탐 불교 박멸을 획책하기에 이르렀다.

모노노베노 모리야 일당은 불교전쟁이 일어나기 2년 전
인 585년, 소가노 우마코(蘇我馬子) 대신이 자기 저택 동
쪽에 손수 세운 불전에 불을 지르고 불탑도 쓰러뜨렸다.

拜殿 全景

그들은 584년에 백제에서 보내준 미륵석불을 불타는 불당에서 끌어내어 멀리 떨어진 오사카 시내의 작은 강인 호리강(掘江)의 강물에 던져버렸다.

모노노베노 모리야 일당인 배불 모반 세력을 무찌르기 위한 장정 길에 나선 나이 어린 마구간 왕자는 참전 길에 숲을 지나가다가 옻나무를 잘라서 '사천왕상'을 만들어 높이 받들면서 무릎 꿇고 사천왕상을 향하여 맹세하기를, "만약에 이번 전쟁에서 제가 적과 싸워 승리하게 해주신다면 반드시 사천왕님들을 받드는 절과 탑을 세우겠나이다." 라고 다짐했다.

이때 총사령관인 소가노 우마코 대신도 "사천왕님들께서 우리를 승리로 이끌어 주신다면 절과 탑을 세우고 불·법·승 삼보를 널리 위하겠습니다."라고 역시 굳게 맹세했다.

배불 세력들의 모반은 요메이 천왕이 587년에 병상에

누워서 신음할 때부터 시작되었다. 어린 마구간 왕자는 옷
을 입은 채 병석의 부왕 앞에서 부처님에게 분향하면서 쾌

오전(奧殿)

유를 기원하는 등 정성스럽게 여러 밤을 꼬박 새웠다.

요메이왕은 신하들에게 이르기를, "짐은 삼보에 귀의하
려고 하오. 경들은 의논하도록 하시오."라고 명했다.

군신들은 조정에 입궐해서 논의하게 되었다. 이때 조신
모노노베노 모리야와 나카토미노 가츠미(中臣勝海)는 감히
요메이 천황에게 불교를 반대했다. 이때 소가노 우마코 대
신은, "보칙을 내리신 대로 따라서 도와드리도록 해야 합
니다. 다른 계책은 용납하지 못하겠습니다."라고 단호하게
말했다.

마구간 왕자는 크게 기뻐하며 소가노 우마코 대신의 손
을 잡고 눈물을 흘리더니, "삼보의 묘리를 모르는 사람들

이 이설(異說)을 허망되이 생각하면서 사견(邪見)을 쫓고 있습니다."라고 말했다.

요메이 천황이 승하한 지 두 달째 되던 6월 7일, 소가노 우마코 대신은 가시키아공주(뒷날의 스이코여왕)에게 청원하여 모노노베노 모리야를 등에 업고 황위 찬탈을 획책하던 황실의 모반자였던 아나호베(穴穗部) 왕자를 주살했다. 이로써 배불 난동을 부리던 모노노베노 모리야의 큰 날개 하나가 완전히 꺾였다.

소가노 우마코 대신과 국가를 지키려는 왕자들은 군사를 거느리고, 모노노베노 모리야의 반군 거점을 향해 진군하게 되었으며 이들 왕자 속에는 어린 마구간 왕자도 끼어 있었다.

그러나 반란군의 반격 역시 워낙 거세어 3번이나 후퇴하는 고전을 치러야만 했다. 모노노베노 모리야 반란군은 높이 성을 쌓고 완강히 버텼다. 그러나 모노노베노 모리야도 끝내 성덕태자 부하의 화살에 맞아 죽었다.

마침내 반란군은 격파되었고 사방으로 도망친 자들은 저마다 성씨를 바꾸어 숨어 살게 되었다. 이리하여 백제 성왕 때인 538년 일본에 전해진 불교는 융성의 길에 접어들었다.

쇼오도쿠 태자가 사천왕을 위해 건설한 백제군의 사천왕사 대가람에서는 지금도 해마다 4월 22일에 쇼오도쿠 태자를 위령하는 춤과 음악인 무악행사 '성령회 무악 개법요'가 경내의 대형 돌로 만든 '무대강'에서 거행된다.

이 무대강은 612년에 백제로부터 왜나라 왕실로 건너온 백제의 음악 무용가인 미마지(未麻之 ; 6~7세기)에 의해 고구려 사자춤과 탈춤이 전수된 유서 깊은 역사의 터전이기도 하다.

3

世界最大의 金銅佛像 奉安한 東大寺

　일본　나라(奈良)시의　소시초　동쪽　'가스카산'　언덕에서는　고대 한국 불교의 발자취를 엿볼 수 있다. 바로 도다이사(東大寺)에　있는　세계　최대(16m)의　금동불상　비로자나대불이다. 752년 고대 한국인들의 손으로 우뚝 일어섰다. 그 대표적인　인물은　백제인　행기(行基 ; 668~749)　큰스님과　양변(良弁 ; 689~773) 큰스님, 신라인 심상(審祥 ; 8세기) 큰스님이다.

　도쿄대　건축사학과　오타　히로타로(太田博太郎)　교수는　가람 건설의 발자취를 이렇게 쓰고 있다.

　이　사찰은　비로자나대불을　본존으로　삼았다.　당시　신라인 학승 심상 대덕(審祥大德)에 의해 비로소 화엄경(華嚴經)이 일본에 널리 보급돼 도다이사(東大寺) 건설의 바탕이 되었다. 본래 이 터전에는 백제의 의연(義淵) 스님의 문하에서 수학하던 양변 스님이 자기의 속명 '금종'이란 이름을 붙인 암자 곤슈사

(金鐘寺)가 서 있었으며, 심상 대덕이 그곳에 와 740년부터 742년까지 화엄경 등을 강설(講說)했다. 도다이사의 본존불상인 비로자나대불이 완성되어 개안된 것은 752년이며 이때 일단 가람의 건설이 완료된 것으로 생각한다.

이 곤슈사의 터가 현재 도다이지 경내에 있는 '이월당(二月堂)'자리이다. 양변 스님이 다이안사(大安寺)에 와 있던 신라학승 심상 대덕을 모셔다 만든 강원(講院) 자리는 그 이웃에 있는 지금의 '삼월당(三月堂)'이다. 심상 대덕은 신라 부석사 의상대사(義湘大師)의 제자로 화엄종을 펴기 위해 일본 다이안사로 건너갔던 학승이다. 심상 대덕에 의해 신라 화엄종의 '비로자나부처님'이 된 도다이사의 거대한 금동불상을 주조하는데 주도적 역할을 한 분은 백제의 고승 행기 스님이다.

행기 스님은 그 무렵 전국에 수많은 신도를 거느린 생불 같은 존재였다. 일본 고대 불교사이며 고승전인 『원형석서元亨釋書』에 의하면,

그는 668년 지금의 일본 오사카부(大阪府)인 사카이시(堺市)에서 백제인 박사 왕인의 후손으로서, 속성(俗姓) 고지(高志)씨로 태어났다.

는 기록이 보인다. 행기 스님은 처음에는 일본 나라지방을 비롯하여 전국 각지를 돌아다니면서 포교에 앞장섰던 포교승이었다. 특히 빈민구제에 진력하면서 잠자리가 없는 부랑인들을 위해 집을 지어주고 곤궁한 농민을 위해 가뭄에

東大寺 大佛像

東大寺 大佛殿

도랑을 파줬다. 다리를 건설하고 방죽을 만들어 주는 등 관개농업도 이끌었다.

 그러한 그의 선행을 두고 나라(奈良) 왕실은 민심 선동자로 오인하여 스님을 감옥에 잡아들이는 등 스님을 박대했다. 그러나 빈민구제와 같은 활동이 차츰 바르게 평가되어 쇼무천황(聖武天皇)이 행기 스님을 얼마나 존경했는가를 입증하는 다음과 같은 기록도 보인다.

 열성적인 화엄 불교의 신도였던 쇼무천황은 행기 스님을 일본 최초의 '대승정'으로 왕실에 모셨고, 행기 스님 앞에서 머리를 깎고 출가하면서 왕위를 장녀에게 양위했다.

 그 장녀가 바로 고겐(孝謙)여왕이다.
 도다이사 '대불전'이라는 거대한 금당 안에 모셔 있는 높이 16m가 넘는 비로자나대불을 주조할 때 행기 스님이 몸소 펴냈다는 『조사재목지식기造寺材木知識記』에 의하면, 대불전 건축과 대불의 주조 등에 직·간접으로 참여한 연인원은 당시 일본 전체 인구의 약 반수에 달했다. 특히 이 무렵 비로자나대불의 금동불상을 위하여 황금 900량을 시주한 사람은 백제인 왕경복(王敬福) 태수였다는 내용도 보인다.

도쿄대 미술사학자 구로카와 마요리(黑川眞賴)교수는,

> 비로자나불을 주조하는데 앞장선 백제인 조불사(造佛師) 국중공마려(國中公麻呂)는 백제왕실의 조신 덕솔 벼슬에 있던 국골부(國骨富)의 손자였다.

고 주장했다. 그런가 하면 그 큰 비로자나불을 또 그 큰 불상을 모신 거대한 목조건물인 '대불전' 전각을 처음으로 세운 건축가는 신라 출신의 저명부백세(猪名部百世)라는 설과 고구려 출신의 조궁장관(造宮卿)이라는 높은 벼슬에 있던 고려복신(高麗福信)이라는 설도 있다.

위에서 살핀 바와 같이 가람 도다이사는 우리 조상의 얼이 맺힌 터전이다. 그러나 도다이사의 안내책자며 이 사찰 경내 어느 한 곳에도 고대 한국인들이 이 큰 가람을 세우고 세계 최대의 금불상인 비로자나불을 주조했다는 기록은 보이지 않는다.

이 금동불상은 한국인들의 솜씨라는 것이 숨겨진 채 천하에 그 위용을 뽐내고 있다. 1,300여 년의 장구한 세월 속에 수난도 많았다. 미나모토 도요무네(源豊宗) 교수는 다음과 같이 기술하고 있다.

1179년 다이라노 시게히라(平重衡)가 반란군 진압을 위해 도다이사를 불 질렀을 때와 마츠나가 히사히데(松永久秀)가 병란을 일으켜 도다이사 대불전을 방화했을 때 불상이 부분적으로 손상되었으나 원형대로 수리 완성되었다. 몸체의 하반부는 옛 것 그대로이다. 무릎에 얹은 좌측 팔 부분의 옷소매처럼 이 불상을 처음 주조했던 당시의 작풍인, 사실적이며 빼어나게 아름다운 표현이 지금껏 고스란히 남아 있다.

4

廣隆寺의 伴跏思惟像

京都의 廣隆寺 이렇게 조성되었다

일본 국보 제1호 반가사유상(半跏思惟像)은 교토의 고류사(廣隆寺)에 안치되어 있다. 교토(京都)는 간무천황(桓武天皇 ; 781~806)이 수도를 나라(奈良)에서 교토로 옮긴 이후 메이지유신(明治維新) 이전까지 거의 1천여 년간 일본 정치의 중심지였다.

고류사는 쇼오도쿠태자(聖德太子)가 섭정하던 일본 제33대 스이코천황(推古天皇) 11년에 세워진 일본의 7대 고찰중의 하나로 현재의 건축물은 818년 화재로 소실된 후에 다시 지은 것이다.

고류사는 일명 '하치오카사(峰岡寺)' 또는 '하타노기미사(秦公寺)'라고도 불리는데, 이는 하타노 가와카츠(秦河勝)가 창건했기 때문이다. 그는 한반도에서 건너온 인물로 일본에 처음으로 술 빚는 법과 양잠업을 전수하여 일본의 문화와 산업발달에 크게 기여하였다.

일본의 역사서 『일본서기』의 「스이코조」에,

쇼오도쿠태자가 여러 신하에게 "나는 존귀한 불상을 갖고 있다. 누가 이 불상을 모실 것인가?"하고 물으니 하타노 가와카츠가 "신이 모시겠습니다."라고 대답하며 불상을 받아서 하치오카사를 세워 모셨다.

는 기록에 비추어 볼 때 불자였던 쇼오도쿠태자의 일본 불교발전에 그 영향력이 얼마나 컸는가를 알 수 있다. 그는 일본의 또 다른 고찰 호류사(法隆寺)를 조성한 인물이기도 하다.

일본 국보 제1호 半跏思惟像은 한국인이 彫像

고류사(廣隆寺)의 적송목상(赤松木像) 반가사유상(半跏思惟像)은 세계 제일(世界第一)의 아름다운 불상(佛像)으로서 일본국보 제1호(日本國寶 第一號)이다.

프랑스의 저명인사인 앙드레말로(André Malraux)가 직접 목격하면서 세계 최고의 예술품이라고 극찬한 후, 그 유명세를 타고 알려져 일본 국보 제1호의 명성을 떨치고 있는 불상이다. 현재 일본에서는 국보를 지정할 때 지정번호 없이 지정하지만 국보 지정 초기에는 지정 번호를 명시, 그때에 얻은 '일본 국보 1호'라는 명칭을 자랑스럽게 내세우고 있다.

반가사유상이라는 명칭은 스님들이 좌선(坐禪)하기 위하여 두 발을 각각 다른 쪽의 넓적다리 위에 올려놓아 일명 책상다리 앉음새를 이르는 말로 결가부좌(結跏趺坐) 혹은 줄여서 가부좌(跏趺坐)라 한다. 이와는 약간 달리 오른쪽 다리를 왼쪽 넓적다리 위에 올려놓은 앉음새를 반가부좌(半跏趺坐)라 하는데 미륵불이 도솔천(兜率天)에서 이 앉음새로 오른손을 뺨에 대고 하생(下生)할 날을 기다리며 생각하는 모습이라 하여 '반가사유상'이라 일컫는다.

대한민국 국보 제83호 금동반가사유상

일본국보 1호 반가사유상
(위덕왕이 아좌태자에게 보낸 것을
하타노가와카츠가 고류사에 안치함)

이 반가사유상을 두고 한국의 관계 학자들은 물론이려니와 일본의 학계 일각에서도 한반도, 즉 백제나 신라에서 반도인이 만든 불상이라고 주장하고 있다. 그 증거로는, (威德王が阿佐太子に送ったものを秦河勝に譲り `広隆寺に安置した)

① 일본인들은 불상을 조상(彫像)할 때 그들의 국보 1호 반가사유상처럼 적송(赤松)을 사용치 않고 녹나무(樟木)를 주로 사용한다는 점. 우리의 일부 학자는 적송은 경북과 강원, 백두산 일대에서만 서식하고 일본에는 서식하지 않는다고 주장하지만 일본에서도 적송은 서식하고 있다.

② 일본 국보 1호 반가사유상과 같은 앉음새의 불상을 일본에서는 달리 찾아볼 수가 없는데 반하여 우리나라에서는 국보 83호 금동미륵 반가사유상(金銅彌勒 半跏思惟像)을 비롯하여 경북 봉화군 물야면 복지리에서 발견된 석상 등이 많이 있다는 점.

③ 일본인은 불상을 조상(彫像)할 때 머리·몸통·팔을 각각 조상하여 짜맞추는 기법인데 반하여 고류사의 반가사유상은 하나의 통나무로 조성되었다는 점 등을 들고 있다.

廣隆寺 半跏思惟像은 百濟佛像인가 新羅 佛像인가

현재, 고류사(廣隆寺)의 반가사유상이 명확한 증거가 없어 백제의 불상이라는 주장과 신라의 불상이라는 주장이 팽팽히 맞서고 있다. 심지어 어느 학자는 신라 진평왕 때에 선덕여왕을 모델로 하여 불상이 조상되었다고 주장한 바 있다. 물론 명확한 증거는 제시하지 못하고 있다.

……좌상(坐像)으로 2자(尺) 8치(寸)이며, 스이코천황(推古天皇) 11년(603)에 백제에서 쇼오도쿠태자(聖德太子)에게 전해준 불상.

이라고 적고 있는 점을 미뤄볼 때 백제의 불상일 것으로 추정하고 있다. 물론 『일본서기』에는 스이코천황 24년(616)에 신라가 나말죽세사(奈末竹世士)를 통하여 불상을 보내왔다는 기록도 있음을 여기에 밝혀 둔다.

일본 고대사학자 와타나베 미츠토시(渡邊光敏)에 의하면 백제(百濟) 제27대 위덕왕(威德王)이 성덕태자(聖德太子)에게 보낸 것을 하타노가와카츠(秦河勝)에게 물려주어 고류사(廣隆寺)를 창건한 하타노가와카츠가 고류사에 안치하였다고 한다.

고류사(廣隆寺)의 미륵목상(彌勒木像)이 조선적송(朝鮮赤松)으로 만들어졌고 백제(百濟) 위덕왕(威德王)이 성덕태자(聖德太子)에게 보낸 것을 하타노가와카츠(秦河勝)가 다시 물려받은 것이기 때문이다. 나카미야사(中宮寺) 치형미륵(稚形彌勒)의 얼굴이나 자태는 이 불상(佛像)을 모델로 하여 스이코(推古) 11년(603년)에 만들어졌다.

이 미륵불(彌勒佛) 즉, 여의륜 반가사유상(如意輪半跏思惟像)이 호국불교(護國佛敎)의 사천왕사(四天王寺)와 함께 만들어진 것은 『화엄교입법계천구(華嚴敎入法界天九)』에 아래와 같은 기록이 있다.

이 한없이 자비(慈悲)로운 미륵보살(彌勒菩薩)은 불가사의(不可思議)한 공덕을 중생(衆生)에게 베풀어, 탐욕과 노여움, 어리석은 마음과 미련함을 구해 준다. 마음의 평안을 원하는 자, 번뇌를 떠나 지혜의 보물을 구하는 자는 이 법당에서 평안을 구하라. 미륵보살(彌勒菩薩)은 모든 중생(衆生)을 위해 언제까지나 온갖 괴로움을 짊어진 자에게 평온함을 준다.

전란(戰亂) 속에서 괴로워하는 사람들은 미륵불서원(彌勒佛誓願)으로 말법(末法)의 대(代)까지 기다리며, 미소로써 구하는 신앙(信仰), 곧 미륵신앙(彌勒信仰)의 부처이다. 보살(菩薩)은 치형(稚形), 반가(半跏)로 그때를 기다리고 계시다.

호류사(法隆寺)의 석가상대좌(釋迦像臺座)는 츄우구우사(中宮寺)의 대좌(臺座)를 옮겼다고 할 만큼, 호류사의 옛이름인 약초가람(若草伽藍)의 츄우구우사(中宮寺) 본존(本尊)은 백제관음(百濟觀音)인데, 미륵불(彌勒佛)이었다. 호류사(法隆寺)에는 몽전(夢殿)의 구세관음(救世觀音)·몽위관음(夢違觀音) 외에 벽면에는 관음상(觀音像)이 많다.

이와 같은 호류사(法隆寺) 본존(本尊)은 미륵(彌勒)·아미타(阿彌陀)에서 약사(藥師)·석가(釋迦)로, 그리고, 관음(觀音)으로 변하고 있는데, 이것도 백제(百濟)의 영향으로 7~8세기가 되면 백제(百濟)는 관음신앙(觀音信仰)이 번성한다. 한국의 삼국시대(三國時代) 불상(佛像)의 반수는 석가상(釋迦像)이고 3할은 관음상(觀音像)이다. 『법화경(法華經)』 관세음보살보문품(觀世音菩薩 普門品)에,

만약에 그대가 괴로움을 당할 때 보살(菩薩)의 이름을 열심히 외우면 관세음보살(觀世音菩薩)은 그 소리를 듣고 그 괴로움을 없애 준다.

라고 했다. 이 관음서원(觀音誓願)의 기복신앙이 전쟁으로
날이 새고 해가 지던 이 시대에 유행하였다.

백제(百濟)가 멸망하자 신라(新羅)의 승(僧) 의상(義湘)·원
효(元曉)의 유파를 이어받은 화엄불교(華嚴佛教) 즉, 석가(釋迦)
의 수행(修行)을 쫓아 체험하는 교리불교(教理佛教)가 일본(日
本)에도 널리 퍼졌다. 나라시(奈良市)의 도다이사(東大寺), 이
도다이사(東大寺)를 건립한 대불사(大佛師)는 백제(百濟)의 망
명 귀족 국골부(國骨富)의 손자 국중공마려(國中公麻呂)이며,
그의 설계와 지도로 만들어 졌다. 대불(大佛)에 쓰일 돈을
망명한 백제왕(百濟王) 무츠노카미(陸奧守) 즉, 경복(敬福)이
시주한 것은 이러한 인연 때문이다.

아스카(飛鳥)文化, 그것은 일본 천황가(天皇家)와 백제왕가
(百濟王家) 사이의 꽃과 같이 아름다운 사랑의 마음을, 아름
다운 불상(佛像)을 통해 전하고 있다.

5

百濟 阿佐太子, 高句麗 曇徵과 法隆寺

最高의 寺刹樣式으로 지어진 法隆寺

일본 나라현(奈良縣)에 위치한 호류사(法隆寺)는 일본 7개 고찰중의 하나로 손꼽히는 명찰이다. 앞의 고류사(廣隆寺)를 다룬 글에서도 잠시 언급했듯이 이 역시 쇼오도쿠 태자(聖德太子), 곧 백제의 아좌태자(阿佐太子)의 영향력에 의해 창건된 사찰이다.

호류사에는 현재 국보급 건물 55동(棟), 일본의 중요문화재와 조각물 269점, 회화(繪畵) 및 공예품 등이 소장되어 있으며, 고구려의 담징(曇徵)이 그렸다는 금당벽화(金堂壁畵)가 바로 이곳에 있다.

이 호류사를 두고 학자들은 나당연합군에 의해 소실된 "부여의 정림사(定林寺)를 알고 싶거든 일본의 호류사를 보라"고 말할 정도로 부여 정림사를 모델삼아 호류사가 지어졌을 것으로 추정하고 있다. 이같이 추정할 정도로 호류사

法隆寺 金堂의 全景

는 백제인의 건축술에 의해 만들어진 일본 사찰 중에서 그 규모나 양식이 가장 유명한 사찰이다.

호류사는 크게 두 블록, 즉 동원(東院)과 서원(西院)으로 나눠져 있다. 이중 서원가람(西院伽藍)은 1993년에 '호류사 지역의 불교건축물'로 유네스코 세계 문화유산으로 등재되었다.

法隆寺 창건에 대한 歷史的 記錄

호류사 창건에 대하여 일본의 대표적인 역사서인 『일본서기日本書紀』에는 기록이 전혀 보이지 않는다. 다만 스이코천황(推古天皇) 9년(601)에 쇼오도쿠태자(聖德太子)에 의해서 창건된 호류사 금당의 동쪽(東の間)에 안치된 동(銅)으로 제작된 일본 국보의 하나인 약사여래상(藥師如來像)의 광배명(光背銘)에 다음과 같은 내용의 글이 새겨져 있기는 하다.

요메이천황(用明天皇)이 스스로 병구완을 위하여 가람 건립을 발원하였으나 요메이천황이 얼마 후에 사망했기 때문에 그의 유지를 받든 스이코천황과 쇼오도쿠 태자가 스이코천황 15년(607)에 다시 불상과 절을 완성했다.

法隆寺에 남긴 韓民族의 矜持

호류사를 창건할 때 가람(伽藍) 건축의 기술적인 면에서 한민족, 특히 백제인들이 주도적 역할을 했을 뿐만 아니라 우리가 자긍심을 가질 만한 두 점의 주요 문화재를 바로 이곳에서 볼 수 있다. 바로 '금당벽화'와 '쇼오도쿠 태자상(聖德太子像)'이다.

금당벽화(金堂壁畵)는 고구려의 승려이며 화가인 담징(曇徵 ; 579~631)이 그린 벽화이다. 우리들이 중·고등학교 역사 시간에 들은 바 있는 금당벽화가 바로 이를 두고 하는 말이다. 그러나 아쉽게도 담징이 직접 그렸다는 금당벽화는 현재 볼 수가 없다. 1948년에 금당(金堂)을 수리·해체하던 중 1949년 2월(昭和24)에 화재가 발생하여 금당 1층 내부의 기둥과 벽화가 손상되어 후에 사진 자료 등을 토대로 원형 그대로 모사(模寫)한 벽화만을 볼 수 있다. 담징은 금당벽화 외에 일본인들에게 처음으로 맷돌 제작법과 사용법을 전수해 준 인물이기도 하다.

그리고 쇼오도쿠 태자상(聖德太子像)은 백제 아좌태자(阿佐太子)의 자화상(自畵像)이다.

앞서 제1장의 '일본 聖德太子는 백제 威德王의 阿佐太子'라는 글에서 기술한 바와 같이 이 '성덕태자상'의 안내문에 다음과 같은 글이 있다.

고구려 담징이 그린 금당벽화(법륭사)

　…此の　御影は　阿佐太子が　聖德太子を　直寫ると傳ふ　別に
阿佐太子の　御影と名く
　　…이 영정은 아좌태자가 쇼오도쿠 태자를 직접 그린 것이라
전하며 따로이 아좌태자의 영정이라고도 한다.

이 글로 미루어볼 때 필자는 '쇼오도쿠 태자상'은 아좌태자의 자화상인 것으로 확신한다.

아좌태자는 공주에 있던 왕릉이 발굴되면서 널리 알려진 백제 제25대 무령왕(武寧王)의 손자이다. 그는 일본인들 사이에 백제의 박사 왕인(王仁) 다음으로 일본의 문화발전에 크게 기여한 인물로 추앙받는 인물이다.

무령왕의 태자로 뒤를 이어 백제 제26대 왕으로 추대된 성왕은 세 왕자를 두었다. 그중 첫째가 자신의 뒤를 이어 왕위에 오른 제27대 위덕왕(威德王)이요, 그 셋째가 큰형의 뒤를 이어 왕위에 오른 백제 제28대 혜왕(惠王)이다. 이 혜왕의 바로 위의 둘째형이 임성(琳聖)인데, 한국에서는 아좌태자(阿佐太子)로, 일본에서는 쇼오도쿠태자(聖德太子)라 불리고 있다.

제**6**장
茶의 香내음 속에서

茶香 속에 나누는 對話

나의 茶禮 입문기

　필자가 한국 최초로(1974년) 차례의 모임체인 한국다도회를 만든 것은 필자의 대학시절에 우연히 헌책방에서 입수한 전 3권의 『호암전집湖岩全集』을 대하면서부터이다. 6.25사변 전인 1948년에 일성당서점에서 발행한 호암 문일평(文一平 ; 1888~1939) 선생의 유고집으로, 말하자면 우리나라 최초의 한국학 대백과사전이다.

　문일평 선생은 사학자요 문필인으로, 일본 와세다대학을 졸업할 무렵에 중국 상해로 건너가 기자생활을 했으며, 귀국하여 조선일보사에서 오랫동안 편집고문으로 많은 글을 남기셨다. 그의 『호암전집』 중 문화와 풍속편을 다룬 제2권의 「다고사(茶故事)」라는 항목에 무려 143페이지에 걸쳐 차가 중국에서 우리나라에 건너온 사실에서부터 우리나라와 중국의 차에 대한 역사, 차를 멋있게 마시는 법 등 차례

(茶禮)에 대한 모든 것을 쓰고 있다.

50년대 초만 하더라도 차(茶)라는 용어조차 생소하던 시절이어서 모임체 등에서 필자가 문일평 선생의 「다고사」 내용을 중심으로 차례에 대한 얘기를 꺼내면 모두가 부러운 눈으로 필자를 바라보며 귀를 기울이던 모습이 생각난다.

시중에 나온 상당수의 차 관련 책 내용 중에 거의 대부분이 '다도(茶道)'라는 용어를 스스럼없이 쓰고 있는데 이는 일본식 표기이며 순수한 우리말 용어로는 '차례(茶禮)'임을 여기에 밝혀둔다.

茶의 香내음 사라지고 커피 냄새만

한 잔의 차에는 인정이 담겨 있다. 한 잔의 차를 놓고 대화가 오고 간다. 선진국은 물론이요 우리 한국의 대부분의 가정에서도 친지가 방문하면 의례히 차를 내놓기 마련이다. 차는 이미 우리 생활주변에서 필수품이 되어 있다. 차는 차 그것을 마신다기보다는 우리가 상호의 인정과 인정을 연(連)하여 마시는 것이 아닐까.

요즈음 길거리의 다방 가에서 마시는 커피는 소란스러운 음악과 의미 없는 시끄러운 대화 등의 무질서로 다실이라기보다도 시장판이나 다를 바 없다.

친구와 만나거나 어른을 모시고 마시는 한 잔의 술에도 주법(酒法)은 있는 것이요, 행인과 마주치며 한 개비의 담배를 나누어 피워도 연의(煙儀)는 있고, 한 잔의 정성과 인정이 담긴 차에도 다례(茶禮)는 있는 것이다. 우리는 옛것을 올바로 배워 현대산업 문명에 오염되지 않은 올바른 차례를 익혀 좀 더 인성을 중시하는 성숙된 인품을 다져 나갔으면 하는 바램이다.

우리나라 茶의 역사

차의 어원을 살펴보면 중국어로 '춰'요, 일본말로 '챠', 영어로는 '티', 우리말로는 '차'이다. 이 모두가 중국어의 '춰'에서 유래된 것이며 차는 녹차(綠茶)를 의미한다.

차의 역사는 2천 년 쯤 된다고 한다. 지금부터 2천 년 전에 중국 남부 민족들 사이에서 마시기 시작한 것이 당나라 초기인 1,300년 전 신라의 선덕여왕(善德女王) 때 우리나라에 들어왔다. 이로부터 180년이 지난 흥덕왕(興德王) 때에 대렴(大廉)이 당나라에서 차의 종자를 가져다 지리산에 심은 뒤부터 차 음용이 성행하게 되었다.

이처럼 신라 사회에서는 사찰이나 승려, 또는 귀족들 간에는 차가 성행한 것 같다. 그 후, 차가 사찰에서는 불공에 쓰였는데 효·명(孝·明) 두 왕자가 강릉 오대산에 들어가 암자를 짓고 수도할 때 두 왕자가 매일 이른 아침에 동굴 속의 물을 길어다 차를 달여서 문수보살에게 공양하였다는 기록이 있다. 그 후, 고려의 문장 이규보(李奎報)는 그의『남행월일기南行月日錄記』에서 전라도 부안현 변산의 감천(甘泉)에서 승려 사포(蛇包)가 원효(元曉)에게 차를 올렸다고 기록하였다. 차를 당에서 들여온 이래 부처님께 올리는 공양과 승려의 음용과 예폐(禮弊)의 대용으로 향과 아울러 사찰에서 불가결한 존재였다는 것을 말하여 주고 있다. 그 후, 고려에 와서는 신라 때보다 한층 더 성행하여 왕가에 서는 물론, 사찰과 일반 부호들 사이에서도 연중 의식이나 귀족 접대에 술과 함께 차를 내놓았고, 애음(愛飮)한 것 같 다. 따라서 다구(茶具)에도 많은 발전을 가져왔는데, 고려 자기가 발달한 이유도 이와 같은 다구(茶具)의 발달에서 기 인한 것이라 주장하는 학자도 있으며, 필자 역시 이에 동 감하는 바이다.

고려 때에는 다촌(茶村)과 다방(茶房)이 있었다. 그 기록 을 하나 적자면 통도사 근처의 차밭으로 동에는 흑석봉(黑 石峯), 남에는 사천봉탑(沙川峯塔), 북에는 동을산(冬乙山), 중앙에는 잉천범천(仍川枫川)의 경내에 차를 재배해서 동을 산다촌(冬乙山茶村)에서 차를 제조하여 통도사 본사찰에 바 치는 처소이기에 다전(茶田)과 다천(茶泉)이 오늘날까지도 남아 다소촌(茶所村)이라 불리어지고 있다. 다방은 궁정에 차를 공급하는 관사(官司)이기도 하다.

불교국이었던 고려 궁정에서는 연중행사로서 봄에는 연 등회(燃燈會)와 겨울에는 팔관회(八關會)의 의식이 있으며 대회일의 예식에는 의례히 진다(進茶)가 있었다. '진다'란 만찬이 시작하기 전에 임금께서 먼저 차를 명하면 기다리 던 신하가 차를 올리는 예식이다. 그러면 다음에 임금께서 는 반드시 태자에 이어 여러 대신들에게 차를 하사한다.

이렇게 성행하던 고려의 차례가 국운과 함께 쇠퇴하고, 조선에 와서도 초기에는 고려 유풍이 남아 있었으나, 불교 에 대한 박해와 더불어 사라지고 말았으며, 그 명맥을 유지한 것은 승려들과 몇몇 학자들이었던 것 같다.

즉, 조선 초에 들어와서도 기우자이행(騎牛子李行)처럼 차 달이기와 물맛을 잘 알아 충주의 달천수(達川水)를 제1로 삼고, 금강산 우증수(牛重水)를 제2로, 속리산 삼타수(三陀水)를 제3으로 삼았다는 일화도 있다. 조선 말 정약용(丁若鏞)은 다례에 조예가 깊어 전남 당진에 적거(謫居)하면서 산다동백(山茶冬柏)을 재배하며 「동다기東茶記」를 저술하였으며 아호도 스스로 다산(茶山)이라 하였다.

그보다 초의선사(草衣禪師)의 『동다송東茶頌』은 더욱 유명하다. 초의는 나주 사람으로 성은 장(張)씨이며 이름은 의순(意恂)이다. 당대의 추사 김정희(秋史 金正喜)가 초의와 다도우인(茶道友人)이다. 추사는 다도에 이해가 깊었으며 중국 연경(燕京)에도 다녀와 중국차와 지리산 차를 비교해 우리의 것이 향에 있어서 조금도 뒤지지 않는다고 하였다.

어느 다승(茶僧)은,

차의 역사는 5천 년 가까이 된다. 인도와 중국을 거쳐 우리나라에 차가 들어온 것은 2천여 년 전, 기록에 따르면 아유타국의 허황옥이 금관가야에 시집오면서 차나무와 차의 씨를 가져와 처음 소개하였다. 이어서 백제시대 인도의 승려 마라난타(摩羅難陀)가 불교와 함께 차를 들여와 호남지방에 심어 본격적으로 차 문화가 발달하였다.

라고 기술하고 있으나 이는 역사서 『삼국유사』와 『삼국사기』에 나타난 아유타국의 허황후(許皇后)가 계절풍에 따라 김해 금관가야까지 표류한 사실과 불교가 삼국시대에 삼국에 전래된 역사적 사실을 바탕으로, 이때 차 문화도 아울러 들어왔을 것으로 쓴 허구의 픽션일 뿐이며 역사서 어느 곳에도 그런 표기는 없다. 더욱이 아유타국의 허황옥(허황후)이 시집왔다는 표현은 역사의 왜곡일 뿐이다.

한국의 『東茶頌』과 일본의 『茶道』

이웃 일본은 6백 년 전에 고려의 불교와 더불어 우리에게서 건너간 차가 점차 성행하여 세종 25년에 신숙주(申叔舟)가 서장관(書狀官)으로 일본에 가 보니,

> 人喜啜茶, 路旁置茶店賣茶行人投錢一文飮一碗.

> 일본 사람들은 차를 즐겨 마시고 거리에 다점을 짓고 지나가는 행인이 돈 한 푼을 주고 차 한 잔을 마셨다.

는 기록이 있다.

이상의 기록을 보아도 조선조에 와서 우리의 차는 쇠퇴하여 가고 일본은 다도가 성행하였음을 알 수 있다.

韓·中·日 3국의 茶에 대한 고전

독자들도 짐작할 수 있듯이 대부분의 문물이 중국으로부터 발원하여 한국을 거처 일본으로 갔다. 그러나 아쉽게도 차에 대한 문헌은 중국에서 가장 먼저 발간되었고 그 다음이 일본, 마지막으로 우리나라에서 발간되었다. 참고삼아 영어의 'China'라는 고유명사가 중국을 대표하는 일반명사

'도자기(china)'가 되었듯이 'Japan'이라는 고유명사가 japonica로 일반명사화하여 '동백나무(canillia)'라는 뜻이지만 '차(tea)'와 동의어로 쓰이기도 한다.

中國의 茶古典

① 『茶經』

다성(茶聖)이라 일컬어지는 육우(陸羽)가 썼다는 인류 최초의 차에 대한 기록이다. 저자인 육우는 가문의 귀천이 중시되던 당나라 때였음에도 어디서 출생했는지, 어느 육씨인지 모른다고 스스로 밝힌 이른바 개구멍받이로 알려져 있다. 그의 자전에 따르면 용모는 누추하고 말더듬이였음에도 불구하고 말재간이 뛰어났고, 결단력이 뛰어났다고 한다. 3세 때 경능군의 용개사 주지스님인 지적선사의 손에서 양육되어 9세부터 글을 지었다. 그는 사찰의 불교 분위기 속에서 자랐지만 불경에만 만족치 않고 유학(儒學)에도 깊은 관심을 가졌다고 한다.

『다경』의 저작년대는 758년 설과 760년 설이 있으며, 그의 나이 34세에 제작했다고 하지만 77세까지 살았으며 만년에 증보·가필하였다는 기록도 있다.

판본도 여러 가지여서 송나라 함순간(宋 咸淳刊), 명나라 홍치간(明 弘治刊), 명나라 초설부본(明 鈔說郛本), 중교설부본(重較說郛本), 오조소설본(五朝小說本), 산거잡지본(山居雜志本) 등등이 있다.

② 『大觀茶論』

송나라의 휘종황제(徽宗皇帝)가 저술한 것으로 되어 있다. 휘종황제는 신종황제(神宗皇帝)의 열한 번째 왕자로 태어나 1201년에 북송의 제8대 황제에 즉위했다. 휘종은 시문(詩文)과 그림을 특히 애호했으며 그 스스로 뛰어난 서화(書畵)를 남긴 풍류천자이기도 하다. 그러나 만년에 만주에서 일어난 금(金)나라에 납치되어 타국에서 54세를 일기로 죽음을 당한 비운의 왕이기도 하다.

휘종황제와 동시대인인 웅번(熊蕃)이 저술한 『선화북원공다록宣化北苑貢茶錄』에 "금상(今上)께서는 친히 다론(茶論) 20편을 쓰시다"는 기록이 있는 것을 볼 때, 다(茶)에 조예가 깊었다는 것을 알 수 있다.

日本의 茶古典

① 『喫茶養生記』

에이사이 선사(榮西禪師)가 1211년 봄 정월 초하루에 머리말을 짓는다는 발문이 붙어 있으며 상·하 두 권으로 펴냈다. 저자는 11세기 안요우사(安養寺)의 세이신(靜心) 스님을 스승으로 모시고 배우기 시작했다. 14세에 교토(京都)의 에이산(叡山)에 올라가 머리를 깎고 승려가 되어 에이사이(榮西)라 이름했다. 그의 나이 28세(1168)에 송나라로 들어가 지객선사(知客禪師)를 찾아가 선(禪)에 대한 가르침을 받았다. 47세 때에는 인도에 가려다 역풍을 만나 중국대륙에 표착하여 천태산에 올라가 허암회폐(虛庵懷敞)를 스승으로 모셨다. 51세에 일본으로 돌아와 59세에 장군 미나모토노 요시이에(源義家)의 청에 따라 막부에서 부동존공양(不動尊供養)이 되었다. 71세에 장군 미나모토노 요리이에의 청으로 지어 올린 글이 『끽다양생기喫茶養生記』(1211년)이다. 그로부터 3년 후 일반 백성들의 이용후생(利用厚生)을 위하여 내용을 상당부분 바꿔서 다시 써냈다.

② 『酒茶論』

란슈쿠선사(蘭叔禪師)가 저술하였다. 기후시(岐埠市)의 가가섬(鏡島)에 위치한 오츠사(乙津寺)의 스님이 1576년 음력 3월에 썼다고 서문에 적고 있다.

란슈쿠선사는 오츠신사에 있을 때 오다 노부나가(織田信長)의 귀의를 받았으며 뒤에 교토의 요우신사(妙心寺)의 주지가 되었다. 그의 나이 53세 때였다. 1580년에는 조정으로부터 자의(紫依)를 하사받았으며, 1586년에는 세이죠우혼젠 선사(清淨本然禪師)라는 시호를 받았다.

그가 쓴 『주다론』의 원본은 제2차 세계대전 때까지 오츠사(乙津寺)에 전해 왔으나 절과 함께 불타서 없어졌다.

③ 『The Book of Tea』

『The Book of Tea』는 미국의 화가 존 라 화지(John La Farge ; 1835~1910)에게 바친 글로 1906년에 뉴욕의 Fox Duffield Company에서 발행했으며, 일본어판은 『다설茶說』이란 제목으로 후쿠하라 인타로(福原麟太郎) 번역으로 도쿄 일본미술원(日本美術院)에서 1922년에 펴냈다.

그의 저서는 1922년에 독일어판이, 1927년에는 불어판, 스웨덴어판과 에스파냐어판이 나올 정도로 인기가 높았으며, 그에 따라 그는 동양의 차 문화를 서구에 전한 주인공이 되기도 했다. 그는 『다설』의 영문판에 앞서 3년 전인 1903년 영국에서 『The ideas of the East 동양의 이상』를 영국에서 펴낸 바도 있다.

1862년에 태어난 그는 10세 때에 요코하마(橫浜)의 영어 · 독일어 · 불어를 가르치는 외국어학교에서 영어를 배웠으며, 11살 때는 아버지를 따라 도쿄로 이사하여 14세때 도쿄대학 전신인 가이세이학교(開成學校)에 입학하였고, 19세에 「미술론」이라는 졸업논문으로 도쿄대학(東京大学)을 졸업했다. 그는 14세 때에 쇼우아미(正阿彌)라는 다도 선생을 모셔다가 차(茶) 공부를 정식으로 했고, 15세에는 여류화가 오쿠하라(奧原晴湖)에게서 한시(漢詩) 짓는 법을 배웠다.

24세 때에는 중등교원 검정시험 위원으로 추대되었으며, 29세에는 도쿄미술학교 교장이 되었고, 30세에는 일본청년회화협회 회장으로 추대되었으며, 31세 때에는 도쿄고등사범학교에서 나라시대(奈良時代)의 미술사를 강의했다.

40세에 인도에서 타고르를 만나 그때의 인도 견문을 토대로 『The Ideals of the East』를 영문으로 써서 2년 후인 1903년 영국에서 발행하였다. 1904년 미국 보스톤미술관의 중국 및 일본부 고문으로 초대되었으며, 일본의 실상을 영 · 미인에게 알리기 위한 영문저서 『The Awakening of Japan 日本의 覚醒』을 펴냈고, 1906년 미국 뉴욕에서 『The Book of japan 茶説』이 발간되었다. 그러나 안타깝게도

1912년 그의 나이 51세에 신장염으로 세상을 떠났다.

韓國의 茶古典

우리나라의 차에 대한 고전으로는 초의선사(艸衣禪師)의
『동다송東茶頌』과 『다신전茶神傳』이 있다.

초의선사의 속명은 장의순(張意恂)으로 1786년 무안(務安
또는 羅州)에서 태어났다. 자는 중부(中孚), 호는 초의(艸衣)
외에 휴암병선(休庵病禪)·자하도인(紫霞道人)·소재(蕭齋)·우사
(芋社)·해사(海師) 등이 있다.

그는 1800년(15세)에 운흥사(雲興寺)의 벽봉선사(碧峰禪師)
에게 수계하였으며, 1807년(22세)에 쌍봉사(雙峰寺)에서 불
우하고 어린 시절을 자탄하는 시를 지었으며, 28세 때에는
다산 정약용의 초대를 받았으나 비로 만나지 못한 안타까
움을 시로 남겼다.

1815년, 그의 나이 30에는 전주에 올라가 서예가 창암
이삼만(蒼巖 李三晚)선생을 만났고 한벽루에 오른 시도 남겼
다. 1822년(37세) 해남 대둔사에서 『산수도 팔첩山水圖八帖』
을 지었으며, 1830년(45세)에는 『다신전』을 정초(正抄)하였
고, 1839년에는 제자인 소치(小癡)를 추사에게 소개하여
본격적인 서화수업을 지속토록 하였다. 1842년(57세)에는
그의 시집에 서문을 써준 바 있는 좌의정 홍석주(洪奭周)가
별세하였다.

1856년(71세)에는 동갑이며 문우인 추사 김정희(秋史 金
正喜)가 세상을 떠났다. 추사는 초의의 일생에 깊은 영향을

끼친 훌륭한 문우(文友)이자 다우(茶友)이다. 추사의 3년상
을 맞은 1858년에는 초의선사가 생존시에 절친했던 우정
을 생각하여 그의 영전에 비장할 만큼 애절한 제문(祭文)을
지어 올려 곡하고 재배함으로써 뜬구름처럼 허무한 인생의
삶을 심통해 했다.

그의 나이 75세인 1860년 해인사 대웅전 및 대장각(大藏
閣)을 증수함에 따라 그에 대한 권선문을 마지막으로 쓰고
1865년, 그의 나이 80세에 영면하였다.

끝으로 우리나라의 차에 대한 고전 『동다송東茶頌』과 『다
신전茶神傳』 중에서 찻잎을 따는 시기, 차 달이는 물, 가장
빼어난 차, 차를 마시는 멋 등 문취(文趣)어린 부분만을 아
래에 선별하여 게재하니 도움이 되었으면 한다.

『동다송東茶頌』

* 거룩한 하늘의 힘을 빌어 자란 차나무는 지고향덕(至高
  香德)한 귤과 같은 향을 이어받아 따뜻한 남국에서만
  자라는 구나.
* 차나무는 고로수(皐蘆樹)와 같고 잎은 치자나무의 잎과
  같으며, 꽃은 흡사 백장미와 같다. 꽃술은 황금빛을 내
  며 가을이 되어 그윽한 청향은 가을하늘에 은연하다.
* 벽옥조(碧玉條)의 가지마다 한밤의 지극히 깨끗한 이슬
  에 말끔히 몸을 씻었고 취금설(翠禽舌)의 연한 움은 자
  욱한 아침 안개에 몽울몽울 가느다란 물방울을 머금었
  네.
* 하늘이나 신선이나 사람 · 귀신, 모두가 아끼고 사랑하

니, 너의 타고난 성품은 참으로 기이하고 절묘하구나.

* 취한 술 깨워주고 잠마저도 깨워준다고 주성(周聖)은 증언했으며, 제(齊) 나라의 안영(晏嬰)은 서속밥에 차잎 나물을 즐겼다고 들었지.

* 뉘라서 알리오, 나 홀로 즐기는 참된 색·향의 유감을. 한번 오염되면 곧 그 진성(眞性)을 잊나니.

* 차의 성품은 신다(新茶)와 구다(舊茶)를 서로 섞으면 묵은 차도 새 차와 같은 향기로운 맛을 회복하게 된다.

* …어떤 이는 우리나라의 차의 효능이 중국 월산다(越産茶)에 미치지 못하리라 했는데 내가 보기에는 색·향·미·기(氣)에서 모두 별다른 차이가 없다. 다서(茶書)에 육안다(陸安茶)는 맛으로 뛰어나고 몽산다(蒙山茶)는 약효가 높다 하였으나 우리나라 차는 이 두 가지를 모두 갖추고 있다.

* 늙은이가 젊어지고 마른나무가 되살아나듯 재빠른 신험이 일고, 여든 살 노인의 양 뺨이 붉은 복숭아처럼 붉어진다. 어젯밤의 맑고 깨끗한 이슬로 목욕하듯 흠뻑 젖었느냐. 어린 싹 씻는 삼매(三昧)의 손에 기이한 향기만이 스며 오르네.

* 차는 현미(玄微)함을 그 몸에 지니고 있다. 차의 묘(妙)를 나타내기는 어렵다. 그러나 차의 참된 정(精)은 수체(水體)와 다신(茶神)인데 이것은 나눌 수가 없으며 한 몸이다.

* 차 한 잔을 기울이니 겨드랑이에 솔솔 바람이 일어, 몸은 가벼이 하늘로 날아오르네.

* 중천의 밝은 달은 촛불이며 나의 벗이 되나니, 흰 구름
으로 자리 펴고 산허리 휘둘러 병풍 두르리, 대나무 젓
대소리에 솔바람소리 모두 소량(蕭凉)도 해라. 청한(淸
寒)함은 뼈에 저리고 심간(心肝)을 깨워주네.
* 한 자리에 차 마시는 손님이 너무 많으면 주위가 소란
스럽고, 소란해지면 차 마시는 아취를 찾을 수 없다.
홀로 마시면 신묘(神妙)하고, 벗 둘과 더불어 마시는 아
취를 승(勝)이라 한다. 3~4인이 마시면 취미(趣味)요.
5~6인이 마시면 덤덤(泛泛)할 뿐이고, 7~8인이 모여
앉아 마시는 것은 시(施)라 하여 서로 찻잔을 돌려가면
서 순배(巡杯)로 마시는 것이다.

이 부분에 이르러 평소에 존경하던 두 선배님이 생각난
다. 곧 효당 최범술(曉堂 崔凡述) 큰스님과 의제 허백련(毅濟
許百鍊) 화백이다.

1974년이었다. 그날따라 불현듯 효당 큰스님을 뵙고 차
한 잔 얻어먹고 싶은 생각이 나서 기차에 올라 경남 다솔
사로 향했다. 당시 효당 큰스님께서 다솔사의 조실스님으
로 계셨다. 해늦은 오후쯤에서야 다솔사에 이르니 낯익은
시자 스님이 '큰스님은 광주에 가셨다'고 알려주어 곧 바로
발길을 돌려 광주로 향했다.

무등산 자락에 자리 잡은 의제 화백의 화실인 춘설헌(春
雪軒)을 찾으니 예상했던 대로 두 분은 한쪽 풍로에 차를
끓으며 찻잔을 기울이고 계셨다. 오래 전부터 친분을 유지
하고 있던 터여서인지 두 분 선생님은, "문선생, 예까지 웬

일이요?" 하시며 반가이 맞아주셨다. "예, 두 분 선생님으로부터 차 한 잔 얻어 마시고 싶어서 예까지 왔습니다." 필자는 덕담으로 대답했다. "다솔사에서 오시는 길이겠구먼……." 하시면서 효당 큰스님께서 덕담을 던지시며 차 한 잔을 권한다. 옆에서 의제 화백께서 거드셨다. "효당, 문선생이 멀리서 오셨는데 예의 『다신전』 속의 차 마시는 분위기 한 수 읊어주시게나." 하자, 효당 큰스님은,

飮茶以客少爲貴 客衆則喧	음다이객소위귀 객중즉선
喧則雅趣乏矣 獨啜曰神	선즉아취핍의 독철왈신
二客曰勝 三四曰趣	이객왈승 삼사왈취
五六曰乏 七八曰施	오륙왈핍 칠팔왈시

라고 거침없이 차 마시는 분위기를 설명한 음다(飮茶) 부분을 나지막한 음성으로 단숨에 읊으셨고, 옆에서 지그시 눈을 감고 찻잔 속의 찻잎을 손가락으로 집어 쪽쪽 빠시던 의제 화백의 윗입술이 유난히 적·록·청·먹색으로 물들어 있었다. 그것은 의제 선생께서 그림을 그리실 때 습관처럼 적·록·청색의 붓끝과 먹물이 묻은 붓끝으로 입술에 물고 다스려 그림을 그리시기 때문이었다.

효당 큰스님은 1940년대 초에 일본의 불교대학에서 수학하신 최초의 학사 스님으로 초창기 동국대학교 총장을 역임하셨고, 원효사상 연구의 권위자이기도 하며, 이런 이유로 효당이란 호로 널리 불린다. 차에 대한 저술로 『한국의 다도』라는 저서도 남기셨다.

이왕에 의제 허백련 선생의 얘기가 나왔으니, 그날 있었던 선생과의 대화중에 있었던 선생의 따뜻한 마음씨와 안타깝게 무산된 시화전(詩畫展) 얘기를 여기에 옮기고자 한다.

대화중에 필자가 그때 우리의 전통 다례(茶禮)운동을 펴는 일로 바쁘게 움직인다는 말을 들으시고, 효당께서는 무애 양주동(无涯 梁柱東), 노산 이은상(盧山 李殷相) 등 몇몇 시인들의 이름을 열거하며 이들의 시를 받아오면 자신이 그림을 그려 줄 터이니 시화전을 열어 기금을 마련하라는 것이었다. 선생님의 말씀을 듣고 부푼 마음으로 노산 이은상 선생을 찾아뵙고 허백련 선생의 얘기를 전하며 시를 부탁하니, 노산 이은상 선생께서 동양화의 대가 허백련 선생께서 자신의 시를 높이 평가해 주시는 것을 크게 기뻐하며 쾌히 승낙해 주셨다. 그러나 여러 시인들에게 시를 부탁하는 과정에 갑작스럽게 허백련 선생이 작고하시어 아쉽게도 시화전이 무산된 바 있다.

『茶神傳』과 『東茶頌』의 가르침

① 차 잎을 따는 시기와 등급

찻잎을 따는 시기는 매우 중요하다. 그 시기가 너무 빠르면 맛이 불완전(及時太早味不全)하고 또 제때를 놓치면 다신(茶神)이 분산된다. 곡우(穀雨)를 기준삼아 5일 전에 딴 것이 다질(茶質)이 가장 좋고, 5일 후에 딴 것은 질이 떨어진다.

차의 움은 자색(紫色)인 것이 가장 좋고, 잎에 주름이 진

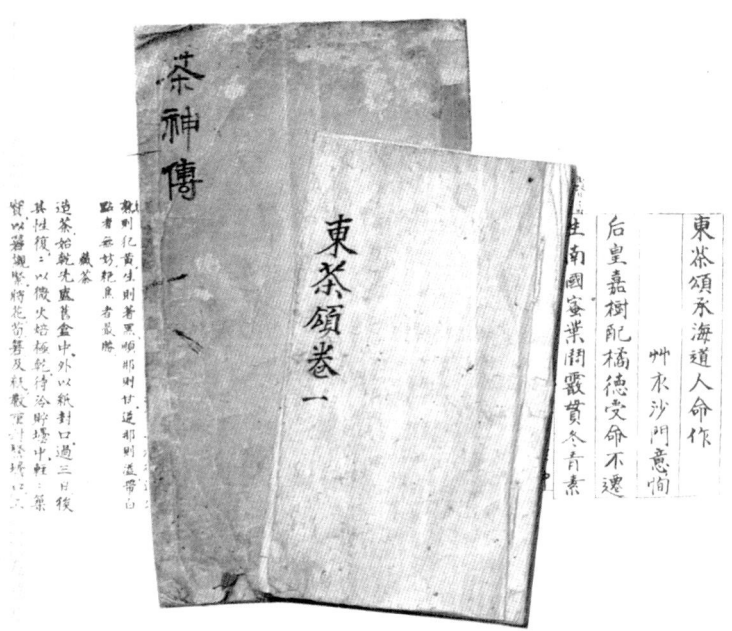

것은 차품(次品)이며, 잎끝이 말린 것도 차품이다. 잎에서
세죽(細竹) 빛이 나는 것이 가장 낮다. 밤사이 구름 한 점
없이 쾌청한 날에 밤이슬 흠뻑 머금은 잎을 따서 만든 차
가 상품이고, 한낮에 딴 차는 차품이며, 비 맞은 것은 따지
않는다. 산골짜기의 반음반양(半陰半陽)한 곳에서 자란 차
가 상품이고, 대밭 밑이나 난석(爛石) 혹은 황사(黃砂) 속에
서 자란 것이 그 다음이다.

② 차를 만드는 절차와 방법

나무에서 따낸 차 잎은 늙은 잎, 줄기, 부스러진 가루를
잘 골라내고 폭 두자 네치 쯤의 솥에 차 한 근 반을 덖을
때 먼저 솥이 잘 달기를 기다렸다가 솥이 달면 차 잎을 떨

어뜨려 급히 볶는다. 이때의 불기운은 열도가 높아야 한다.

잘 뒤섞이면 불기를 물리치고 어레미에 털어 부어 가볍게 몇 번 도리깨질을 한 다음 다시 솥에 털어 넣어 점점 열기를 줄이면서 적절히 조절하여 말려야 하는데 그 가운데에 현미(玄微)함이 있어 말로 표현하기 퍽 어렵다.

③ 차의 품질 식별법

차의 품질이 좋고 나쁨은 곧 남비에 넣을 때 시작이 되며, 물에 달여서 빛이 맑고 흐림은 불과 물에 관계된다.

덖을 때 온도조절이 아주 잘 되면 차의 향이 맑아지고 솥의 열이 부족하면 다신(茶神)이 떨어진다. 열을 겉다루면 설익고, 연료가 부족하면 취색(翠色)을 잃고, 지지하게 열을 다루면 과숙(過熟)한다. 솥에서 너무 빨리 꺼내면 설 덖여져 살아나고 색이 검어지고, 지나치게 덖여지면 황색이 된다. 제다(製茶)의 모든 법칙을 잘 따르면 차의 맛이 달고 거스르면 떫다.

④ 차 달이는 물

차는 물의 신(神)이 되고, 물은 차의 모체가 된다. 유천(乳泉)이나 석지(石池) 등의 진수가 아니면 다신이 나타나지 않고 정다(精茶)가 아니면 수체(水體)와 조화를 이룰 수 없다. 산마루에서 솟아나는 자연천수(自然泉水)는 청경(淸輕)하고, 수하천수(水下泉水)는 청중(淸重)하며, 석중천수(石中泉水)는 맑으면서도 달보드레하고, 사중천수(砂中泉水)는 맑고 차갑다.

토중천수(土中泉水)는 담백하며 황석(黃石)의 유천수(流泉水)는 가품(佳品)이지만, 청석(青石)에서 흘러나오는 물은 마시지 말아야 한다. 흘러내리는 물은 고여 있는 물보다 좋고, 음지에서 나오는 물은 양지에서 나오는 물보다 진수(眞水)이다.

⑤ 차 달일 때의 불가늠

차를 달이는 큰 요령은 불가늠을 잘하는 것이 첫째이다. 화로의 불이 벌겋게 달았을 때 물그릇을 얹고 느릿느릿 부채질을 하다가 물끓는 소리가 들리면 끓는 물을 약간 떠내 놓고 한층 세게 부친다. …너무 불기가 약하면 수성(水性)이 유연(柔軟)하여 다신(茶神)이 아래로 가라앉고 불기가 세면 화성이 극렬하여 물이 끓어 노수(老水)가 된다. 그러면 다신(茶神)이 제압을 받는다.

⑥ 물 끓이는 법

탕(湯)이 완전히 끓었음을 탐지했으면 바로 화로에서 끌어내려 먼저 다관(茶罐) 속에 끓는 물을 부어 가셔낸 뒤에 알맞게 차 잎을 넣어 중정(中正)을 잃지 말아야 한다. 차의 분량이 너무 많으면 쓴맛이 나고, 향기가 묻혀 버린다. 물이 많으면 차의 맛이 떨어지고 빛은 약해진다. 다관은 한 번 쓰고 나면 그때그때 물로 씻어 깨끗하게 해야 한다. 그렇지 아니 하면 차의 맛이 떨어지고 빛이 약해진다.

⑦ 차의 향기와 빛깔

차에는 진향(眞香)·난향(蘭香)·청향(淸香)·순향(純香)이 있다. 안팎이 똑같은 것은 순향, 설지도 너무 데쳐지지도 않은 것은 청향, 불길이 두루 든 것이 난향, 곡우 전에 충분히 다신(茶神)이 갖추어진 것을 진향이라 한다. 함향(含香)·누향(漏香)·간향(間香) 등은 모두 좋지 못한 향이다.

차는 맑고 푸르러야 가장 좋은 물빛이 되고, 여린 쪽빛에 하얀 빛이 도는 것은 아름다우며 황(黃)·흑(黑)·홍(紅)·혼(昏)의 빛은 품위가 낮아 모두 불합격이다. 잔에 눈발이 떠오르는 물빛은 상(上)이요, 파르스름한 것은 중(中), 누르스름한 물빛은 하(下)이다.

⑧ 차를 마시기에 좋은 분위기

· 심신(心身)이 서적(舒適)할 때,

· 독서를 했거나 시를 짓고 몸이 피곤할 때,

· 정서의 온정(穩定)함이 결여되었을 때,

· 고상한 가곡을 들으면서

· 깊은 밤에 뜻 맞는 벗과 환담하면서,

· 밝은 창 옆에 있거나 청결한 책상을 대했을 때,

· 조용한 집이나 높은 누대에 올라 있을 때,

· 주인이 나그네와 더불어 간담할 때,

· 정겹고 반가운 손님이나 아름다운 여인을 맞이하였을 때,

· 벗이 찾아왔을 때와 돌아갈 때,

· 첩첩한 수목(樹木)이나 층층한 죽림(竹林)을 바라보면서,

· 고운 꽃이나 아름다운 새에 대한 한담을 나눌 때,

· 청유(淸幽)한 절이나 암자를 찾아 갔을 때

초의선사의 사진

이상으로 초의선사의 『동다송』과 『다신전』에서 차 마시는 분위기와 멋에 알맞는, 또한 차를 마시는 최소한의 상식에 관한 글을 간추려 뽑아서 커피 아닌 고유한 우리 차로 음료를 대신하는 멋스러운 현대인이라면 반드시 알고 있어야 할 주옥같은 내용을 독자들에게 소개했다.

『동다송』은 이름 그대로 우리나라 차에 대한 칭송의 글로, 저술자 초의선사의 주가 붙은 글이다. 글의 흐름이나 내용상 주를 삽입하기도 했다. 인용한 『다신전』의 글은 글의 내용상 몇 곳의 순서를 바꿔 썼음도 아울러 밝힌다.

필자가 알기로는 현대의 가장 멋있고 존경할 만한 다선

晶山 韓雄斌 先生과 著者

曉堂 崔凡述 先生의 영전에 헌향하고, 명복을…

(茶仙)은 한국은행에서 감사를 역임한 후 고인이 되신 한웅
빈(韓雄斌) 선생이 아닐까 하여 여기에 짧게 소개한다.

선생은 특히 중국어에 능통하여 평소에도 시간이 있으면 FM 라디오방송을 통하여 중국어 방송을 즐겨 청취하셨고, 선생이 아끼시던 그 유명한 중국어 대백과사전인 『만보전서萬宝全書』와 기타 중국과 일본의 주옥같은 갖가지 다서(茶書)를 모두 통독하시어 습득하신 폭 넓고 뜻 깊은 내용의 다론(茶論)을 1976년에 우리나라 최초로 유명 일간지에 연재한 주인공이기도 하다.

초의선사의 육필원고인 『동다송』과 『다신전』, 그 외의 초의선사 육필원고와 초의선사가 생존시에 사용하시던 다구(茶具) 일체는 현재 (주)태평양화학의 태평양박물관에서 일체를 인수하여 전시하고 있다.

2

冲繩 煎茶道와 韓國의 茶禮

1992년 6월 중순 쯤으로 기억하고 있다. 오키나와 전다
도협회(冲繩煎茶道協會)로부터 서신 한 장이 날아들었다. 오키나와
전다도협회 회원들이 한국으로 다례(茶禮) 연수차 방한하니 협력
을 바란다는 가네시로 기요코(金城淸子) 회장의 서신이었다. 오키
나와 전다도협회는 소립원류(小笠原流), 일본예도소립원류(日本禮道
小笠原流), 취홍류(翠弘流), 화월암류(花月庵流) 등 7개 유파로 구성
되어 있으며 각 유파의 대표 7인이 방한한다는 내용이었다.

우리 회원들도 그들에게 우리의 다례(茶禮)를 보여줄 수 있는
좋은 기회라 생각하고 한갑수(韓甲洙 ; 국어학자) 고문에게 전하니
좋은 일이라 말하며 쾌히 시간을 내주시겠다고 약속하셨다.

내한한 오키나와 전다도협회 회원들은 서울 신라호텔에
여장을 풀었다. 그들은 우리 회원들에게 오키나와 다도회
의 근황에 대하여 말해주었고, 우리는 일반적으로 선다(禪茶)가
중심이 되어 다례(茶禮)가 행해진다는 등의 얘기를 들려주었다.
이어서 양국에서 다례에 대한 실연을 보여 주었으며 한갑수 고

오키나와 각 다회 대표와 필자

문께서는 한국 차(茶)의 역사에 대한 강연을 1시간여에 걸쳐 말씀하시는 등 화기애애한 가운데 담화가 오고갔다.

　필자는 그 자리에서 제2차 대전 중 오키나와에서 우리 한민족 386명이 희생되었고, 이들 희생자의 영령을 달래는 위령탑인 '청구의 탑(靑丘의 塔)'이 교토탑(京都塔) 옆에 세워져 있음을 밝히자 일본의 전다회원 모두가 그런 얘기는 처음 듣는다는 듯이 의아한 표정을 짓던 모습이 아직도 기억에 생생하다. 그리하여 필자는 그들에게 이번에 귀국하면 그곳에 들려 헌화분양하고 차(茶)를 올려달라고 부탁하였다.

　그들이 귀국 후, 10여 일 만에 그들로부터 서신이 왔는데 한국에서의 연수기간 동안 감사했다는 내용과 함께 그들이 귀국길에 교토탑 옆의 '청구의 탑'에 헌화분양하고 차를 올리는 여러 장의 사진이 동봉되어 있었다.

이 '청구의 탑'은 교토에 거주하는 마츠모토 아키시게(松本明重) 선생이 건립하였다. 마츠모토 선생은 일본 사회의 지도층 인사로서 해방 후에 우리나라에 많은 지원을 하셨던 분이다. 우리 국회에 사무기기를 보내오는 등 한민족을 위해 많은 일을 하셨다. '청구의 탑'의 제자(題字)는 일본 서화계의 대가 니시다 오도(西田王堂) 선생의 글씨이다.

니시다 선생은 우리 한·일 서화교류전에도 찬조 출품하여 준 바 있는데 고양이 그림이었다. 개인적으로 좋아하는 소재가 아니어서 운보 김기창(雲甫 金基昶) 선생에게 보여줬더니, 운보 선생께서 엄지손가락을 들어 보여주시기에 '그 그림을 알아주는 분이 있구나' 생각하고 그 그림을 운보 선생에게 기증하였다.

오키나와 전다회원들이 돌아간 그 이듬해인 1993년 11월, 오키나와 전다회에서 창립 15주년 기념행사를 가진다는 내용과 함께 초청장을 보내왔다. 우리 임원회에서는 이에 참석키로 하고 참석자 12명을 선정, 행사 전날 오키나와에 도착하였다.

11월인데도 날씨는 따뜻하였다. 오키나와는 겨울에 아무리 추운 날이라도 영상 10℃ 이하로 내려가는 날이 없다고 한다.

우리 일행이 오키나와 공항에 내리니 그곳 현(縣)의원을 비롯하여 전다회의 각 유파 대표 등 10여 명이 출영 나와주었다. 숙소는 전다회의 사무실이 있는 호텔이어서 편리했다.

다음날 10시 30분, 초청받고 간 우리 회원 12명과 그곳

청구의 탑에 헌화 참배하는 회원들

전다회원 300여 명이 참석한 가운데 회의가 시작되었다. 간단한 예식이 끝나고 단상에서 우선 우리의 부회장 최명애(崔明愛) 회원이 선다(禪茶)의 시범을 보여주었다.

이어서 우리 방문단의 대표 자격으로 연단에 오른 필자가, "우리의 선다(禪茶)의 역사는 신라의 선덕여왕 때에 지리산의 화개동(花開洞)에 차 종자를 심은 것을 시초로 하여 1,400여 년에 이르며, 한 자리에 앉아 차를 마실 때는 차 마시는 사람의 수가 많으면 소란스럽고, 소란하면 차 마시는 아취(雅趣)를 찾을 수 없다. 1인이 마시면 신묘(神妙)하고, 2~3인이 마시면 아취의 승(勝)이요, 4~5인이 마시면 그저 취미(趣味)에 지나지 않고, 6~7인이 마시면 덤덤(泛泛)할 뿐이고, 8인 이상이 마시면 그저 찻잔을 돌리는 요식 행위에 불과하다 하여 시(褆)라고 일컫는다. 차를 세 번에 걸쳐 나누어 마시되, 첫 번째 마실 때는 지금까지의 과거사를 전부 잊기 위함이요, 두 번째 마시는 것은 현실을 생각함이며, 세 번째 마시는 것은 미래를 생각하며 마셔야 한다."고 했더니 필자의 이 말과 함께 일본 전다회의 15주년 창립대회의 기사가 오키나와 전 신문(1993. 11. 9.자)에 대서특필되었다.

이어서 오키나와측에서는 각파에서 나와 그들 고유의 다도(茶道)에 대한 시범을 보여줬는데 특기할 사항은 그들이 마시는 차는 우리처럼 분말의 차(抹茶)가 아니라 우려낸 차(煎茶)였으며, 전체 다도회원은 2,000여 명에 이르고 각 유파의 대표 대부분이 대학교수들로서 회원들의 수준이 상당히 높아 보였다.

회의가 끝나고 그들과 담소를 나누는 중에 다음과 같은 얘기를 들었다.

"우리 오키나와와 조선은 조선의 삼한시대부터 교류가 있었으며…… 홍길동이 여기에 와서 살았어요. ……그리고 임진왜란 때에는 이순신 장군이 배를 만들 때에 우리의 조선(造船) 기술자들이 조선에 건너가 협조해 준 사실도 있지요."라고 말하는데, 우리의 역사서에는 임진왜란 때에 오키나와에서 조선기술자가 왔다는 기록이 전혀 없다.

필자의 개인적인 생각이지만 위의 이야기는 그들의 과거사를 들춰볼 때 자신들은 일본 본토인과 정서적으로 약간 다르다는 사실, 우리나라와 오키나와는 이러한 역사적 인연이 많으니 많이 관광하러 와달라는 꾸며진 이야기일 거라고 생각했다.

어찌되었든 그곳 오키나와에는 300여 년 전에 우리의

尚氏가 지배할 때의 王室 전경

도자기 기술자가 쌓았다는 가마터 원형이 지금도 남아 있는데 제2차 세계대전 때까지도 사용하던 가마터라고 한다.

행사가 끝나고 오후에는 그쪽 대표들과 함께 '청구의 탑'을 찾아가 참배했다.

상하의 나라, 공기와 기후가 좋아 일본 본토인보다 평균 수명이 길다는 관광하기 좋은 오키나와이지만 그들의 역사를 더듬어 보면 다음과 같은 아픈 과거가 있는 섬나라였다.

우리나라 최초의 소설이라 일컬어지는 김만중(金萬重)의 『홍길동전洪吉童傳』에 홍길동이 피하여 달아나 살던 섬이 바로 유구(琉球) 지금의 오키나와(沖繩)이다.

유구는 15세기 초에 상씨(尚氏) 왕조가 통일정권을 수립한 후에 국제무역을 통하여 한 때 번성하던 시기도 있었으나 포르투갈의 진출에 의해 쇠퇴의 길을 걸었다. 약소국으로 전락한 유구인들은 청나라와 일본에 이중으로 조공을 바치는 양다리 외교를 펼치는 신세가 되었다.

그런 과정에 1871년, 대만에 표류한 유구인 선원 66명 가운데 54명이 대만 원주민에게 살해되는 사건이 발생했고, 1874년에 일본이 청나라의 대만인이 유구인을 살해한 사건을 구실삼아 사이고 다카모리의 친동생인 사이고 츠구미치(西郷從道)를 정벌사령관으로 대만을 침공한다.

그에 앞서 일본은 1871년 유구를 일방적으로 가고시마현(鹿児島縣)에 복속시켰다가 1872년에는 유구번(琉球藩)으로 개칭하고 유구의 국왕인 상태(尚泰)를 유구번왕에 앉혔다가 1879년에 군대를 동원하여 이에 저항하는 유구민의 시위를 강제로 진압하고 유구왕을 강제로 도쿄(東京)로 끌고 가 유구왕국을 해체하고 오키나와현이라 명명했다.

이에 대하여 1880년 청국이 일본의 조치에 완강히 항의했으나 1884년 청일전쟁에서 승리한 일본이 1895년 시모노세키조약을 통하여 유구, 즉 오키나와를 일본의 영토로 확정하여 오늘에 이른다.

3

日本 石川縣 金澤市 禪茶의 追憶

일본열도 서북부에 위치한 이시카와현(石川縣)의 가나자와시(金澤市)는 필자와 무슨 연이 있었던지 두 번에 걸쳐 다회(茶會)와 개인도작전(個人陶作展)을 그곳에서 가졌다.

1997년의 행사 때에 그곳의 홋코쿠신문(北國新聞) 사장과 TV 가나자와의 사장이 많은 협력을 기울여 주셨다. 홋코쿠신문사의 도비타 히데카즈(飛田秀一) 사장은 일본에서 가장 잰틀한 분으로 기억하고 있다. 그리고 TV가나자와의 시부야(澁谷克治) 사장은 작은 체구이지만 원만한 성품에다 조용한 분이셨다.

도예작품전은 홋코쿠신문사의 전시장을 이용했으며, 다실(茶室)에서는 일본 황봉전다회(皇鳳煎茶會)의 야마모토(山本弘子) 회장이 필자와 일행을 위하여 자기의 제자 10여 명을 거느리고 시범다회를 베풀어 준 일도 있었다. TV가나자와의 우정 어린 녹화 아래 한국에서 제자들을 이끌고 온 반야로다회(般若露茶會)의 채원화(蔡元和) 회장이 제자들과

윤봉길의사 묘소를 참배하는 필자

함께 한국 다례(茶禮)의 시범을 보여 주었다. 그날 이시카와현의 나카무라(中村勳) 의원이 팽주(烹主)로 자리를 함께하여 한국차를 음미했다. 참으로 의미있는 다회였다. 행사가 끝난 저녁에는 나카무라 의원께서 우리 일행을 초대하여 만찬을 베풀기도 했다.

귀국 전날에는 히사이 이치(久井俊一) 씨와 윤봉길(尹奉吉 ; 1908~1932) 의사의 묘소를 찾아 헌화한 후, 향을 사르고 차를 올렸다. 윤봉길 의사는 이미 우리가 잘 알듯이 1932년 4월 29일, 상해의 홍구공원(虹口公園)에서 일본군이 상해사변 승리 기념으로 성대하게 천장절(天長節)을 치르던 그 순간, 연단에 폭탄을 투척하여 일본거류민단장 가와바타(河端), 최고사령관 시라카와(白川義則), 제3함대사령관 노무라(野村吉三郎), 제9사단장 요시다(吉田謙吉) 등 10여 명을 살상한 후 도망치지 않고 일본 헌병에게 붙잡혀 5월 29일 오사카로 이

가나자와 시장 야마데 다모츠(山出 保)씨와 필자

송되어 군법회의에서 사형언도를 받고, 그해 12월 15일, 가
나자와의 지금 묘소 자리에서 처형되어 24세의 짧은 생을
마감했다.

지금의 윤의사 묘소는 한국정부에서 묘소를 단장하고 비
도 큼직하게 세웠는데, 이는 가나사와시의 야마데(山出保)
시장의 협조가 있었기에 가능했던 일이라 한다.

낮에 가나자와시청으로 야마데 시장을 방문한다고 하니
5~6명의 기자들이 취재차 따랐다. 야마데 시장에게 감사의
뜻을 전하고 인삼차를 선물로 증정하였더니 나에게 그곳
명품인 유센(友禪) 넥타이를 선물로 주셨다. 차 한 잔 하자
고 하기에 앉았더니 손목시계를 풀어 나에게 내민다. 당시
김영삼(金泳三) 대통령의 이름이 새겨지고 대통령 휘장이 들
어 있는 시계였다.

中村勳 의원과 다회 임원들

필자가, "이런 보배를 어떻게 입수하셨습니까?"라면서

칭찬하니 만면에 웃음을 머금고 무척 기뻐했다. 기자들
이 이것저것 묻기에 대답해 줬다.

가나자와시는 전시 등 이런저런 일로 여러 차례 방문했
는데 언젠가의 전시회 때에 다니모토 마사켄(谷本正憲) 지
사가 일부러 시간내서 전시장을 찾아주어 참으로 감사하게
생각한다.

가나자와시에는 또 하나의 명물이 있다. 일본의 3대 공
원의 하나라고 일컬어지고 있는 '겐로쿠엔(兼六園)'이다. 가
나자와시의 동북쪽에 위치한 겐로쿠엔은 1822년 번주였던
마에다(前田齊摩)가 총면적 10만㎡의 대지 위에 만들었는
데, 마츠히라 라쿠(松平樂) 옹이 낙양(洛陽)의 유명한 공원
의 아름다움을 보고 표현한 광대(廣大)·유원(幽遠)·인력(人

봉황차회 山本弘子 회장과 필자

力)·창고(蒼古)·천석(泉石)·조망(眺望)의 여섯 가지를 겸비했다고 해서 '겐로쿠엔'이라 명명했다고 한다.

겐로쿠엔은 지형상 동쪽에서 서남쪽으로 경사진 지형을 이용하여 낮은 곳은 연못 정원으로, 언덕진 곳은 천세대(千歲台)라고 하여 자연적 지형을 그대로 이용하여 회유식(廻遊式)으로 만든 사계절의 풍광을 다 담은 정원이다.

우리가 시간에 쫓겨 주마간산식(走馬看山式)으로 둘러 본 풍광 중에 인상 깊었던 것은 끓어오르는 열정을 감당치 못해 젊고 아름다운 젊은 여인이 발을 들어 올린 채 연인을 끌어안아 한 몸이 된듯한 모습의 뿌리를 들어낸 소나무, 차를 끓이기에 좋다는 석정수(石井水) 옆의 바위에 부조된 차 끓이는 동자상이 200년이란 세월에 씻기어 마치 일에 지친 어린 동자를 보는 것같이 마음이 안타깝기도 했다.

우리 일행이 다회를 마치고 그곳을 들렀을 때에는 어찌나 눈이 많이 내리는지 한겨울의 풍취 속에서 기념사진도 찍고 참으로 행복했다. 그런 과정에 우리의 얼이 어린 높이 3m에 이르는 고색창연한 삼층석탑을 발견했다. 나는 히사이 이치에게 이 탑은 분명 한국의 탑이니 꼭 한국으로 돌려보내도록 힘써달라고 당부했다. "가이사의 것은 가이사에게, 하느님의 것은 하느님에게"라고 하지 않았던가!

'일본의 3대 공원 중의 하나'라는 명성에 걸맞는 아름다움, 그 모두가 옛 삼국시대 때 백제에서 건너간 정원사 노자공(路子工)에게서 배웠을 정원 가꾸는 기술이 1,400여 년이 흘러간 지금 활짝 꽃이 핀 것 같았다.

문화교류의 씨앗이란 한번 뿌려져서 오랜 기간 동안 햇볕을 받고 알맞은 우로(雨露)를 맞으면 이렇게 아름답게 꽃이 피는 것이다.

설경의 겐로쿠엔

4

岐阜의 國際茶會

사람에 따라서 서로 마음이 잘 통하는 사람이 있다. 국제
다회(國際茶會) 일본측 이사장을 맡고 있는 야노 마사오(矢野
正勇)씨는 말이 떨어지기가 무섭게 금방 실천하는 성격의 소
유자이다.

기후현(岐阜縣)의 다회 회원들은 우리나라 부여(扶餘)를 세
번이나 시찰했을 정도로 백제문화(百濟文化)에 관심이 많은
지한파(知韓派)들이다. 이석호(李夕湖) 백제문화원장을 모시
고 부여의 곳곳을 돌아보고 강의를 들으니 산교육이라고
말하며 더없는 만족감을 필자와 백제문화 원장에게 표시한
바 있다.

그 후 두 번째 기후현에서 국제다회가 열렸을 때 한국
회원들은 참가비를 면제하였고, 일본회원들은 다완(茶碗)을
받은 사람에게서 2만 엔씩 받고, 특별히 한국에서 만들어
간 한국 다완(茶碗)을 한 점씩 주었는데, 이 다완을 받기 위
하여 참가자가 300여 명이나 되었을 정도로 다회는 성황을

이루었다.

한국에서는 예지원(禮智院) 회원 20여 명이 참석하여 몸에

한일 양국 고문들

익힌 다례(茶禮)를 보여주었고, 일본에서는 우라센카(裏千家) 회원들이 다수 참석하여 명실상부(名實相符)한 국제다회였다. 다회(茶會)의 전야제는 나가라가와강(長良川)의 우가이 선상 (船上)에서 가마우지(까마귀 같은 새)의 은어잡이 놀이와 함께 만찬을 겸한 행사로 참여자들을 환영해 주었다.

기후현 출신 노다 세이코(野田聖子) 의원과 무토 가분(武藤嘉文) 의원이 이 행사를 위하여 동경에서 격려차 내려왔는데, 노다 세이코 의원은 차기 일본의 여성 수상감이라는 거물 정치인이며 필자가 일본에서 개인전을 가질 때마다 참석해 준 인물로, 사람들은 그녀를 가리켜 두뇌회전이 빠르다 하여 '컴퓨터'라고 한다.

차회를 하는 중에 서예(書藝)행사를 겸했는데, 일본측 도

이(土井) 회장은 '진선미(眞善美)'라고 쓰고, 가키우치(垣內楊石) 부회장은 '일기일회(一期一會)'라 썼으며, 예지원 강영숙(姜英淑) 원장도 글을 남겼는데 정확히 기억이 나지 않아 무척 아쉽다.

노다세이코 의원의 환영

기후현은 산수(山水)가 아름다운 고장이다. 그 중에서도 긴카산(金華山)은 시내에 위치한 해발 300m 정도인 산으로, 시민들이 아침 산책코스로 많이 이용한다. 산 정상에 성(城)이 있고 도요토미 히데요시(豊臣秀吉)의 좌상(坐像)이 있으며, 좌상 앞에 규모는 비록 작아도 아담한 느낌의 다완(茶碗)이 놓여 있다.

긴카산을 끼고 흐르는 나가라가와강은 1급수로 은어(銀魚)가 많이 살고 있어 예로부터 이곳 어민들은 훈련된 가마우지를 7~8마리씩 배에 태워 은어를 잡아 왔는데, 현대에 와서는 그곳을 찾는 관광객을 위해 더욱 활성화되었다. 그 은어잡

예지원 회원들과 양국의 다도회 임원들

이를 설명하면 이렇다.

가마우지의 목을 끈으로 묶어 물속에서 잡은 은어를 삼키지
못하도록 하여 어부에게 돌아오면 어부가 은어를 빼앗는 방법인
데, 참으로 비인간적인 은어잡이라 할 수 있다.

기후현은 이런 은어잡이의 관광명소이며 밤에 나가라가와 강
의 뱃놀이와 함께 불꽃놀이가 일품이라 관광객이 많이 찾는 곳
이다. 우리 일행도 다회 전날에 나가라가와 강의 뱃놀이 투어를
하며 야경을 즐겼다.

필자는 긴카산의 방명록(芳名錄)에 일본어로 다음과 같은
글을 남겼다.

> 浮き此の世の嵐を
> 我か身に吹かれよし.
> 限きり有る我か身の力をためさん.
>
> 거친 세파의 바람이
> 내 몸에 휘몰아쳐도 좋다.
> 나는 나의 힘을 다하여 이겨낼 것이다.「秋然」

끝으로 안타까운 에피소드 하나를 여기에 소개하겠다.

기후현에서 국제대회의 일본측 이사장을 맡고 있는 야노 마사오(矢野正勇) 씨가 원래 정원사 출신이라는 사실을 알고 필자가 일본의 국화(國花)인 '사쿠라(櫻)'의 원산지가 어디인지 아느냐고 묻자 모른다고 하기에, "사쿠라의 원산지는 우리나라 제주도와 남해안 일대가 원산지"라고 설명해 주자, 이를 처음 알았다며 가르쳐 줘서 고맙다고 연신 고개를 끄덕였다.

그는 고마움의 표시로 배(梨)만한 크기의 열매가 열리는 감나무(富有柿) 500주(株)와 대추만한 크기의 버찌가 열리는 벚나무(櫻) 묘목 각 3,000주(株)씩을 보내줘서 이를 받아 시(市)에 의뢰하여 서울의 주요 공원과 학교에 묘목을 분양하여 심었으나 남귤북지(南橘北枳) 때문에서인지 예상했던 크기의 열매는 끝내 거두지 못했다.

당시 야노 마사오 씨는 전체 묘목의 흙을 일일이 물에 헹궈 씻어내고 산 이끼로 뿌리를 감싸서 보내주었지만 국제간의 생물(生物) 유통이 얼마나 까다로운 절차를 거쳐야 하는 것인지를 필자는 그때 처음 알았다.

이 묘목을 통관시키는데 2~3시간이나 걸렸으며, 이 묘목을 서울시에 기증하였다. 서울시는 이 묘목을 낙선제(樂善齊)에 기증하여 심었다.

제7장

記憶 속에 남는 日本人과 韓國人

1

日 學問의 始祖 博士 王仁

2005년 4월 초의 왕인 축제에 일본의 가키우치(垣內) 일행의 문화사절(文化使節)이 내한(來韓)한다고 하여, 영암(靈岩) 현지와 일정을 맞추기 위해 그 한 달 전쯤인 3월 5일 날 아침 일찍부터 서둘러 용산역에서 KTX를 타고 내려갔다. 일본에 가면 오사카(大阪) 동경(東京)은 신칸센(新幹線)으로 다니면서 일본의 교통수단이 빠르고 좋다고 느꼈었는데 우리의 KTX도 신칸센 못지않게 광주까지는 시속 300k로 달렸고 광주에서 목포는 아직 공사가 끝나지 않아 좀 느렸다. 기차가 목포역에 이르니 이난영의 목포의 눈물 노래가 흘러나오는 것이 퍽 인상적이었다.

서울에서 목포까지 3시간 남짓 걸렸다. 참 빨랐다. 택시를 시간제로 쓰기로 하고 영암으로 달렸다. 유적지 사무실로 가서 미리 연락해 놓은 왕인박사유적지사무소(王仁博士遺蹟地事務所)에 근무하는 박향(朴香) 씨를 만나 유적지를 함께 돌아보고 축제날 일정과 사절단과의 일정을 조율하고 그 택시로 목포로 나왔다.

모텔에서 1박하고 다음날 유달산과 남농기념관을 둘러볼 수 있었다. 시내도 둘러 보고 오후에 여유있게 상경하였다.

필자의 첫 번째 왕인의 출생지 영암 방문

2005년 4월, 필자는 왕인의 출생지 영암을 찾아갔다. 필자와 뜻을 같이한 일본의 서예가이며 교육자요, 일한예술교류회 부회장인 가키우치 요세키(垣內楊石) 씨가 거느린 20여 명의 일본인 왕인박사축제 참가자들과 함께 그곳을 찾았다. 미리 그곳 기념사업소에 연락해 안내를 부탁하면서, 한편으로 오래 동안 미국에 살다가 귀국해 고향인 광양에 사는 강석태(姜錫泰) 씨에게 연락해 일본인들에게 왕인박사와 영암, 고대 일본의 태동에 대해 한국인이 이뤄놓은 업적에 대해 설명해 줄 것을 부탁했더니, 기꺼이 수락하며 부인 이계순 여사와 또 한 쌍의 젊은 사학도를 대동하고 우리와 합류하였다.

강석태(姜錫泰) 씨는 유창한 일본어로, 그리고 그가 쌓은 고대 일본의 역사에 관한 지식을 섞어가며 일본인들에게 감명 깊은 이야기를 해주어 일동은 몹시 기뻐했다. 그리고 새삼 왕인박사의 유업을 흠모하게 되었던 것이다.

필자는 도자기 기술을 일본에 전수한 이참평(李參平)공의 동상 건립 등 사업을 추진한 여력으로 왕인박사의 동상을 일본 오사카에 건립할 것을 일본의 일한문화교류회 회장

도이 하쿠데이(土井白亭)와 협의하여 사천왕사(四天王寺)에 건립키로 확정하고 진행 중인 것이 지금 추진 중인 박사의 동상건립 사업이다. 필자의 일본측 파트너인 '일한예술문화교류회(회장 土井白亭)'가 공동발기한 '왕인박사동상건립추진위원회'이다.

동경 우에노공원의 왕인박사비

우리는 일본 학문의 초석이 되어 오늘의 일본을 일으키고 번영케 한 왕인의 유덕을 남기는 일의 하나로 일본 오사카의 사천왕사에 박사 왕인의 동상을 건립하자고 제의했다. 다행히 여러 사람이 이 취지에 찬동하여 기부금을 희사하고 있음을 고맙게 생각하면서 더욱 힘쓸 것을 마음에 다짐하고 있다.

박사 王仁이 日本에 끼친 影響

수많은 명저를 출판한 일본 최대 규모의 출판사인 고단샤(講談社)는 1995년도에 한국인으로서 조금이라도 왕인(王仁)이라는 인물에 관심이 있는 독자라면 관심을 가질 만한 『日本史를 만든 101인』이라는 제목의 책을 펴냈다. 일본 교토대학의 이토(伊東光晴 ; 1927~) 명예교수 등 5인의 역사학자·경제학자·작가 등이 수차례의 토론을 거쳐 일본 역사에 큰 영향을 끼친 101인을 선정한 책인데 우리의 왕인을 그 첫 번째 인물로 다루고 있다. 이 책에서,

왕인은 위진시대의 중국어 발음을 전하고, 또한 한자로 일본어를 기록하는 방법을 처음으로 실행하여 일본문자(カナ)의 단초를 만들었다. ……위진시대의 중국어 발음을 전했다는 것은 바로 그 시대의 문자, 즉 종요의 『천자문』을 전한 것을 의미하는 것…….

이라고 적고 있다.

일본 수도 도쿄의 우에노(上野)공원에 세워진 박사 왕인 현창비문에,

천고에 걸쳐 펼쳐진 왕인박사의 유덕이야말로 유구하고 웅대함이 무한하다.

는 문구가 새겨져 있는 것을 보아도 일본인들이 얼마만큼 그의 공적을 칭송하며 그의 위업을 높이 받드는가를 잘 알 수 있다. 뿐만 아니라 그가 머물렀던 오사카(大阪) 히라카타(枚方)시의 왕인의 묘인 왕인총에서는 매년 11월 3일 문화의 날이면 '왕인축제'가 히라카타시를 비롯한 인근 각 시의 시장과 시민들이 모여 성대히 열린다. 그리고 각지에 왕인의 영을 모신 사당, 신사가 건립되어서 일본인은 온 국민이 그를 숭모하고 있는 것이다. 오늘날 일본 땅에 한

류(韓流)를 불러일으킨 우리의 예능인들의 조상이 박사 왕인이라 해도 과언이 아닐 것이다. 그는 이미 1,700년 전에 일본 땅에 가서 일본인들에게 한인의 혼, 곧 한혼(韓魂)을 심어 주었던 인물이다.

왕인이 이러한 인물임에도 우리의 정사인 『삼국사기』와 『삼국유사』에는 그 이름조차 나타나 있지 않다.

우리나라 '王仁' 연구의 자료들

그러면 지금까지 우리나라에서의 왕인 연구는 언제, 누구로부터 연구되어 왔으며, 또 어느 수준까지 연구되어 왔는지를 먼저 살펴보기로 한다.

우선 왕인에 대한 기록으로서 객관적인 입장에서 주목할 만한 몇 몇 자료를 통하여 왕인을 어떻게 다루고 있는지를 살펴보기로 한다.

백제 근구수왕 때의 학자. 이때 일본에서 아라타와케(荒田別) 등을 백제에 보내어 학자를 구하니 임금의 명령으로 임금의 손자 진손왕(辰孫王)과 함께 『논어論語』 10권,『천자문千字文』 1권을 가지고 일본에 건너갔다(285년). 그 해박한 경서(經書)의 지식으로 일본 응신천황(應神天皇)의 신임을 받아 태자(太子)의 스승이 되었다. 이것은 일본의 문화를 깨우치는 중대한 계기가 되었다. 자손은 대대로 고우치(河內)에 살면서, 학문에 관한 일을 맡고 일본 조정에 봉사하여 문화발전에 공헌하였다. 일본의 역사책 『고사기古事記』에는 그의 이름을 '와니키시(和邇吉師)'라 하였고 『일본서기日本書紀』에는 '와니(王仁)'라고 나와 있다. 우리나라의 정사(正史)에는 전혀 그 이름이 나와 있지 않다.

-『국사대사전』(이홍직. 민중서관 발행)

백제의 박사. 285년 일본의 초빙을 받고 『천자문』 1권과 『논어』 10권을 가지고 가 태자의 사부(師傅)가 되고, 그 자손은 대대로 왕실의 기록을 맡아 보았다 함.

-『국어대사전』(이희승. 민중서관 발행)

백제 근초고왕 때의 학자(생몰미상). 285년에 일본의 응신 (應神)천황의 초청으로 『천자문』과 『논어』 10권을 가지고 일본에 건너가 한학을 알리는 한편, 태자의 사부가 되었다.

-『표준국어대사전』(국립국어연구원, 두산동아 발행)

그러나 안타깝게도 미 하버드대학에서 영문판으로까지 출판된 바 있고 오랜 동안 우리나라 사법·행정·외무고시생들의 한국사 관련 필독서였던 이기백(李基白) 박사의 『한국사신론(일조각 펴냄)』과, 한글학회가 엮고 을유문화사에서 전 5권으로 펴낸 50~60년대 한국어사전을 대표하던『큰사전』에는 '왕인'이라는 항목은 물론 그 이름조차 보이지 않는다.

'王仁'이 우리 자료에 처음 나타난 것은 1810년

우리나라에서 왕인에 대한 자료를 조사해본 결과, 우리의 자료에서 왕인의 이름이 처음으로 등장한 것은 1810년에 한치윤(韓致奫)이 펴낸 『해동역사海東繹史』로 확인되었으나 불행하게도 필자는 아직까지 이를 직접 대하지 못했다. 단지 이병연(李秉延)이 1939년 발간된 펴낸 『조선환여승람

朝鮮寶與勝覽』의 영암군 명관(名官) 항목에 왕인이 첫 인물로 나오긴 하는데 어떤 경위로 실게 되었는지, 그 근거 자료가 무엇인지 밝히지 않은 채 다음과 같이 기술하고 있다.

百濟古爾王時 博士官精通奧意 五十二年乙巳年於日本冶工及釀活人 五服師等率往 傳時進千字文論語於應神天皇 經博儒學基他制度始 墓在日本大阪府北河內郡枚漁基下建祠.

백제 고이왕 때 박사관으로 깊은 뜻에 정통했다. 을사년 (285)에 일본에 간 사신으로 대장장이, 술 빚는 이, 옷 만드는 기술자 등을 데리고 갔고, 천자문·논어를 응신천황에게 전하고 가르쳤다. 일본의 경전과 유학, 그리고 다른 제도들이 이에서 비롯된다. 그의 묘는 오사카 하라카타에 있으며 그 묘 밑에 사우(祠宇)가 있다.

이후 왕인에 대하여 연구한 우리 측 자료들은 대략 다음과 같다.

① 『시(市)의 마을 구림鳩林』 최재율(崔在律) 등 구림 마을 청년들 엮음. 이 잡지의 「구림과 왕인」편에서 다룬 기사가 해방 후 첫 연구자료이다. 대표 집필자의 한 사람인 최재율은 후에 전남대학교 교수를 역임했다.

② 「왕인과 일본문화」 이병도 박사 『アシア公論』 제2권 제12호(1973).

③ 「왕인 박사의 연구－구비전설을 중심으로」 이병도 박사 『アシア公論』 제2권 제12호(1973).

④ 『박사왕인博士王仁』 김창수 저. 1975년 간행. 1972년

『중앙일보』에 15회에 걸쳐 연재한 「백제의 현인 박사 왕인의 위업 - 일본에 심은 한국의 얼」, 1973년 6월 『동아일보』에 「영암은 박사 왕인의 탄생지」 등의 내용을 주축으로 쓴 책이다. 저자 김창수 선생은 대한농민회장, 제3대 국회위원, 농림부장관을 역임하였다.

⑤『일본 속의 한국문화』 김달수(金達壽) 저. 조선일보 출판국 1986. 저자 김달수 씨는 재일교포로, 1973년 일본에서 『왕인과 후루이씨 고분군의 수수께끼』를 일본어판으로 낸 바 있는데 이를 보완하여 펴낸 책이다.

일본의 고대 역사서에 나타난 '왕인'

『일본서기』「호무타譽田天皇 ; 應神天皇」편에서,

서기 283년 봄 2월, 백제왕이 봉의공녀를 보냈다. ……이 해에 인월군이 백제에서 귀화했다. 그는 이르기를 "우리나라 120현의 사람을 이끌고 귀화하고자 했으나 신라의 방해로 가락국에 머물러 있다."고 했다.

서기 284년 8월 6일, 백제왕이 아직기를 파견해 말 두 필을 보내왔다. ……아직기(阿直岐)는 경전을 잘 읽었으므로 태자인 우지노와키이라즈코(菟道稚郎子)의 스승을 삼았다. 천황은 아직기에게 "혹 너보다 훌륭한 박사가 있느냐?"고 물었다. 대답하기를 "왕인이라는 분이 있는데 그분이 뛰어나다."고 했다. 아라타와케(荒田別)와 칸나키와케(巫別) 두 사람을 백제로 보내 왕인을 찾아 불러왔다.

서기 285년 봄 2월, 왕인이 왔다. 그래서 태자의 스승이 되었다. 태자는 왕인으로부터 여러 전적을 배워 통달하지 않은 것이 없었다. 왕인은 후미노오비도 등의 시조였다.

이상에서 우리는 일본의 옛 역사서에서 왕인의 흔적을 더듬어 보았다. 한마디로 말해서 일본의 왕인에 대한 연구 및 그에 관계된 각종 유적지 등의 자료는 헤아릴 수 없이 많다. 이들 국내외의 여러 자료를 더듬어서 왕인의 삶과 공적을 살펴보면 아래와 같다.

박사 '王仁'은 어떤 인물인가

박사 왕인은 백제 14대왕 근구수왕(近仇首王 ; 375~384) 때에 전라남도 영암군 군서면 동구림리 성기동에서 탄생하였다. 그의 나이 8세 때에 월출산 주지봉 기슭에 있는 문산제(文山齊)에 입문하여 유학과 경전을 수학하였고, 문장이 뛰어나 18세에 오경박사에 등용되었다. 이 무렵 백제는 고구려의 계속적인 침략으로 국가의 존망이 위태로운 상태였으며 17대 아신왕(阿莘王)은 왜와 수교를 맺고 태자 전지(典支)를 왜에 보냈다. 왜왕 응신(應神)은 백제의 태자 전지가 일본에 온 지 7년에 태자 전지를 다시 백제로 돌려보내면서 훌륭한 학자를 청하였다. 백제 17대 아신왕은 박사 왕인을 왜의 응신천왕의 요청에 의하여 응신천황이 보낸 사자 아라타와케(荒田別) 등과 동반하여 왜로 갔다. 출발지는 영암의 상대포(上台浦)로 전해지고 있다. 당시 왕인은 32세였으며 상대포는 국제무역항이었다. 신라의 학자 최치원(崔致遠)도 당으로 유학길을 떠날 때 이곳에서 배를 타고 간 것으로 전해지고 있다. 왕인은『논어論語』10권과『천자문千字文』1권을 가지고 도공(陶工)·야공(冶工)·와공(瓦工) 등 많은 기술자들과 왜로 들어가 글을 가르치며 학문과 인륜의 기초를 세웠으며, 왜의 가요를 창시하고 기술공예를 전수하여 일본인들이 큰 자랑으로 여기는 아스카문화(飛鳥文化)와 나라문화(奈良文化)의 원조로서 일본사회에 정치·경제·문화·예술의 꽃을 피웠다.

　박사 왕인의 묘는 일본 오사카의 히라가타(枚方市)시에 있으며, 1938년 5월, 오사카부 사적 13호로 지정되었다. 박사 왕인 탄생지인 영암군 군서면 동구림리 성기동에는 박사 왕인 유적지를 성역화하여 위패와 영정을 봉안하고 매년 4월 초에 박사 왕인 추모제를 봉행하고 있다. 이 모두는 김창수 선생의 피나는 왕인 연구와 한국 학자들의 눈물어린 수고로 이루어진 것이다.

왕인묘 앞의 백제문 앞에 선 필자

王仁이 태어나 자란 곳 靈岩

박사 왕인은 백제 14대 근구수왕(近仇首王) 28년(373) 3월 3일, 성기동(聖基洞)에서 왕순(王旬)의 외아들로 태어났다. 이곳 성기동은 신령스런 바위가 현묘하게 기암절봉을 이룬 월출산의 주지봉(朱芝峯) 아래에 낮은 구릉으로 둘러싸인 아늑한 골짜기이다. 이 골짜기의 북쪽에 구유바위(槽巖)라고 불리는 기암이 육중하게 자리 잡고 고택지를 바라보고 있다. 고택지 앞으로는 차고 맑은 성천(聖川)이 흐르고 성천 건너편으로 월출산의 아름다운 지맥이 느슨하게 굽어 흐르고 있다.

왕인이 태어난 영암은 지리산·모악산·무등산·두륜산(대둔산) 등 명산을 거느린 소백산맥의 한 자락이 목포 앞바다로 잦아들다 말고 마지막 몸부림을 하듯 광양에 한 봉우리를 우뚝 세워놓은 월출산(月出山) 자락에 자리하고 있다. 월출산은 결코 웅장하다고는 할 수 없지만 옹골차다. 영암의 심벌인 동시에 호남의 자랑이기도 한 명산이다.

이 산으로 둘러싸인 영암 일대는 옛 마한(馬韓)의 고도(古都)였다. 국보 231호 '청동기용범(靑銅器鎔范)'이 말하듯 이 지역은 청동기시대 이후 민족문화의 보고로서 일본 고대의 아스카문화(飛鳥文化)의 산모 역할을 했던 곳이다. 마한에 와서 용병으로 활약했던 왜인들의 유골이 가까운 나주시(羅州市)에 산재한 전방후원분묘(前方後圓墳墓)에서 출토되고 있는 것도 이 지역이 고대 일본과 밀접한 관계가 있었음을 증명하는 것이다. 다시 말해서 일본 고대문화의 원천이 바로 이곳이었다 해도 크게 어긋남이 없다는 것이다.

이 월출산의 한 봉우리인 주지봉 아래 구림마을의 동남쪽 2km 지점에 성기동 마을이 있다. 왕인이 여기서 탄생했다. 이곳에는 박사가 태어난 집터를 알리는 유허초석(遺虛礎石)과 1976년 11월 왕인박사현창회가 세운 왕인박사유허비가 서 있다. 이 집터 옆으로 성천이라 불리는 시냇물이 흐르고 있으며, 성천 한 곳에 박사가 마시고 자랐다고 전하는 성천(聖泉)이라는 우물이 있다. 누구나 이 물을 마시고 냇물에서 목욕을 하면 성인을 낳는다 해서 붙여진 이름이란다.

이 성천을 중심으로 냇가에서는 그 기원을 알 수 없는 아득한 옛날부터 해마다 음력 3월 3일, 즉 삼짇날이면 산유놀이라는 독특한 잔치를 베풀어 왔다고 한다. 그러니까 역사로는 정하지 않았을 뿐 이곳에서는 면면히 박사의 발자취를 추모하는 행사가 이어져 왔으며, 사람들 마음속에서는 박사가 살아 있었음을 엿볼 수 있다.

이제 이곳은 긴 잠에서 깨어나 왕인박사를 낳은 성지로 세상에 모습을 드러내고 있다. 왕인박사현창회가 주동이 되고, 일본 각지에 있는 박사의 후손 수만 명이 힘을 보내 그곳 영암 구림리 성기마을 일대가 이제는 훌륭한 유적마을로 탈바꿈하였다.

王仁 활동시대의 日本과 百濟

단도직입적으로 말해서 당시의 일본은 신정일치(神政一致)

의 단계를 크게 벗어나지 못하고 야마토(大和)를 중심으로 고대국가의 형태를 만들어 가고 있던 중이어서 인륜도덕도 그 기틀이 아직 잡히지 않은 상태였다.

그러나 백제는 북방으로부터는 중국문화의 영향을 많이 받아왔고, 낙랑·대방과는 지리적으로 밀접하여 교류가 많았기에 국가질서의 수립이나 문화적 기반이 잡혀가고 있을 때였다. 백제 중흥을 이룬 근초고왕이 즉위하게 되어 이때 백제의 문화가 전성기를 맞게 되었다. 그리하여 백제는 학술과 문화가 앞서 있어 경사(經史), 문학으로부터 음양오행(陰陽五行), 역본(曆本), 복술(卜術), 점성(占星)에 이르기까지 각 전문분야의 기술자를 배출하고 있었다.

그 당시 백제에는 오경박사만이 아니라 의학·역상·복술 등 각 분야의 전문적인 기술자에게 박사칭호를 부여하여 의박사(醫博士)·역박사(易博士)·노박사(爐博士)·와박사(瓦博士) 등의 박사제도가 있었다.

일본 문화와 박사 왕인

태자와 왕인 일행이 일본의 야마토국(大和國) 하내로 가서 응신천왕의 왕실 사부(師父)가 되어 두 태자의 스승이 되었다. 왜에 건너갈 때 가지고 갔던 『천자문』과 『논어』외에 갖가지 경전을 가르쳤다. 왕인은 태자의 스승뿐 아니라 군신(君臣)들에게 경사(經史)와 한문도 가르쳤다. 백제인 박사 왕인으로부터 한문을 전수받은 일본은 비로소 눈을 뜨고 학문의 필요함을 깨닫게 되었으며 충(忠)·효(孝)·인

일한예술문화교류 회장 도이도모유키(土井友之) 씨

(仁)·의(義) 등 유교의 덕목을 깨우치게 되었다. 당시 미개했던 일본은 비로소 학문의 뿌리를 내리는 계기가 되었고, 문화발전의 모태가 되었다.

한편, 백제의 태자 전지(典支)와 왕인이 일본에 건너온 지 6개월이 지나도록 태자를 백제로 귀국시키려는 기미가 보이지 않았다. 박사 왕인은 초조하고 불길한 예감이 들기 시작하였다. 그해(405년) 9월에 백제 아신왕이 서거했다는 부음에 접했다. 박사 왕인은 매우 불안했다. 태자의 귀국을 기다리는 동안 왕위계승을 둘러싸고 피를 흘리리라 예견했기 때문이다. 이때 아신왕이 서거하자 왕의 둘째아우 훈해(訓解)가 섭정하면서 태자의 환국을 기다리고 있었으나 왕의 첫째아우 혈애가 훈해를 죽이고 스스로 왕위에 올랐다.

이때 박사 왕인은 응신천황(應神天皇)에게 의젓한 자세로, "폐하께서 백제와의 결호를 견고하게 하기 위해서는 백제

왕족의 혈맥을 끊어서는 아니됩니다. 백제왕족의 혈맥이 끊긴 후 신생 백제와의 수호를 위하여 어떠한 인질을 원하십니까?"하고 물었다.

응신천황은, "이제 인질은 필요 없소. 서투른 일을 저질렀소. 아신왕 재세 중에 전지(典支)를 돌려보냈어야 했을 터인데 왕인 길사의 도일이 너무 늦었기 때문이었소."라고 대답했다. 그리고 나서 곧 포령을 내렸다.

전지 태자를 귀국시키되 신변보호를 위해 병사 100명을 붙여 귀국길을 보호토록 하라고 하명했다. 귀국길에 오른 태자는 국내에 들어오지 못하고 그해가 다 가도록 섬에서 몸을 보호하고 있었다. 신하들은 이러한 상황을 용납할 수 없어 혈애를 죽이고 태자를 맞을 준비를 했다. 이리하여 17대 전지왕(典支王)이 즉위하게 되었다.

박사 왕인은 비로소 마음이 놓였다. 박사 왕인으로 인하여 일본으로 보내야 할 백제 왕실의 볼모가 풀리게 되었다. 그러나 박사 왕인은 자기의 책임이 무거워졌다고 느꼈다.

일본 문화의 開祖 박사 王仁

일본문화의 개조로 일컬어지는 백제인 박사 왕인은 당시 일본 황실의 스승이자 정치고문이기도 하였다. 또한 박사 왕인은 도일할 때 대동했던 한단야공(韓鍛冶工)·오복사(五服師)·도자공(陶磁工) 등 45명의 기술자들을 활용하여 각 분야의 전문적인 기술 전수에 힘을 기울였다. 영농법을 개발

영암축제에 垣內楊石 一行이 同參하여 묘목 심는 모습을 지켜보고 있다.

하여 생산력을 증대시키고 말의 사육을 장려하는 동시에 교통과 운송체계를 정비하였고 학문과 윤리도덕을 깨우쳐 주었을 뿐만 아니라 새로운 전문 기술을 전수하여 일본의 고대 산업발전에 크게 기여했다.

완성된 왕인박사동상

王人博士 동상을 제작한 한국 광주 동 신대학교 金旺炫 교수

박사 왕인은 문물에 통달하였기에 일본 문화사상의 성인처럼 신격화되었다. 그는 고향에 돌아가기를 간절히 소망하였으나 끝내 그 소망을 이루지 못하였다.

세월이 흘러 박사 왕인이 운명을 달리하자 백제의 거유요 현인이었던 그는, 미개했던 일본에 학문과 도덕 충신효제(忠信孝悌)의 길을 널리 깨우쳐 주고 한편으로는 전문적인 기술을 전수하여 일본 문화사상 실로 전무후무한 불후의 업적을 남겼다.

『일본서기』에서는 일본 조정에서 왕인박사에게 문인직의 시조인 서수(書首)라는 존칭을 내렸다고 기록하고 있는데 그 내용은 다음과 같다.

야마도(大和) 십시현(十市縣)을 할양하였다. 지금도 이곳을 백제군(百濟郡) 또는 백제향(百濟鄕)이라고 일컫는다. 일본에서는 예로부터 박사 왕인은 문학의 시조요 국민의 대은인이라 하여 그의 위업을 송표하고 흠모해 마지않았다.

박사 왕인이 세상을 떠난 뒤 하내국(河內國)에 정착하였던 그의 후예들은 크게 번성하고 번창하였다. 박사 왕인의 정신과 위업을 이어받은 그들은 문화면은 물론이요, 정치·경제·기술·불교계 등 각 분야에서 눈부시게 활약하였으며, 그 후예들이 이룩한 업적은 이루다 헤아릴 수 없다.

日本学問之祖

王仁博士銅像　建立趣意書　　（案）

　古代日本の第15代応神天皇時代(270-310)に、親しく交流のあった朝鮮半島の百済国から特使として来日していた阿直岐が、任期を終え帰国に際し、応神天皇は荒田別と巫別の二人を同行させ、百済王に優れた学者を日本に招請したい旨を伝えた。百済王は心よく受け入れ、五経博学の王仁博士が論語及経書10巻と千字文1巻を携さえ、他に陶工や瓦工などの技術者を伴なって渡来した。

　王仁博士は、皇子逸道稚郎子を始め多くの人々に漢字を教え、経書と史書の普及に努めるなど、日本に始めて学問の道を拓らき、飛鳥文化や奈良文化の礎を築いたので、学問の祖として崇めるようになった。

　東京の上野公園にある顕彰碑には、「千古にわたる王仁博士の遺徳こそ悠久雄大にして限りなし」と刻まれている。また大阪の枚方にある王仁塚では、毎年11月文化の日に「博士王仁まつり」が開催され、偉業を偲ぶ催事が定着している。また全国各所に王仁博士の御霊が祭祀されている。

　一方韓国では、生誕地である全羅南道霊岩郡聖基洞に、博士の顕彰碑及銅像が建てられ、毎年4月に功績を讃える催事が行われている。

　日本の学問の基礎を築き、現代の興隆繁栄に感謝し遺徳を未来に伝へ、恒久平和の願いを込めて、先に陶祖李参平公銅像を建立し時と同様に、学問之祖王仁博士銅像建立推進委員会を発足致しました。

　ご理解ある有志の皆さまの前回と同様の協力を賜りますようお願い申し上げます。

平成23年2月 吉日

王仁博士銅像建立推進委員会

日本側　発起人　　　　　　　　　　　韓国側　発起人
日韓芸術文化交流会　　　　　　　　　韓日芸術文化交流会
会長　土井 白亭　　　　　　　　　　会長　文 柱天

2

朝鮮通信使

通信使란, 조선시대 때 일본에 파견한 외교 사절단을 말하는데, 일본은 최고 지도자가 명목상으로는 천황이지만, 실제로는 군부 실력자가 '막부'라는 관청을 설치하고 '장군'의 지위에 올라 통치했다. 새 장군이 취임할 때마다, 일본은 조선과 각종 외교 문제를 협의하기 위해 사절단을 교환했는데, 이를 통신사라 불렀다. 1429년에 처음 파견되었고, 임진왜란을 계기로 단절되었다.

그러나 이후 일본 측의 요구로 재개되었다. 그런데 왜란 전 교토에 있던 막부가, 정권 교체로 에도(도쿄)로 이동하여 통신사의 이동 거리가 멀어졌다. 그 때문에 일행이 머무는 곳도 많아져 자연히 발달된 조선 문물이 보다 많이 전래되었다. 보통 왕복 1, 2년이 걸렸다. 역사를 통틀어 한일 관계가 제일 원만한 것은 이 시기였다.

병자호란 7년 후인 1643년 통신 부사(副使)로 일본에 다녀온 조경(趙絅)은 청나라의 침략에 대항하기 위하여 일본과 손을 잡을 것을 주장하였다.

쇄국 정책으로 이름난 대원군도 부산의 왜관(倭館)을 통해서 병인양요(丙寅洋擾), 신미양요(辛未洋擾)의 경과를 알리는 등 일본에 대해서는 융통성이 있었다. 백제이후 대일 관계가 이보다 순조로운 시기는 아마 없었을 것이다.

이 시대 일본에서 천황은 유명무실한 존재였고 도쿠가와 이에야스의 후손들이 장군(將軍)이라는 이름으로 대를 이어 일본을 통치하였다. 그런 관계로 이 무렵의 일본 정부를 도쿠가와 막후라고 불렀고, 역사에서는 이 시대를 도쿠가와 시대라고 부른다. 장군은 關百이라는 직함도 가지고 있었기 때문에 기록에는 관백으로도 나온다. 또 국서(國書)에는 공식으로 일본 국왕이라고 적기도 했다.

장군이 교체되면 조선통신사를 맞아들여 한바탕 떠들썩해야 새로 선 장군의 위신이 서고 광이 났다. 이 기회에 일본 문화인들은 선진국 조선의 최고 지식인들을 맞아 모르는 것을 물어보고, 자기가 쓴 시문을 일행에게 보여 평가를 받고, 자기 저서에 서문(序文)이라도 받을 수 있으면 최고의 영예였다. 그래서 통신사의 내왕은 일본의 거국적인 행사였다.

통신사를 맞아들이기 위해서는 우선 조선의 의향을 알아 보아야 했다. 이 일을 맡은 곳이 당시 조선에 대한 유일한 창구인 대마도였다. 대마도에서 작성한 외교문서는 다음과 같다.

"일본국 대마주(對馬州) 태수(太守) 습유(拾遺) 평의여(平

議如)는 조선국 예조참판 大人 閣下에게 글을 올립니다. 바야흐로 12월입니다. 엎드려 생각하옵건대, 귀국은 무고하시리라 믿습니다. 본국도 무고합니다. 이에 우리 대군전하께서 새로 보명(寶保 · 天命)을 받으셨으므로 관례에 따라 통신사가 바다를 건너 오셨으면 합니다. 무진 정월 중순에 귀국 땅을 배로 떠나 4,5월경 동무(東武 · 江戶)에 닿을 수 있도록 일정을 맞춰주시기 바랍니다. 이에 正官 · 上使平如恒, 都船主 · 船長인 平久를 파견하여 보고를 드립니다. 변변치 못한 선물로 정성을 표시합니다. 언제나 몸을 아끼시도록 거듭 바라옵고 이만 줄입니다. 延享 3年 丙寅 12월 19일."

이 공문을 받아든 대마도의 사신은 배를 타고 부산으로 건너왔다. 그는 동래부사에게 이 공문을 바치고 서울에서 회답이 올 때까지 왜관에 묵으면서 회답을 기다렸다. 교통이 빠르지 못하고 우리 조정에서도 의논을 해야 하기에 적지 않은 시일이 걸려 다음해 봄에야 회답이 왔다.

"조선국 예조참판 金尙魯, 일본국 대마주 태수 습유 평공(平公) 합하에게 답서를 드립니다. 멀리 편지를 받으니 저으기 반갑습니다. 듣자옵건대 귀국 대군께서 대통을 이으시매 우리가 통신사를 보내 두터운 사이를 다질 것을 요청하셨습니다. 좋은 이웃 나라 사이에서 어찌 기쁨을 나누지 아니하겠습니까. 통신사의 일정은 요구하신 대로 진행할 작정입니다. 선물은 삼가 받았습니다. 변변치 않은 선물을 보내오니 모든 것을 해량하여 주시기 바랍니다. 정묘년 3월."

이 편지가 대마도를 거쳐 에도의 중앙 정부에 접수됨으로써 양국의 합의가 이루어진다.

이로부터 일본 조정은 영의정 격인 老中을 위원장으로 수십 명의 고관들로 영접준비위원회를 구성하고 일을 추진했다.

전국의 제후들에게는 領國의 대소에 따라 통신사 일행이 탈 승마용 말을 배정하고 통신사 일행이 사용할 숙사, 선박 등의 정비, 그들이 통과할 교량의 수축, 도로의 정비를 명령하고, 짐을 운반할 인마도 배정하였다.

통신사를 보내는 조선 측도 단순치는 않았다. 공식직함은 어떻든 박학다식한 지식인과 특출한 재능을 가진 인재들이 숱하게 따라갔다. 그 중에는 천문지리에 밝은 사람도 있고 산수, 의술, 점, 관상, 풍수, 무술에 능한 사람도 있었다. 그외 말을 잘 타고 활을 잘 쏘는 사람도 있는가 하면 馬上才라고 부르는 곡마단도 있고, 피리, 거문고, 노래, 요즘으로 치면 코미디에 능한 사람도 있었다. 이에 그치지 않고 힘깨나 쓰는 장사, 도박사, 大酒家까지 따라갔으니 여하한 분야에서도 일본을 압도할 태세를 갖추고 간 것이다. 이런 관계로 통신사 일행의 정원은 일꾼과 선원들까지 합치면 5백 76명이나 되었고, 그 중 통역만도 15명이었다. 그러나 실지로 간 인원은 5백 4명이 최고였고, 3백 명을 조금 넘은 경우도 있었다. 당시의 표현대로 한 가지 재주로 나라에 이름이 있는 사람이면 모두 따라갔다(以一藝名國者悉從行).

마침내 떠날 일자가 되면 정사, 부사, 종사관 등 3사는 궁중에 들어가 임금에게 하직 인사를 드렸다. 멀고 험한 길인만큼 전에는 임금이 친히 술을 내려 위로하였으나 술에 취하여 실수한 사례가 있어 도중에 금주령이 내리기도 했다. 이런 때에는 술 대신 호피, 알약 등 다른 하사품을 내린 일도 있었다.

통신사의 행로는 대동소이하나 구체적으로 1763년 8월 3일, 서울을 떠난 趙曮 일행이 더듬은 경로를 보면 다음과 같다.

한강 - 양재역 - 용인 - 죽산 - 충주 - 새재 - 문경 - 예천 - 안동 - 의성 - 영천 - 경주 - 울산 - 동래 - 부산.

서울을 떠난 지 열이레 째 되는 20일에 동래에 도착하여 하루를 묵고 22일 부산으로 나왔다. 이들이 고을에 당도할 때와 떠날 때에는 지방관들이 나와 송영을 하고 숙소와 음식 등 모든 것을 보살폈다.

이 일행은 도합 4백 72명이었는데 그 중 선장, 사공 등, 배를 움직이는 인원이 3백 명 가까이 되었으므로 일행이 모두 모인 것은 부산이었다.

전에는 충주, 안동, 경주, 동래에서 각각 송별연을 베풀었으나 후에는 부산에서 慶尙左水使가 베푸는 것으로 간소화했다.

조엄 일행도 9월 10일 좌수사 沈仁希가 객관에서 베푼 연회를 받았다. 준비는 좌수사가 했으나 경비는 국가 예산으로 임금이 내리는 연회라 하여 사람마다 머리에 꽃을 한 송이 씩 꽂고 감격하여 먹었다. 공사가 분명하던 때인지라 이것을 公宴이라 하고, 공연이 끝난 후 좌수사는 자기의 비용으로 私宴을 베풀어 밤늦게까지 일행을 위로하였다. 송별연까지 했으니 이로써 본국에서 마칠 절차는 끝난 셈이다.

9월 22일에는 일행을 호송할 대마도 배 10여 척이 들어왔다. 난생 처음 바다에 나간 이들은 상하를 막론하고 죽도록 멀미를 하다가 申時末, 즉 다음 날 오후 5시경 대마도 북단 佐須浦에 당도했다.

좌수포에는 우리나라 사신을 맞는 객관의 설비가 잘 되어 있었다. 여기서부터 국빈 대우가 시작되는데 가령 국서를 모실 때에는 摘奸이라 하여 미리 객관에 근무하는 사람들 전원의 몸수색을 하였다. 심할 때에는 홀랑 벗기고 검사할 때도 있었다. 국서에 불칙한 일이라도 있으면 우리 임금에 대한 모욕이므로 특히 엄격했다.

원래 통신사는 대마도 북단 좌수포나 악포에 닿으면 즉시 본국에 도착 보고를 하기로 되어 있었다. 이를 위해서 일본 측에서는 연락선을 제공하는데 이 배를 飛船(비선)이라고 하였다. 이 비선은 일본의 수도 에도에 닿을 때까지 필요하면 언제든지 띄웠는데 오오사카에 이르기까지는 직접 배가 떴다. 오오사카에서 교오토까지는 특수선을 타고 갔고, 교오토부터는 육로로 갔기 때문에 편지를 부탁하면 일본 사람들이 말을 달려 오오사카까지 와서 비선으로 대마도에 보냈고, 대마도에서 또 비선으로 부산에 보냈다. 돌아올 때에도 마찬가지였다.

府中(부중)에서부터 문화 선진국의 면목이 나타나기 시작하였다. 작은 섬이기 때문에 지식인이 많지 않았으나 한문을 다루는 고관도 있고 중들도 있었다. 이들은 평소에 의문 나는 것을 모아두었다가 묻기도 하고, 시를 지어 평을 받고 和答(화답)하는 시라도 한 수 얻으면 대단한 영광으로 알았다.

대마도 다음이 壹岐島였다. 일기도까지는 조선과의 관계가 깊어 조선말을 하는 주민도 드물지 않았으나 다음 기착지인 남도(藍島·相島)부터는 전혀 달랐다. 일본 사람들은 '아이시마' 또는 '아이노시마'라고 부른다.

옛날 조선조 시대에 일본으로 내왕한 우리통신사들이 가고 오는 길에 반드시 들러 순풍을 기다리며 여러 날을 묵던 곳이다. 통신사들의 기록에 藍島로 나오는 섬이다.

정확히 말하자면 가는 길에 11회, 오는 길에 11회, 조선조 시대 우리 사절단은 도합 22회 이 섬에 묵어갔다.

지금도 주민이 별로 없는 이 섬은 옛날에는 더욱 한산해서 십여 호밖에 없었다. 그러나 조선에서 통신사가 오게 되면 온 섬이 글자 그대로 사람들로 들끓었다. 사방 몇 백 미터밖에 안되는 작은 섬에 적을 때는 3백여 명, 많을 때에는 5백 명을 넘는 손님들이 몰려오고 그들을 접대하는 관원들이 수 없이 드나들었다.

당시 일본은 2백여 명의 제후국으로 구성되어 있었다. 중앙 정부의 명령으로 제후들은 통신사가 자기 영토 내에 들어올 때부터 벗어날 때까지 돌보고 대접하기로 되어 있었다.

이 섬은 후쿠오카에 수도를 둔 黑田氏의 영토였으므로 黑田氏들은 육지에서 모든 자재를 실어다 객사를 지었으며, 비품과 음식물도 배로 운반하였다.

십여 호 밖에 없는 작은 섬에 주객을 합쳐 1천여 명이 들끓다가도 사신들이 지나가면 또 조용해지곤 했다.

이곳으로도 역시 학자나 문인 들이 배를 타고 몰려와서 질문하고 시나 서문을 부탁하는데 대마도나 일기도(壹岐島)에 비할 바가 아니었다. 비로소 일본 본토에 왔다는 것을 실감하였고 제술관은 매우 바빠졌다.

정부의 엄명이 있었으므로 이로부터 연도의 제후들은 경쟁적으로 대접하였다. 통신사가 해마다 오는 것도 아니고 10년, 때로는 30년 만에 오는 등 희귀한 행차이기 때문에 제후들은 객관을 새로 짓기도 하고 음식과 선물도 최선을 다해서 아주 푸짐하게 챙겨주었다.

남도부터는 백여 척의 호위선이 따라붙어 해상을 가는 광경이 참 멋진 장관이었다. 시모모세키부터는 일본의 內海, 이른바 瀨戶內海라고 하는 아름답고 조용한 바다가 눈에 들어온다.

이 시모노세키부터 오오사카까지는 일곱 군데에 배를 대고 묵었는데 묵는 곳마다 지식인들이 몰려오기는 어디나 마찬가지였고, 그 고장 제후들의 대접도 남에게 질세라 역시 융숭했다.

오오사카에서 타고 온 배를 내려 숙소로 지정된 本願寺로 들어갔다. 배 여행은 피곤한지라 여기서 며칠 쉬는 것이 관례였다. 일행이 도착하기 전에 선창이며 숙소 주변을 검색하고 경계를 펴는 것은 다른 데와 마찬가지였으나 오오사카는 중앙정부인 막부의 직할지인 만큼 특히 엄격했다. 또 여기서 처음으로 일본 국왕, 즉 장군의 이름으로 환영연이 있었다.

오오사카에 도착하면 가까운 교오토의 五山(오산)에서 학식이 높은 승려들이 미리 마중나아 있기로 되어 있었다. 이들도 수도인 에도까지 수행하였다가 함께 돌아오는 것이 관례였다.

오오사카에는 본국에서 타고 온 배와 수행원의 약 3분의 1을 남기는데 배는 尻無川에 매두고 선원들이 지켰다. 가령 1764년 1월 오오사카에 닿은 趙曮 일행은 도합 4백 72명 중 1백 6명이 그곳에 남고 3백 66명이 에도까지 올라갔다.

수도까지 가는 통신사 일행은 일본 측이 마련한 여러 척의 배에 분승하고 淀川라는 강을 거슬러 올라 교오토까지 갔다. 그 중 사신이 타는 배는 호화로운 이층 채색배(彩船)였다.

일본 수도에 오면 제술관은 글자 그대로 눈코 뜰 사이 없이 바빠졌다. 일본에는 제후국이 2백여 개 있었는데 저마다 한학을 가르치는 학교가 있고 학교에는 학자들이 있었다. 그럴 수밖에 없었다. 그들은 제술관을 학사라고 불렀는데 하다못해 학사를 먼발치라도 보고가야 하고, 그렇지 못하면 제 고장에 돌아갈 면목이 없다고 할 정도로 안달이었다.

에도에서는 일본 지식인들이 너무 많이 몰려들어 제술관뿐만 아니라 堂上官, 判事, 3사의 비서인 書記들까지 총동원하여 시며 문장이며 그밖에 지식전반에 걸쳐 응대하니 완연히 일대 문화축제였다.

이 축제는 통신사 일행의 登城 즉, 국서를 바치러 궁성을 방문할 때 全(전) 에도 주민에게 확산되어 절정을 이루었다.

조선통신사의 행렬 1

조선통신사의 행렬 2

통신사 일행은 일본 측의 인도를 받으며 궁성으로 들어가는데 국왕의 처소까지는 문이 7개 있고, 신분이 낮은 수

행원들은 도중의 문에서 더 이상 들어가지 못했다. 국왕은 모든 대신들과 제후들이 배석한 가운데 기다리고 있었다.

수석 통역관이 국서가 든 상자를 받들고 3사가 그 뒤를 따른다. 통역관이 상자를 대마도 주에 넘기면 도주는 일본 측 대신에게 넘기고 대신은 받들고 가서 일본 국왕이 앉은 옆단에 놓는다. 그리고는 일본 대신과 제후들이 일제히 국서를 향해 절을 했다.

다음에 대신 2명이 나와 대마도주와 함께 3사를 인도하여 들어가면 3사는 일본 국왕에게 四拜(사배)를 올렸다. 이로써 의식은 일단 끝나는데 여기에서 국서를 읽지는 않았다.

의식이 끝나면 일본 왕이 그 자리에서 친히 연회를 베풀었다. 전에는 우리 사신들도 술을 마셨으나 임금으로부터 금주령이 내린 후에는 사양했다. 가령 趙曮같은 분은 일본 국왕의 어전이니 잔을 들어 마시는 시늉이라도 해달라는 요청도 뿌리치고 시늉조차 하지 않았다. 금주는 우리 임금의 어명이기에 마시는 시늉조차도 신하의 도리가 아니라고 했다.

국서의 예를 드는 것도 참고가 될듯한데 조엄이 가지고 간 영조의 국서는 다음과 같다.

"조선 국왕 李昑은 일본국 대군에게 편지를 드립니다. 서로 문안이 없은 지 30년이 되었습니다. 듣건대 전하께서 자리를 이으사 나라 안이 편하시다니 이를 듣고 어찌 기쁘지 않겠습니까. 축하를 드리고 두 나라의 화목을 다짐은 예의 당연한 일입니다. 사신을 보내 이웃의 정의를 말씀드리고 변변치 못한 토산물로 성심을 표합니다. 오직 옛정을 더욱 두터이 할 것을 바랍니다. 영원히 복을 받으소서. 이만 그칩니다. 정묘 11월 일"

이 국서에는 別幅(별폭), 즉 별지에 예물 목록이 적혀있었다. 이에 대해서 통신사들이 돌아올 때 받은 회답은 다음과 같다.

"일본국 源家重은 삼가 조선 국왕 전하에게 회답을 드립니다. 사신을 보내 우의를 다지시고 서신을 통하시니 안녕하심을 알고 진실로 기뻐 마지않습니다. (전하께서는) 왕위를 이어 보전하시고 나라의 기틀을 튼튼히 하셨다고 들었습니다. 이에 예전법도에 따라 새삼 축하하여 주시고 많은 선물과 그 뜻도 각근하시니 두 나라의 우의를 밝히는 所以(소이)가 아닐 수 없습니다. 더욱 더 영원토록 믿음이 두텁기를 바랍니다. 조그만 예물을 돌아가는 사신 편에 부쳐 드립니다. 오직 서로 친목하여 어긋남이 없기를 바랄 뿐입니다. 복을 누리소서. 이만 줄입니다. 延享 5년 무진 6월 ○일"

국서를 바친 후 지정된 날에 장군, 대신, 제후 등이 참관한 가운데 궁중에서 馬上才(마상재) 활쏘기 등이 있었다. 마상재란 달리는 말 위에서 물구나무를 서기도 하고 나란히 달리는 두 필의 말에 각각 한발씩 딛고 서는 등, 마상에서의 묘기를 말하는 것이다. 당시까지만 해도 북방 기마민족의 전통이 살아 있었던지 우리 군인들이 승마술에 뛰어나 제3대 家光이 특별히 요청하여 시작된 것이다.

통신사들의 귀국로는 갈 때와 똑같았고, 대접이나 학자들이 모여드는 일도 다를 것이 없었다.

다만 후대에 이르러 부산에 닿으면 정사 부사 종사관은 각각 다른 길로 서울까지 올라가기로 되어 있었다.

2백여 년 계속된 통신사의 내왕도 1811년 金履喬(김이교) 일행을 끝으로 막을 내렸다. 더구나 김이교는 일본의 수도인 에도까지 가지 않고 대마도에서 일본 측 대표들과 만나 제 11대 장군 家齊의 취임을 축하하고 돌아왔다. 이것은 양측의 합의에 의한 것이었다.

표면적인 이유는 막대한 제정적인 부담이었다. 그것은 사실이기도 했다. 방대한 인원이 에도까지 내왕하니 일본의 부담은 말할 수 없이 컸고, 그만은 못하였으나 우리 국내에서도 수월한 일은 아니었다. 이에 가까운 대마도에서 인사를 차리기로 하고 여기서 만났는데 그것도 한번으로 그쳤고, 다시는 통신사의 내왕이 없었다.

3

友鹿 金氏 賜姓받은 沙也可

　　대구에서 청도 방면으로 지방 국도를 따라가다 보면 달성군의 가창면 소재지에 이른다. 이곳에서 청도 방향으로 91번 국도를 달리다가 흑염소마을에 이르러, 그곳에서 다시 차를 타고 3분여를 달리면 총 200여 호가 자리 잡은 전형적인 시골마을에 이른다.

　　그들 주민 중 50여 호가 임진왜란 때에 왜군으로 참전했다가 귀화하여, 선조 임금으로부터 우록김씨(友鹿金氏)라는 성씨를 하사받은 사야가(沙也可), 즉 김충선(金忠善)의 후손들이 집성촌을 이루고 있다. 우록김씨들이 집성촌을 이루고 있는 곳은 행정구역상 경상북도 달성군 가창면 우록리이다.

김충선(沙也可 : 사야가)은 어떤 인물인가

　　김충선은 임진왜란 때, 왜장 가토(加藤清正)의 선봉장으로 휘하에 3천여 왜군을 거느리고 부산에 상륙했다. 당시 그의 나이 이제 겨우 21세로 선조 25년 4월 13일이었다. 조선반도를 손아귀에 넣으려는 지엄한 도요토미(豊臣秀吉)의 명을 받고 조선에 온 청년 왜장 사야가(沙也可)는 평소에 "조선은 소국이요, 미개한 나라"라고 들어왔던 것과는 전혀 다른 우리나라의 모습과 예의바르고 순박한 백성들의 모습을 보고 내심 놀랐다.

비록 피가 끓는 젊은이였지만 평소 "남을 해치거나 남의 나라를 침범하는 것은 옳지 않다"고 생각해 왔던 그였지만 지엄한 상사의 명을 거역할 수 없어 명에 따라 임진왜란에 참전했던 그는, 경상병사 박진(朴晋)을 통하여 왜군의 내침이 있은 지 7일 만에 경상좌우병사 김응서(金應瑞)에게 편지 한 통을 전했다. 그 편지에는,

내가 비겁하고 못난 것도 아니며, 더욱이 우리 군대가 약한 것도 아닙니다. 조선의 문화가 일본보다 발달했고, 학문과 도덕을 숭상하는 나라를 짓밟을 수 없어 귀화하고자 합니다.

라는 간단한 내용의 글이 써 있었다.

이렇게 귀화한 사야가는 우리의 장수가 되어 부산·경주·영천 등지에 포진하고 있던 왜군을 물리쳤으며, 무려 18개에 이르는 일본군이 점령했던 성을 되찾기도 했다. 귀화한 김충선의 공은 이것이 전부가 아니다.

그는 앞선 일본의 군사훈련법을 도입하여 우리 군사들에게 새로운 군사훈련을 시켰을 뿐만 아니라 일본군이 자랑하는 조총제조법을 전수하여 7년간의 쓰라린 임진왜란과

정유재란을 종식시키고 1627년(인조5), 병자호란 때에 전공을 세워 삼품당상(三品堂上)에 이르니 도원수 권율(權慄), 어사 한준겸(韓浚謙) 등이 주청하자 그의 무공과 충절에 감복한 선조는 친히 불러 '김해김씨'라는 성씨와 '충선(忠善)'이라는 이름을 하사하고 자헌(資憲)으로 승진시켰다.

임진왜란이 끝난 후, 그의 나이 30세에 이르자 진주목사 장춘점(張春點)이 그의 딸과 결혼시키니 김충선은 경상북도 달성군 지금의 우록 마을에 터를 잡고 살면서 슬하에 5남 1녀를 두었다.

그 후 선조 36년, 여진족의 노략질을 막기 위해 북방에 내방소를 설치하여 그에게 북방경비를 맡겼다. 그 뒤 병자호란이 일어나 자신이 피땀 흘려 지켰던 북쪽 땅이 오랑캐에게 짓밟혔다는 소식을 듣고, 임금의 소명(召命)이 없었음에도 의병을 모아 광주(廣州)의 쌍령(雙嶺)전투에서 500여명 적병을 사살했다. 그때가 그의 나이 66세였다. 이렇게 의병을 이끌고 북쪽으로 달려 남한산성에 이르기도 전에 조정에서 항복을 결정했다는 소식을 듣고는, "예의의 나라 군신(軍臣)으로 어찌 오랑캐 앞에 무릎을 꿇을 수 있겠는가. 춘추의 대의도 끝났구나." 하며 땅을 치고 통곡했다고 한다.

그의 나이 72세에 세상을 떠나니 조정에서는 지중추부사 병조판서를 추증했다. 광해군으로부터는 임진왜란·병자호란, 특히 이괄(李适)의 난 때에는 이괄의 부장(副長)인 서아지(徐牙之)를 잡아 죽여 이괄의 난을 평정하는데 큰 공을 세웠다. 그 공로로 삼란공신이란 칭호와 함께 정이품의 벼

슬을 하사받기도 했다.

말년의 심사 시, 한수로 남겨

때때로 남풍이 스칠 때
고향을 생각한다
조상의 무덤은 안전한가
일곱 형제는 무사한가
구름을 보며 고향을 생각하는 마음과
봄풀 보고
솟는 생각 어느 때인들 없으리
아마도 세상에 흉한 팔자는
나뿐인가 하노라

慕夏堂神道碑

   일곱 형제라는 다정한 형제의 우애 속에서, "절대로 남을 해쳐서는 안된다"는 아버지의 훈육을 받으며 자랐을 젊은 사야가. 그래서 귀화한 그에게 말 못할 아픔이 많았을 것으로 생각된다. 그가 공을 세울 때마다 질시와 험담도 따랐을 것이고, 요즘의 다문화가정의 자녀들이 동네 아이들로부터 놀림을 당하듯 동네 아이들에게서 놀림을 당하는 장면을 목격했을 것임이 분명하다. 거기에 일가친척이라고는 처가뿐인데다 나이는 늙어가고 어찌 고향생각이 머리에서 떠나 있었겠는가?

   생전에 살던 집터 뒷산으로 가는 골목어귀에 위치한 우록교를 건너 15분가량 산길을 따라 올라가면 소나무 숲 빽빽이 둘러싸인 고즈넉한 공간에 봉분 세 개의 묘소가 있다. 그중 가운데에 김충선이, 다른 한쪽에 부인 인동장씨가, 또 다른 분봉에는 그의 유물이 그가 간 지 400년의 세월 속에 잠들어 있다.

그를 기념하여 그의 후손과 달성군에서 1991년에 건축했다는 모화전(慕華殿)에 소장되어 있는 그의 문집 『모호당집慕華堂集』에 다음과 같은 기록이 보인다.

공은 신장이 9척이요, 힘은 능히 400~500근을 들었고, 수염이 보기 좋게 났으며 기백은 무지개같이 뻗쳤고 걸음걸이는 나를 것 같았다.

현장을 답사하는 과정에서 친히 안내를 맡아 주신 우록김씨종친회 회장이 이렇게 덧붙였다.

"웃어른들의 말을 빌리면 일제 36년 동안 직접 대놓고 당한 일은 아니지만, 일본을 버리고 귀화한 후손의 집안이라고 말 못할 천대를 받았다고 합니다. 선조 대왕으로부터 김해김씨라는 성씨를 하사받았지만 오래 전에 집안 어른들끼리 모임을 갖고 본을 우록김씨로 바꿔 김충선 어른을 우록김씨 선조로 모시고 있습니다."

돌아오는 길에 김충선 선생의 신위를 모셨다는 녹동서원
(鹿洞書院)에 들러 영정 없이 위패만 모셔진 위패 앞에 향을
사르며 예를 올렸다.

녹동서원은 정조 13년(1789)에 세워졌으며, 대원군의 서
원 철폐령으로 1884년에 훼철(毁撤)되었다가 1914년 중건
되었으며, 그 후 서원 규모가 협소하여 본래 있던 곳에서
100여 미터 장소를 옮겨 1971년 새로 지었으며, 1992년
임진란 400주년에 단청을 다시 하여 오늘에 이른다.

흙담을 헐고 블록담을 치던 새마을운동 때에 흙담을 허
무는 과정에서 훼손되지 않은 원형의 조총(鳥銃)이 나왔다
고 한다.

일본 와카야마현(和歌山縣)에 있던 조총제작소의 기술자로
일하다가 임진왜란에 참전한 그의 조총과 화포 제작술을,
당시 위정자들이 좀 더 적극적으로 받아들여 국토방위용 무
기로 개량·발전시켰더라면 병자호란과 같은 수모는 겪지
않았을 수도 있었다고 어느 사학자가 밝힌 바도 있다.

4

蒼雲會와 櫻內義雄

창운회(蒼雲會)는 사쿠라우치 요시오(櫻內義雄) 선생의 아호(雅號)를 딴 후원회의 명칭으로 사쿠라우치 선생과 정치적 뜻을 같이하는 정치인들의 모임이다. 사쿠라우치 선생은 일본의 유스호스텔(Youth hostel) 회장과 농아복지회(聾兒福祉會) 회장을 역임하였으며, 외무대신(外務大臣)과 중의원(衆議員) 의장을 역임하였다. 필자와는 유스호스텔과 농아복지운동을 벌일 때에 교분을 갖게 되었으며, 대구대학(大邱大學) 이태영(李泰榮) 총장의 부친과 학교 동창이라는 인연으로 함께 남양군도(南洋群島)의 한인(韓人) 희생자의 유골을 수습하여 위령비를 세운 친한파(親韓派) 인물이기도 하다.

일본 정계에서도 무게 있는 인물로, 나카소네(中曾根) 수상파의 회장을 역임하였으며, 외무대신 때에 필자를 초청하여 일본에 갔을 때 우연의 일치였는지는 몰라도 당시 소련의 브레즈네프 수상(首相)의 사망으로 급거(急去) 소련을

방문하는 관계로 창운회에 나오지 못하고 부인과 손녀가
나와 주었다.

그때 필자가 일본에 가기 전 '櫻內義雄(앵내의웅)'이라는 네 자
의 한시(漢詩)를 지어 원로 서예가 강암(剛菴) 선생의 글씨로 족자

櫻內義雄회장이 김철호 유스호스텔 회장을 예방했다.

를 만들어 갔는데 사쿠라우치 씨가 부재중이라 부인에게 전달하
였다.

앞의 「한국장애아의 대부」라는 대목에서 언급했지만, 후
원회(後援會)의 부회장을 맡고 있는 이마니시 다가오(今西孝
雄) 선생이 그날 이 한시(漢詩)를 소개할 때, "이 한시 중에
'의기충천일월명(義氣沖天日月明)'은 앞으로 사쿠라우치 선
생이 수상이 되든가, 중의원 의장이 된다는 뜻입니다." 하
고 소개하니 만장의 박수가 터져 나왔으며 그 후 정말로
중의원 의장이 되었다. 당시 필자가 지었던 한시는 다음과
같다.

櫻花燦爛心賞情　벚꽃이 환히 피어 감사하는 마음 정겨웁고.
內外交流友誼淸　국내외로 교류하니 우의 더욱 밝다.
義氣沖天日月明　의기가 충천하니 낮과 밤이 따로 없고
雄文巨壁政治平　학문 높고 포용력 크니 정치가 평화롭다.

日本에서 50년 이상 중의원(참의원 포함)을 역임한 원로 정치인은 중의원(국회) 안에다 동상을 세워주는데 5명 중 1명이 사꾸라우치 요시오(櫻內義雄) 씨이다.

사쿠라우치 요시오(櫻內義雄) 의원이 외무대신(外務大臣)이라는 중임을 맡고 있을 때, 그는 일본 유스호스텔연맹 회장과 농아복지협회 회장을 겸임하고 있었다. 당시에 유스호스텔 한국연맹 이사를 맡고 있던 필자는, 사쿠라우치 회장의 한국 방문 계획을 전달받고 한국유스호텔연맹은 큰 손님을 맞이할 채비를 갖추고 있었다. 당시 한국유스호스텔연맹의 사무총장은 두병우(杜炳宇) 씨였다. 그는 필자와 함께 군산사범학교 동창으로, 사쿠라우치 회장 일행 맞이 준비를 함께 하게 되었다.

사쿠라우치 회장이 한국을 방문하여 한·일 양국의 유스호스텔 운영문제를 포함하여 여러 가지 문제점에 대한 의견을 나누는 중에, 우리나라 유스호스텔의 활성화 방안도 심도 있게 논의되었다. 우리나라에 비하여 일본은 각 지방마다 유스호스텔이 잘 되어 있어 젊은 여행객이 적은 비용으로 여행과 함께 숙박을 할 수 있었다.

그 후 필자는 소공 라이온스 회원으로 일본 홋카이도(北

海道) 라이온스와 자매결연 행사와 회담을 마치고 귀로에 히고스코 호수에서 배를 타고 호수를 건널 계획으로 배에 승선하였다. 일본 홋카이도에는 두 개의 큰 호수가 있는데 하나는 히고스코 호수요, 또 다른 하나는 도야코(洞爺湖)호수이다. 우리 일행이 승선할 무렵, 히고스코 호수 건너편에 있는 히고스코 유스호스텔에 전화를 했더니 요시다(吉田) 라는 여자 책임자가 선착장까지 나와 우리 일행을 맞아주

桜内회장(가운데)과 이철승 의원(좌측두번째)과 필자(우측두번째)

었다. 요시다 여사의 안내를 받아 히고스코 유스호스텔을 방문하여 점심을 먹고 도쿄로 출발했다.

도쿄에 와서 안 사실로 필자 일행이 홋카이도에 도착할 무렵 사쿠라우치(櫻內義雄) 회장이 히고스코 유스호스텔에 미리 전화를 하여 한국의 문주천(文柱天) 회장 일행이 홋카이도 체류 중에 그곳의 두 유스호스텔을 방문할 지도 모른

다는 전화를 하여 우리 일행을 큰손님으로 영접해 주었다는 사실을 알게 되었다.

필자는 창운회의 초청으로 일본을 세 번 방문했는데, 그 중 한 번은 후꾸이(福井)에서 필자의 개인전을 하고 있을 때였다. 도쿄에서 (주)미술세계의 마츠우라(松浦) 사장이 급히 나를 찾아왔다. 무슨 일인가 해서 물어보니 전시가 끝나면 도쿄로 와서 사쿠라우치(櫻內義雄) 의장을 만나달라는 것이다.

내용인즉슨, 북한 작가를 초청하여 일본에서 전시회를 개최하고자 하는 것인데, 그 당시 사쿠라우치 의장은 일본의 중의원(衆議員) 의장 신분이었다. 필자는 전시회를 마치고 도쿄로 가서 마츠우라 사장과 함께 사쿠라우치 의장 사무실을 예방하고 북한 작가들을 초청해서 일본에서 전시회를 개최하는 것은 상호 문화교류에 도움이 될 수 있다는 의견을 전달하고 귀국하였다.

필자가 귀국 후 10여 일이 지난 어느 날 마츠우라 사장으로부터 북한 작가 10여 명이 도쿄에 와서 남북미술 교류전를 개최하고 있다는 연락을 받았다. 이처럼 사쿠라우치 회장의 정치적 영향력은 대단했다.

한번은 우리 '한·일문화교류회'의 채규희(蔡奎熙) 고문과 함께 일본을 방문하여 중의원 의장을 면담하고 나오던 중 우리나라의 소석 이철승(素石 李哲承) 전 의원을 만났다. 채규희 고문이 이철승 의원에게 오늘 사쿠라우치 의장을 만났는데, 이철승 의원도 한번 만나보겠느냐고 하였더니 만나면 좋겠다는 뜻을 표하기에 중의원 의장실에 연락하여 한국의 야당당수를 역임한 이철승 전 의원과 면담시간을 약속하고 다음날 일본 중의원에 찾아가 사쿠라우치 의장실을 방문하였다.

이철승 씨는 중의원 의장에게 드릴 선물로 진안에서 생산한 표고버섯을 준비한 것으로 기억되며 사쿠라우치 의장과 면담할 때 유창한 일본말로 대화하는 것을 보았다.

그 후 제13회 한·일 친선 예술문화교류전을 후꾸이(福井)에서 마치고 우리 일행 20여 명이 중의원 의장 공관을 방문했을 때 많은 시간을 할애하여 직접 정원을 안내하며 의장 공관에 대한 내력을 소개해 주기도 하였다. 원래 이 공관은 어느 부호(富豪)가 살던 집터였다는 것과 공관 1층과 2층에 배치된 작품도 일일이 소개해 주며, 일본의 정치상황도 설명해 주었다.

秋然 文柱天 会長의 北韓 作家招請 提議를 살피는 桜内義雄 議長、松浦社長
(南北韓作家 招請 平和美術合同展 提議 장면)

사쿠라우치 의장이 정계를 떠난 후 일본에서 연락이 왔다. 녹내장(綠內障)으로 앞을 볼 수 없다며 병약(病弱)한 몸이 되자, 친지들을 불러 전에 있었던 일들을 회상하며 인생의 마지막을 장식하려 한다는 급전이었다. 즉시 일본으로 날아간 필자는 한 사람씩 면담하는 시간 중에 내 차례가 되어 약속된 시간보다 한 시간이 지나 인사를 드리고 작별할 수밖에 없었다. 그로부터 3개월 후 작고하셨다는 연락을 받았다.

5

韓國 障碍兒의 代父 今西孝雄

    필자와 이마니시 다카오(今西孝雄) 선생과의 첫 만남이 1981년이니까 벌써 30년이 흘렀다. 우리 속담에 10년이면 강산도 변한다는 말이 있는데, 30년이 흘렀으니 강산이 세 번이나 변한 긴 세월이다.

    필자가 한국 장애아의 대부라고 거침없이 말할 수 있는 이마니시(今西) 선생은 과연 어떤 인물인가? 2001년(平成13) 8월 29일, 일본의 가나가와신문사(神奈川新聞社)의 출관국에서 비매품으로 발간된 그의 자전적 에세이에 편집자가 후면에 첨가한 무려 13페이지에 걸쳐 실은 그의 약력 중에 중요한 내용만 간추려 소개하면 다음과 같다.

- 1911년 시마네현에서 출생
- 1929년 시마네현 사범학교 졸업
- 1934년 시마네현 농아학교 교사
- 1946년 돗도리현 농아학교 교장

- 1960년 국립 신체 장애자센터 지도과장으로 정년퇴직
- 1971년 대구대학 명예이사 취임
- 1976년 일본 (재)청각 장애자 복지협회 전무이사 겸 부회장
- 1980년 대구대학에서 명예 문학박사 학위 수여
- 1981년 일본 정부에서 4등 욱일소수장(旭日小綬章) 훈장 수여
- 1984년 한국 문화부장관으로부터 감사패 받음
- 1999년 전일본 농아학교 전교장회의 회장
- 2002년 (재)일본 청각 장애자교육복지회장에서 퇴임

이마니시 선생과의 두 번째 만남은 그 이듬해인 1982년 11월 14일, 그에 초청으로 참석한 일본 도쿄 록본기(六本木)의 중화요리점에서 개최된 창운회(蒼雲會)모임에서였다. 당시 사쿠라우치 요시오(櫻內義雄) 선생은 일본 외무상이었다. 필자는 그때 사쿠라우치 선생에게 드릴 선물로 선생의 성명과 이름을 넣어 지은 한시와 이를 직접 붓글씨로 쓴 족자를 갖고 갔었다.

필자가 이를 직접 사쿠라우치 선생에게 드리기 전에 먼저 이마니시 선생에게 보여드렸다. 이마니시 선생이 창운회 회원들에게 족자 내용을 보이면서 한시의 '의기충천명일월(義氣沖天明日月)'은 사쿠라우치 선생이 앞으로 수상이나 국회의장이 된다는 내용이라고 설명하니 만장의 회원들이 우레와 같은 박수를 보내 준 적이 있다. 필자의 예언이

적중하여 사쿠라우치 선생께서는 4년 가까이 일본 국회의 수장으로서 큰 기틀을 잡아나간 것으로 평가받고 있다.

이마니시 선생의 노고는 그 후로도 계속되었으니 한국의 특수학교 교장단을 일본에 초청하여 다양한 교육을 받을

필자와 이마니시 다카오(今西孝雄) 선생

수 있게 도와주기도 하였다.

이마니시 선생이 한국 장애아의 대부로 자리매김한 것은 1965년, 일본 도쿄에서 개최한 범대양(凡大洋) 리허빌리테이션(rehabilitation)에 한국대표 8명을 초청하여 우리의 장애아 교육 관계자들을 국제무대에 진출할 수 있도록 도와주었을 때라 할 수 있겠다.

1972년 이후로는 본격적으로 일본국민으로부터 지원을 받아 마련한 탁상용 보청기 200여 대, 개인 훈련용 보청기 400여 대, 그리고 계몽용 녹화자료 및 도서자료 다수를 한

국의 농아 교육기관에 기증함으로써 한국의 청각장애아 교육에 크게 기여하였다.

1972년 이후로 이마니시 선생은 본격적으로 한국 장애아교육의 요람인 대구대학과 손잡고 청각장애아 부모의 교육에도 남달리 심혈을 기울였다.

30여 년 동안, 매년 일본의 장애아 교육기관의 담당자를 인솔하고 대구와 서울을 오가며 애정과 끈기로 한국의 장애아 부모들을 교육해준 것은, 참으로 인간애에 넘치는 페스탈로치의 정신이 아니고는 도저히 할 수 없는 일이라 하겠다.

1998년에는 이마니시 선생의 이와 같은 공적이 인정되어 서울문화상 후보에 올라 수상자로서 유리한 입장에 있었다. 그러나 당시 새로 들어선 정부가 UN과의 관계 때문에 마지막 순간에 UN사무총장이던 코피 아난이 수상자로 결정되어 아쉽게 기회를 놓치고 말았다. 이 지면을 빌어 당시 전 야당 총재를 역임했던 이철승 선생에게 서울문화상을 이마니시 선생이 수상하실 수 있도록 적극 협력해 주었던 노고에 깊은 감사를 표한다.

이마니시 선생은 당시 장애인으로 중국에 유학하고 있던 김문화(金文華), 문창성(文昌盛) 두 학생을 위해 일본 내의 일본어 학교를 수차례 오가며 그 학생들에 대한 신원보증을 서 가면서 모든 편의를 제공해 입학시켜주었고, 이어서 대학과 대학원도 무사히 마치도록 힘써주었다. 이에 보답이라도 하듯 두 학생 중 김문화 군은 박사학위를 취득하였고, 문창성 군은 시모노세키대학교(下關大學校) 법경학과(法

經學科)에서 일본정부의 장학금을 받으며 학업에 열중하여 재일본 유학생 대표가 되기도 했다.

또 하나 특기할 점은 한국의 한상영(韓相英) 양은 선생의 알뜰한 협조로 히도스바시대학원(一橋大學院)의 2년 유학과정을 무사히 마치고 귀국하여 박사학위를 취득, 한국의 실리콘 밸리라 일컬어지는 대덕연구단지의 연구원으로 근무하고 있다.

이 모두가 선생의 은공이요, 이런 분과 스스럼없는 교우관계를 유지하고 있는 필자의 입장에서 자랑스럽기도 하다.

이마니시 선생은 바로 인생의 사표(師表)이시다. 선생의 검소하고 소박한 생활은 인생의 귀감(龜鑑)이 되며, 그의 생활철학은 후세의 길잡이가 되고도 남음이 있다. 그 많은 세월 동안 교통수단으로는 의례히 전철을 이용하였고, 약속을 생명처럼 지키신 선생은 자신의 건강유지에도 한 치의 게으름이 없으셨던 까닭에 의사로부터 칭찬을 들으신 바도 있다고 하니 이보다 더 이상의 큰 복이 어디에 있겠는가. 이처럼 선생께서 누리는 건강은 선생의 철저한 생활철학에서 비롯된 것이라 생각된다. 옛말에 '무영무욕신(無榮無慾身)'이라는 말이 있다. 선생은 바로 명예도 욕심도 없이 마음을 비우고 사는 인생의 개근생이라 하겠다.

이마니시 선생은 한·일 친선 미술교류전에도 빠짐없이 와 주었고, 필자의 개인전에도 꼭 참석해주었다. 그리고 필자와 필자의 친지들을 일본의 의원회관과 의회의장 공관에 수차례 직접 안내도 해주었다. 뿐만 아니라 일본의 '(주)미술세계'가 남북 평화 미술전을 개최하기 위해 북한의 작가들을 일본으로 초청하는 데에도 크게 힘을 보태, 북한 작가들이 북한과 국교가 없는 일본에 올 수 있도록 해서 남북 평화 미술전이 수차에 걸쳐 성황리에 개최되기도 하였다.

선생의 지난날들을 돌이켜 볼 때 선생은 너무나 많은 일을 한 것 같다. 앞으로는 자신만의 시간을 가져도 어느 누구 하나 뭐라 할 사람이 없을 터이니 유유자적(悠悠自適)하면서 개인적인 여행도 하고, 한국의 친지도 만나고, 세계 각처의 친지도 만나서 인생의 여백을 채우기 바라는 마음 간절하다.

선생의 귀중한 인생의 노트에 잊지 않고 필자를 동참하게 해주시어 거듭 감사를 드린다.

끝으로 선생에게 올리는 시 한 수로 이 글을 막음할까 한다.

今昔之感一百年
西睡島根呱呱聲
孝德布仁大花明
雄文巨壁世人樂

지나간 한 세기 돌이켜 보면
서일본 변방 어느 섬에서 고고성 울리며
효성과 인덕으로 사회를 밝히시니
높은 학문과 포용력에 세인들 존경하며 뒤따르네.

6

日本 經營의 神 松下幸之助

가난을 딛고 일어서서 일본 최고의 부자 반열에 열 번이 나 오르며 '재패니즈 드림(Japanese dream)'을 실현한 마츠 시타 고노스케(松下幸之助 ; 1894~1989)는 바로 마츠시타 전 기산업의 창업자이다.

일본에서 가난을 없애겠다며 평생 제조업에 전념했고, 부패한 정치를 바로 잡기 위해 사재를 털어 마츠시타정경 숙(松下政經塾)을 만들었던 그는, 아사히신문이 2000년 8월 28일 과거 1,000년 간 일본 최고의 경제인을 발표한 밀레 니엄 특집 신문조사에서 1등으로 뽑혔다. 득표율은 전체 응답자(8,559명) 중 31.2%였다.

'경영의 신'으로까지 불리는 마츠시타는 지주 집안의 8 형제 중 막내로 태어났다. 그러나 쌀장사를 하던 부친이 사업에 실패하면서 초등학교 4학년 때 학업을 중단하고 오 사카(大阪)에 나가 전차를 보고 '이제는 전기의 시대'라고 생각하며 전기회사에 입사한 것이 그의 나이 겨우 15세 때였다.

22세에 전기회사를 차린 뒤 전구를 두 개 끼울 수 있는 쌍소켓과 자전거의 전지 라이트가 크게 히트하여 20대 후반에 청년실업가의 반열에 들어선다.

마츠시타 고노스케

마츠시타는 1920년대의 세계적인 공황 때에도 인력감축을 하지 않았다. 사업부제(事業部制)를 도입하고 주 2일 휴무제를 실시하는 방법으로 위기를 넘겼다. 종업원들에게 경영실태를 모두 공개하여 '유리창 경영'이란 말이 생겨났을 정도였다.

가난을 잊지 않았던 그는 투기에는 결코 손을 대지 않았다. 1950년대 말부터 1960년대에 걸쳐 한국의 6.25 동란의 발발과 섬유제품의 수출 등으로 제2차 대전의 폐허에서 일어선 당시 일본에는 부동산 투기의 열풍이 휩쓸었다. 하지만 부동산 투기 등은 올바른 경영인의 자세가 아니라 하여 전혀 부동산에 투기하지 않은 기업인으로 꼽히고 있다. 수년 간 거품경제의 혹독한 후유증을 겪고 있는 일본에서 새삼 마츠시타의 경영이념을 되새기고 있는 것도 그의 올곧은 경영자세 때문이다.

그는 1932년 종업원들에게, "마츠시타 전기의 사명은 물자를 끊임없이 만들어내 가난을 몰아내고 낙원을 건설하는 것이다. 이를 위해 오늘부터 250년에 걸친 목표달성 기간을 정한다."고 선언했다.

그렇다고 해서 그에게 승승장구의 세월만 있었던 것은 아니다. 제2차 세계대전 때 군부의 강요에 못 이겨 목제 비행기를 만들었다는 이유로 전쟁이 끝난 후 기업이 해체 위기를 맞기도 했다.

전후에 일본이 악성 인플레와 식량부족 등에서 벗어나지 못하자 1946년, '번영에 의해 평화와 행복을'이라는 의미의 영문자를 딴 'PHP연구소'를 설립했다. 이 후 3,000회 이상의 강연을 통해 자신의 경영이념과 국가관, 사회관을 전 일본에 전했다.

1976년에는 이른바 록히드 사건으로 다나카 가쿠에이 (田中角榮) 당시 총리가 체포되는 등, 정치 불신이 극에 달하자 마츠시타 고노스케는 정치개혁에 눈을 돌려 사재 70억 엔을 들여 1979년에 사설학원인 마츠시타정경숙(松下政經塾)을 창설했다. 이곳을 거쳐 간 정치인은 전·현직 국회의원만 100여 명에 이른다.

이 마츠시타정경숙은 22~35세의 대학졸업생 및 사회 경험자를 선발하여 3년 동안 가나가와현(神奈川縣)에 위치한 기숙사에서 고전(古典)에 대한 강좌를 비롯하여 검도·다도·서예는 물론이려니와 심지어 100km 행군 등 강도 높은 지도자 훈련을 시킨다. 해마다 수백 명에 이르는 정치 지망생들이 지원하지만 논문시험과 면접을 거쳐 5~10명 정도만 선발한다. 정치에 뜻을 두고 있으나 정치적 기반이 부족하여 뜻을 이루지 못한 정치 지망생들의 등용문으로 크게 각광을 받고 있다. 지난 2009년 8월 총선에서는 무려 31명에 달하는 중의원을 배출했으나 그들의 정치적 성향이 보수에서 진보에 이르기까지 극히 다양하여 아직까지는 정치적 세력화를 이루지 못하고 있다.

일본 최고의 경제인 10걸

1위	마츠시타 고노스케	1894~1989	마츠시타 전기산업 창업자
2위	혼다 소이치로	1909~1991	혼다기연공업 창업자
3위	시부사와 에이이치	1840~1931	메이지시대 실업가
4위	이부카 마사루	1908~1997	소니 창업자
5위	우에스기 요우잔	1751~1822	에도후기 요네자와 번주
6위	다카하시 고레키요	1854~1936	메이지시대 재정전문가
7위	기노쿠니야 분자이몬	미상	에도중기 목재상
8위	이와사키 야타로	1834~1885	미츠비씨그룹 창시자
9위	안도 모모후쿠	1910~	닛싱식품 회장
10위	도요다 사카치	1865~1930	도요다식 직기 발명자

「자료 : 아사히신문 설문조사」

여기에서 잠시 머리도 식힐 겸 일본의 정경숙 역사를 더듬어 보기로 하자. 그 시발은 19세기말, 이른바 '흑선(黑船)'이라 불렸던 서양의 증기선들이 압도적인 전투력을 앞세워 일본 바다에 나타나 쇄국정책을 고수하던 일본 막부를 협박했다. 수교를 하지 않으면 전쟁도 불사하겠다는 것이었다. 이미 2년 전 일본 바다에 나타나 일본 막부를 위협한 바 있던 미국의 페리 제독이 1854년에 7척의 배를 이끌고 다시 나타나 일본 해안에서 대규모의 포사격 훈련을 보이며 미·일화친조약(美日和親條約) 체결을 강요했고,

일본 막부는 이에 굴복했다.

미국에 최혜국의 지위를 보장하며, 역사의 주재 및 무역을 제한적으로 허용한다는 것이 주요 골자였지만, 미국은 이에 만족하지 않고 계속적으로 일본을 협박하여 개항장의 추가개방, 외국인에 대한 영사재판권을 허용하기에 이르렀고, 급기야 1858년에는 일본인들 스스로가 불평등조약이라고 수치스럽게 생각하는 미일수호통상조약(美日修好通商條約)을 체결하기에 이른다.

이에 크게 의분을 느낀 인물이 일본의 유명한 근세학자인 요시다쇼인(吉田松陰)으로, 그는 쇼카손쥬쿠(松下村塾)학원을 창설하여 "인간으로 어떻게 살아갈 것인가. 일본인으로 어떻게 살 것인가"를 가르침의 축으로 하여 당시 일본의 위기를 극복할 수 있는 방법을 제시했다.

이 학원의 제1회 졸업생 중 주목할 인물이 바로 이토 히로부미(伊藤博文)이다. 그는 당시 도쿄의 곤겐산(權現山)에 건축중이던 영국의 공사관에 불을 질러 공사관 건설을 중단시켰으며, 우리의 국권수탈에 앞장섰던 바로 그 장본인이다.

마츠시타가 작고한 지 30년이 흘렀지만 아직도 그를 흠모하는 젊은 실업가들이 매년 수백 명씩 몰리고 있다.

앞에서도 언급했지만 마츠시타전기(상표명 나쇼날) 창업주인 마츠시타 고노스케는 천성적인 선견지명을 갖추고 있어 생존시에 앞으로는 전자산업이 한 세대를 풍미할 것이라고 했다.

마츠시타 회장은 한국의 기업들도 장래를 위해서는 반도

체 사업을 해야 한다고 '한국내쇼날'의 김향수(金向洙) 회장에게 말해 주었다. 그러나 김향수 회장은 '한국내쇼날'이 반도체 사업을 운영하기에는 역부족임을 자각하고 크게 관심을 두지 않고 있던 중 어떤 모임석상에서 이병철 전 삼성그룹 회장과의 담소를 나누던 중에 마츠시타 회장이 한 말을 이야기해 주며 한국에서 반도체에 손댈 만한 사람은 이 회장밖에 없다고 강력히 권유했다.

이를 들은 이병철 회장은 장고 끝에 반도체에 손을 대기로 마음을 굳혔다. 그러던 차에 일본 토호쿠대학(東北大學) 총장 니시자와 준이치(西澤潤一)가 내한 중에 이병철 회장을 만났다. 니시자와 준이치는 일본 제일의 반도체 학자이며 기술자인 바로 그 사람이다.

마츠시타의 예측이 얼마나 정확했고, 이를 귀담아 들은 삼성 이병철 전회장의 결단이 오늘날 삼성전자를 세계적 대기업으로 우뚝 서게 한 뒷이야기를, 니시지와 준이치가 1993년에 펴낸 『기술대국 일본의 미래』에서 소개한다.

수년 전의 일이지만 한국에 갔을 때 삼성전자의 이병철 회장이 "64킬로바이트 메모리용 반도체를 생산하려고 마음먹고 있습니다."라는 말을 나에게 해주었다.

나는 즉석에서 "반도체 사업에는 손대지 않는 것이 좋겠습니다."라고 이 회장에게 진언하였다. 이유는 반도체에 관한 한 일본이 이미 상당 수준의 기술이 축적되어 있고, 자본의 상각(償却)도 끝나서 앞으로의 부담이 없으므로 64킬로바이트 반도체는 일본의 기업이 가까운 장래에 집중적으로 생산에 들어갈 것으로, 그럴 경우에 삼성전자는 기술축적도 없이 새로이 투자단계에 막대한 예산을 투자하여야 한다. 일본과 대항해 봐야 적자만 쌓일 것이다. 하지 않는 것이 좋겠다며 망할 수도 있다고 말하였다.

그러나 삼성전자의 이병철 회장은 의연히 가슴을 펴고 말하였다. "아니, 회사가 망해도 좋다. 장래의 한국을 위해서 뛰어들 것이다." 그의 결의는 처절했다. 정확히 말해서 독주하는 것 같은 인상을 받았다.

그런데 그 직후, 일본은 무역마찰이 생겨 미국은 일본제 반도체 수입을 제한하여 일본제 반도체 대신 한국제가 미국으로 들어가게 되었다. 처음에는 기술적으로 미흡했지만 많이 팔리면 팔릴수록 그에 비례하여 기술도 크게 향상되는 것이다.

생각해 보면 수년 전에 일본과 기술적으로 15년의 격차가 있다고 생각했으나 이제는 그 격차가 많이 없어졌다. 당시 미국의 「뉴스위크」지는 말하기를, 지금은 4개의 반도체 기업만으로도 골치 아픈데 앞으로는 한국의 삼성전자까지 끼어들어 더 골치가 아프겠다고 보도했다.

지금은 일본 전체의 반도체 회사들이 생산·판매하는 것보다 삼성 하나가 생산·판매하는 것이 일본을 앞지르고 있으니 역시 이병철 전회장의 판단력도 대단하다 하겠다.

한편, 2위에는 혼다기연공업의 창시자인 혼다 소이치로(本田宗一郎 ; 1906~91)가, 3위에는 메이지시대의 실업가인 시부사와 에이이치(澁澤榮一 ; 1840~1931)가 뽑혔다. 혼다는 오토바이와 자동차 분야의 세계적인 기업으로 회사를 키웠다.

시부사와는 제일국립은행이나 도쿄가스, 왕자제지 등 500여 개 회사의 경영에 관여했으며 사회복지 사업에도 큰 관심을 가져 거액을 출연했다.

세계적인 AV메이커 소니를 창업한 이부카 마사루(井深大 ; 1908~1997)는 해외시장 개척자란 점에서 4위에 올랐다. 미츠비씨(三菱)재벌의 창업자인 이와사키 야타로(岩崎彌太郎 ; 1834~85)와 닛싱(日淸)식품의 창업주 안도 모모후쿠(安藤百福 ; 1910~), 도요타식 직기를 발명한 도요타 사키치(豊田佐吉 ; 1867~1930)도 10위권 안에 들었다.

필자가 30여 년 전의 낡은 일본의 아사히신문을 자료삼 아 마츠시타 고노스케를 우리 독자들에게 전하는 것은 필 자 나름대로의 생각이 있어서이다.

이른바 재벌들, 한번 쓰러지면 재기가 불가능한 경쟁 속 에서 수십만 종업원의 생계를 책임져야 하고, 수출을 통하 여 국위를 선양하고 나라 경제의 한 축을 담당하여 불철주 야 애쓰는 재벌들, 그들의 노고가 너무나 크기에 국민 모 두의 우러름의 대상이 되는 것이 아닌가.

그럼에도 불구하고 그들이 신문지상에 오르내리는 경우 는 부끄럽게도 '형제의 난'으로 일컬어지는 선대의 유산을 더 많이 차지하려는 형제간의 고발이 아니면 일반인의 상 상을 초월하는 갖가지 방법과 행위에 의한 재산축적과 세 금탈루가 그 주류를 이루었던 것이 사실이다.

다행스럽게도 우리의 경영인 중에 부동산투기는 경영인 이 할 짓이 아니라고 단연코 부동산투기를 하지 않았던 일 본의 마츠시타 고노스케에 지지 않는 참 경제인이 생각나 여기에 소개한다. 그 주인공은 바로 지금의 대한전선과 대한제당의 창업주인 설경동 선생이다. 독자들도 알고 있듯이 대한전선과 대한제당과 같은 규모가 우리나라 100대 기업에 낄까 말까 하는 기업체를 창업·운영한 주인공이지만 우리나라 역사상 가장 많은 상속세를 납부한 주인공으로 기록되고 있다. 이 얼마나 놀랍고 존경스러운 일인가.

분명 세인들의 존경받아야 할 인물이었음에도 불구하고 "한국의 제일부자"니 "한국의 몇 번째 부자" 정도로 치부되며 생전에 법의 심판대에 오르기도 했던 주인공으로 세인들의 입에 오르내리는 것은 무척 안타까운 일이다.

7

船舶振興會長 笹川良一

　『파천황(破天荒)　인간　사사카와　료이치(笹川良一)』의　한
국어판이　1980년에　출간되었다.　당시　출판기념회　겸　송년
회를　한국의　저명인사　200여　분을　초청하여　서울　신라호
텔에서　개최하였는데,　그　회의를　한·일　문화교류회에서　주
관하였다.　그때　사회와　통역은　본회　부회장인　강석태(姜錫
泰)　선생이　맡아　수고하였는데,　사사카와(笹川良一)　회장도
기념회의　분위기와　진행에　만족을　나타내며　나에게　엄지손
가락을　들어　보였다.

　한국측에서는　각　정계(政界)인사와　각　군의　참모총장을
역임한　장성,　문화계　인사　등　200여명이　참석하였다.　이때
극작가　한운사(韓雲史)　선생도　참석하였는데　그때　만난　인
연으로　오랜　교분을　유지하여　일본　고야산(高野山)　방문시
에도　동행하게　되었다.

　사사카와(笹川)　씨는　도오조오히데키(東條英機)가　만주
국(滿洲國)　헌병사령관이었을　때,　그　밑에서　문관(文官)으
로　있으면서　그의　명석한　머리로　일　처리를　잘하여　도오조

사사카와 료이치 회장과 필자

오　히데키(東條英機)가　제2차세계대전　중　중국　책임자로
갈　때　사사카와(笹川)씨를　데리고　갈　정도로　신망을　받았
다고　한다.

　사사카와　씨는　중국에서　도오조오　히데키와　의형제를　맺
었을　정도로　신뢰를　얻었기에　여러　가지　일화가　전해지고
있으며,　그가　중국으로부터　많은　보물을　반출했을　것으로
알려지고　있다.　그는　제2차　대전　중　오사카(大阪)에　거대한
비행장을　건설하여　일본　육군에　헌납했다고　한다.　사사카
와　씨의　배짱이야말로　가히　알아줄　만하다.　제2차　대전이
끝나갈　무렵　사사카와　씨는　익찬선거(翼贊選擧)로　도오조
오　히데키　씨와　정적(政敵)이　되었다　한다.

　사사카와　씨는　"익찬선거는　언어도단이며　괘씸하기　짝이
없는　헌법파괴의　의회정치　유린"이라는　명분　때문에　정적
이　되기는　했지만,　스가모(巢鴨)　형무소에서　도오조오　히데
키를　만나보는　것이　사사카와의　입소(入所)　목적이었다.

그리하여 사사카와 씨는 도오조오 히데키에게 다가가 "기운을 내세요, 당신의 책임은 무거운 것이니"라고 격려해 주었다 한다.

제2차 대전이 끝나고 일본 도쿄에서 전범재판이 열리게 되었는데, 전범재판을 눈앞에 둔 상황에서 일본천황(日本天皇)의 운명을 좌우할 열쇠를 쥔 사람이 바로 도오조오 히데키라고 사사카와 씨는 굳게 믿고 있었다.

도오조오 히데키가 만일 "폐하의 명령에 가장 충실했던 국민의 한 사람에 불과하다"는 진술을 한다면 모든 책임은 일본 천황에게 돌아가는 처지가 될 것이기 때문이다. 일본인 중 많은 국민들도 천황의 책임론에 동의하는 분위기였고, 천황께서도 그러한 심정에 처한 상태였기 때문에 도쿄 재판에서 도오조오의 말 한마디가 국체(國諦)의 붕괴와 민족의 운명이 걸린 중차대한 순간에 직면하고 있다고 믿고 무엇보다 우선 도오조오 씨를 설득해야 할 방안을 고심하고 있었다.

어느 날 산책길에 도오조오 히데키를 만나게 되었다. 사사카와 씨는 무거운 마음으로 "말씀드리기 거북 합니다만 만에 하나 살아서 무기징역을 받으면 수많은 수모를 당하게 될 텐데, 어차피 당신은 사형을 면할 길이 없을 것 같습니다. 역사는 반드시 당신의 형사(刑死)를 주시할 것입니다"

사사카와 씨는 낮은 목소리로 생각하고 있던 세 가지 유서를 알려주었고 도오조오 히데키가 메모를 하였다고 한다.

① 패전으로 말미암아 아시아의 인류가 해방되고 더불어 아시아 여러 나라 국민 모두에게 중대한 손해와 고통을 준 일을 진심으로 죄송하게 생각합니다. 용서하기 바랍니다.

② 전쟁은 결단코 침략전쟁은 아니였습니다. 생존권 확보를 위한 만 부득이 한 전쟁이었습니다.

③ 일본의 패전으로 아시아 인류가 해방되고 여러 나라가 독립될 것임으로 그 분들의 손해와 고통은 적어질 것이오니 이해를 부탁합니다.

도오조오 히데키는 이 말을 듣고 마음의 평화를 얻었는지 얼굴빛이 밝았다고 한다.

1945년 11월 11일, 도오조오 히데키를 비롯해 39명이 체포되었고, 19일에 고이소 구니아키(小磯国昭) 등 11명이 체포되어 전범재판에 회부되었다.

일본사회는 혼란해지고 국쇄동맹(國碎同盟)의 간부들이 전국근로자동맹(全國勤勞者同盟)을 결성하여 사사카와 씨에게 몰려가 "선생님이 참가해서 저희 젊은이들의 힘이 되어주시죠"라고 간청하였다 국방사(國防社) 결성 이래 반공의 깃발을 내세워왔던 사사카와 씨는 그들의 세찬 요구에 찬성은 하나 "조국 재건을 위해 나라의 정치적 상황에 따라 맡기고 제군들은 전력을 다해 천황제 호지(護持)와 공산당 타도의 최일선 선봉장이 되어주게"라고 격려하고, "자네들의 운동에는 언제나 뒷전에서 응원을 해 주겠다"며 일단 헤어졌다.

얼마 후 점령군이라고 하면 공산
당도 노동조합도 목을 움츠리고 있
을 때 정정당당하게 전국을 돌며 강
연을 하고 다닌 사사카와 씨의 배짱
이야말로 우리가 본받아 배울 만하
다. 그 당시 점령군의 비위를 거슬
려 스가모형무소에 들어가는 것이
목적이었고, 그 목적은 스가모형무
소에 들어가 전에 4년 동안 옥중생
활을 하면서 무죄를 쟁취한 경험을
수감자들에게 알려주어 형을 감형
시키기 위한 목적이었다.

그는 계획대로 12월 12일 입소
하라는 통지를 받고, 긴자의 그의
사무실에서 동지들의 환송을 받고
가문(家紋)이 들어 있는 하오리 하
가마를 입고 보무도 당당하게 하루
전날 아침 일찍 입소하였다. 스가
모 프린스에는 스가모 인생최고대

笹川良一 회장과 櫻內義雄 議會議長

학이라는 자칭 학장이 되어 B급, C급 전범자들이 출소할 때 휘
호를 부탁하는 자가 있으면 "상기인은 우수한 성적으로 본교를
졸업하였음. 스가모 인간최고 대학장 사사카와 료이치(笹川良一)"
라고 써 주었다고 한다.

사사카와 료이치 씨는 참으로 인간을 초월한 여러 가지
비범한 데가 있는 분이라 생각된다.

제2차 태평양전쟁이 끝나고 패망한 일본에서 할 일이 없을 때 사사카와 료이치 씨는 세상을 보는 눈이 범인과는 달리 멀리 보는 해안을 가지고 있었다. 그는 러일전쟁(露日戰爭) 중에 대마도(對馬島) 앞바다에서 침몰한 구(舊) 소련의 보물선 나이포프(8500톤급)를 영국인 해저 인양 기술자를 동원하여 30억 엔으로 해양개발해사(海洋開發會社)를 설립해서 보물선(寶物船)을 인양하여 여기서 얻은 보물로 인하여 8조억 엔 정도의 금은보화(金銀寶貨)를 인양함으로써 막대한 돈을 벌었다고 한다. 이 때 소련의 주일대사 비노비에프 대리대사가 일본 외무성을 방문하여 본국의 훈령이라고 하면서 나이포프호의 소유권을 주장하고 나섰다. 그러자 일본의 신문들도 발끈하고 나서자 사사카와 료이치(笹川良一) 회장은 나이포프호의 보물을 돌려줄 터이니 소련이 점유하고 있는 북방 4개섬을 돌려달라고 하였단다. 그러자 소련도 그 후에 아무말이 없었다는 일화가 있다.

또 경주정(競走艇)사업 선박진흥회사(船舶振興會社)를 설립하였는데 경주정 사업을 시작할 때 일본 야쿠자 조직이 먹으려 하자 개업식을 앞두고 다음과 같은 소문을 퍼뜨렸다고 한다. '경주정사업장에 기관총을 배치하여 사업을 방해하는 자는 누구든지 쏘아버린다'는 소문을 퍼트린 결과 야쿠자들이 얼씬도 하지 못해 개장식을 무사히 마칠 수 있었다는 일화로도 유명하다. 사사카와 회장은 이 경주사업으로 막대(莫大)한 돈을 벌었다고 한다.

나는 서울 신라호텔의 출판기념회 인연으로 도쿄(東京)에 갈 때마다 사사카와 회장을 만나곤 했는데, 한번은 빈손으로 갈 수가 없어 유화로 된 초상화(肖像畵)를 그려다 주었더니 매우 만족해하며 파안대소(破顔大笑)했던 기억이 난다.

그 분은 한·일 예술문화교류 사업에도 많은 관심을 갖고 격려와 후원을 해주었고, 내가 일본을 방문할 때면 언제나 만나주곤 하였다. 사사카와 회장은 세계의 모든 일류는 한 형제요, 한 가정이라는 철학을 갖고 있었다.

한번은 필자가 사사카와 회장을 만났을 때 아부 섞인 말로 회장님께서는 120세는 사실 것이라고 하였더니, 아니라고 하면서 나는 200세까지 산다고 하였다. 참으로 혈기 왕성한 삶을 살고 있다고 생각된 것 중 하나는 항상 빨간 넥타이를 매고 다닌다는 것이다. 이것만 보아도 그 분의 평소 삶을 체감할 수 있다. 또 한 번은 사사카와 료이치(笹川良一)의 이름 넉자로 7언시의 한시(漢詩)를 지어 족자로 만들어 증정하였는데 그 내용은 다음과 같다.

笹竹剛直　常時青
川流不息　四海清
良志施仁　世人樂
一念世界　一家成

작은 대나무는 강직하고 언제나 푸르르다
시냇물이 쉬지 않고 흐르니 온 세상이 맑도다
가득한 뜻으로 어진 일을 베푸시니 세상 사람들이 즐겨한다
오직 한 가지 염원은 세계가 한 가족이 되는 것이어라.

이 족자의 붓글씨는 한국의 서예대가인 강암 송성용(剛

菴 宋成鏞) 선생이 써 주었다. 그 후 도쿄에 일이 있어 지바(千葉)에 사는 친구 오시마(大島) 씨 집에 묵으면서 사사카와 회장에게 전화를 걸었더니, 내일 몇 시에 오겠느냐고 묻기에 10시까지 가겠다고 했더니 기다리겠다고 했다. 나의 친구 오시마 씨는 사사카와 회장과 전화를 한 것만으로도 대단한 영광으로 생각하고 있었다.

미에현(三重縣)에 사는 친구 무로(室和治) 씨에게도 아 사실을 전화로 알렸더니, 자기도 함께 가자고 하여 다음날 도쿄 선박진흥회사(船舶振興會社) 앞에서 만나 사사카와 회장 사무실로 올라갔다.

사사카와 회장은 반갑게 맞아주었고 동행한 친구 무로 씨를 소개하고 자리에 앉자마자 한·일 예술문화교류회는 어떻게 되고 있느냐고 물었다. 내가 미리 보내준 족자를 사무실 정면에 걸어 놓았는데 시구(詩句)가 맘에 들었는지, 문상, 문상 하면서 마치 어린이처럼 기쁨을 감추지 못했던표정이 지금도 눈에 선하다. 나에게 앞으로 일정을 묻기에 며칠 후 오사카에서 한·일 교류전이 있다고 하였더니, 1천만엔을 주겠다고 제의하였다. 나는 깜짝 놀라 잠시 아버지께서 항상 나에게 말씀하신 생각에 잠겼다. 아버님께서 말씀하시기를, 돈은 필요한 것이지만 너무 집착하면 추해진다는 기억이 떠올라, 사사카와 회장에게 지금 당장은 돈이 크게 필요하지 않으니 필요할 때 말씀 드릴 테니 그 때 일억엔 정도 한·일 문화교류회 발전을 위하여 찬조해 달라고 하였다. 그는 즉석에서 그렇게 하겠다고 승낙하였다. 사사카와 씨는 그 자리에서 오사카 선박진흥회사의 가게야마(陰山)

전무에게 전화를 걸어 문회장(필자) 일행을 적극 협조하라는 지시를 내렸다.

오사카에서 일·한 예술문화교류 일본 측 도이(土井) 회장과 만나 여러 가지 의견을 교환했으나 찬조금은 받은바 없다. 사사카와 회장은 소방에 관한 관심이 대단했는데, 그 이유는 국민의 재산을 보호해야 한다는 남다른 신념을 갖고 있던 때문이었다. 그는 일본방화협회와 일본소방협회 회장직을 맡아 불의 경각심(火の用心)을 홍보하는데 앞장섰으며, 소방관 모자를 쓰고 천황과 함께 찍은 사진을 자기 사무실에 걸어놓을 정도로 열성을 보였다. 함께 동행한 미에현의 친구 무로 씨는 주류사업을 하는 사람이었는데 그는 빌딩도 소유할 정도의 재력가이고 츠바키신사(椿神社)의 후원회장도 겸하고 있어 만난 김에 사사카와 회장에게 츠바키신사에 후원을 부탁하였으나 사찰에는 기부할 수 있으나 신사(神社)에는 후원하지 않는다고 즉석에서 거절 당했다.

그리고는 사사카와 회장이 신문 한 보따리를 나에게 내밀었다. 내용인즉 아프리카를 다녀온 신문내용이었는데, 미국 전 카터 대통령과 사사카와 회장이 함께 아프리카를 방문한 내용의 기사였다. 카터 대통령의 사진은 엽서크기였고 사사카와 회장은 신문 한쪽을 차지했다. 아마 아프리카를 갈 때 식량 1만 톤을 가지고 갖기 때문에 그곳에선 카터보다 더 환영을 받았기 때문이 아닌가 한다. 사사카와 회장은 세계 각국에 4조억엔 정도를 기부하였다니 돈은 축적하는 것이 아니라 남을 위하여 베푸는 보시(布施)행의 지표를 보여주는 것 같다.

필자가 20여 년 전 남평문씨대종회(南平文氏大宗會) 중앙회 부회장의 소임을 맡고 있을 때 문선명(文鮮明) 선생이 종장(宗長)님으로 추대되었기에 필자는 문선명 선생의 호칭을 종장님으로 칭한다.

재향군인회 초청으로 사사카와 회장이 내한했을 때 통일재단에서 종장님을 비롯한 협회장, 본부 간부 등 10여명을 "코리아하우스"로 초청하여 환영회를 열면서 화기 넘친 시간을 보내었다. 다음날 아침 사사카와 회장 일행은 청파동 통일협회 종장님 응접실에서 조찬회를 겸한 예물교환 시간을 가졌다. 이어 강당에서 선화어린이무용단의 "신묘극한 예우공연"을 관람하고 찬탄과 함께 어린이 무용단원들과 함께 기념사진도 찍고 헤어지기 전 종장님께 "선생님께서는 자기가 이상향으로 꿈꾸는 모든 것을 실현하셨습니다"라고 말하며, 종장님께 요트 한척을 기증하겠다는 의사를 전달하였으나 종장께서 아무런 대꾸가 없어 성사되지는 않았다고 한다.

필자는 통일교 신자는 아니지만 그들의 참모습을 알려면 일본에 가서 신도들의 삶과 생활을 봐야 한다고 확신한다. 공자(孔子)도 자기 고향에서는 큰 대접을 받지 못 했던 것처럼 통일교의 종주국인 한국에서 큰 대접을 못 받는 것을 보고 매우 안타깝게 생각하고 있다. 일본의 통일교 신도들은 하나같이 성실하고 고결한 생활을 하고 있다. 한번은 미국의 전 부시대통령과 종장님의 부인이신 한학자 여사를 비롯하여 도쿄의 도쿄돔에 일본 전국에서 5만 여명의 신도가 모이는 종교행사가 있었는데, 얼마나 조용하고 질서 있게 진행되는지 신비롭기까지 했다.

문선명 종장께서는 미국 상, 하원 합동회의장에서 연설할 정도로 존경과 신망이 있음에도 모국인 한국에서는 비방과 질시의 대상이 되고 있다는 현실을 어떻게 봐야할지 착잡함이 있다. 종장님께서는 미래를 관망하는 시야가 넓고 판단력이 뛰어난 선각자이시다. 실제로 정부에서도 하기 어려운 세계 지도자대회를 북한의 김일성 주석과 공동

사사카와씨의 부인 李美德氏

으로 개최한 바 있으며, 북한에 평화자동차 공장을 설립하여 운영하는 일 등, 모두가 미래를 예측한 결단력이라고 본다. 또 20년 전 일본의 가라츠(唐津)에 일·한 지하 하이웨이를 건설하여 미래의 일본에 큰 길을 여는 일 등은 바람직한 일이라고 본다. 최근에 한·일 간에 교과서 문제와 독도 문제 등이 현안과제로 대두되고 있는데, 부산과 일본 간에 해저 터널을 뚫어 양국 간에 빠른 통행이 이루어진다면 이오하같은 지엽적인 문제는 쉽게 해결될 것으로 믿어진다.

앞에서 기술했던 사사카와 료이치 회장에 대한 이야기를 최근에 접한 내용에 따르면 그는 제2차 세계대전

사사카와씨의 장남 文萬錫 氏

중 일본으로 건너간 한국인이라고 한다. 그는 수원고농(水原高農 : 지금의 서울대 농대 전신) 제7회 졸업생으로 이름은

문요(文堯)였고 전 학년 수석으로 졸업하였다고 하며, 일본인보다 더 지독한 일본인으로 삶을 산 한국인이었다고 한다.

일본의 기시 수상(岸 首相)과 사토 수상(佐藤 首相)은 형제사이인데 200년전 조상이 야마구치현(山口縣)으로 이주한 한국인이라 할 때 일본과 한국은 형제국인 셈이므로 지금처럼 큰 갈등이 첨예하게 대립되는 것은 바람직하지 못하다고 생각한다.

일본의 저명한 사학자 시바료타로(司馬遼太郞)는 옛날 7세기 이전까지 아스카(飛鳥) 인구의 8할(80%)이 도래인(渡來人 : 한국인)이라고 하였다. 사사카와 회장이 한 말 중 "인류는 한 가족이요 형제"라고 한 말이 어쩌면 당연한 이치인 것 같다.

부산시, 한·일 해저터널 검토

부산시는 민간차원에서 논의되어왔던 한·일 해저터널 건설을 공식 검토 중에 있다고 27일 밝혔다. 부산시는 부산발전연구원과 함께 동남권(부산·울산·경남)과 일본 후쿠오카 지역을 연결하는 한·일 해저터널 건설 타당성을 연구키로 했다고 발표했다.

허남식 부산시장은 "부산지역 경제 발전을 위한 해저터널의 필요성과 효과, 문제점 극복 방안 등에 대한 검토가 필요하다"고 말했다. 이계식 부산발전연구원장은 "한·일 해저터널은 부산~후쿠오카의 초광역경제권 형성이라는 의

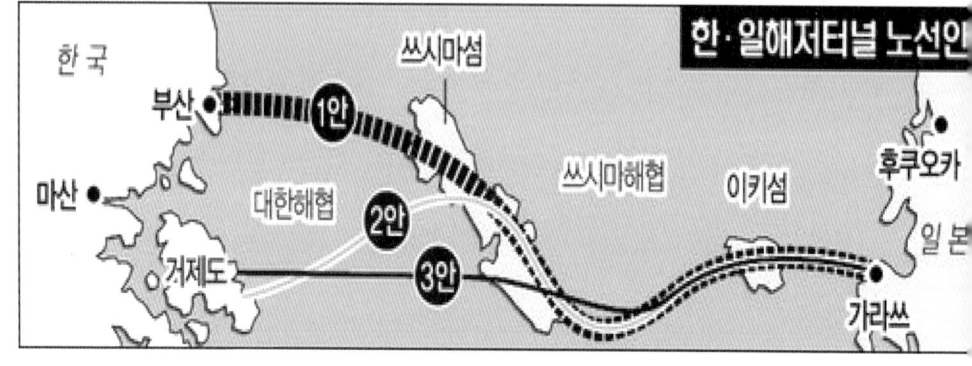

미도 크지만 국경이 없어지고 세계가 한 동네가 되고 있는 현실에서 해저터널은 역사적 의미가 있는 일"이라고 말했다.

부발연은 이를 위해 최근 교통, 물류, 사회·문화, 경제분야 전문가 등 8명으로 '한·일 해저터널 TF'를 구성했다. 우선 한·중·일 경제협력체계에서의 한·일, 한·중 해저터널의 타당성, 초광역경제권 기반시설로서의 적합성을 분석할 계획이다. 또 기·종점(起終點)의 경제적 파급효과, 부산

큐슈 북단 가라츠(唐津)의 한일해저터널 앞의 필자

항 물류에 미치는 영향 등도 검토할 방침이다.

12월 초까지 1차 보고서를 만들 예정이며 국내외 전문가가 참가하는 '국제물류교통도시 심포지엄'을 개최할 계획이다.

해저터널은 우리보다 일본이 더 적극적이다. 대한해협과 마주하는 일본 큐슈(九州) 북단 가라츠에는 20여년 전 한·일 해저터널을 뚫기 위해 500여m를 파들어 간 흔적이 남아 있다. 83년 발족한 '일한해저터널연구회'에는 일본의 정치인, 학자, 법률가, 기업인 등이 참가하고 있다. 이 연구회는 3가지 노선안을 내놓기도 했다.

8

藤塚鄰 後孫, 秋史 資料 果川市에 寄贈

秋史에 관한 자료, 일본 소장자가 기증

지난 2006년, 추사 김정희(金正喜 ; 1786~1856) 서거 150주기를 맞아 일본에 소장되어 있던 추사의 친필 편지를 비롯한 추사와 교유했던 청나라 학자들의 서적·서화·유품·사진자료 등 2,800여 점이 고국으로 돌아왔다.

父 藤塚鄰 氏

子 藤塚明直 氏

일본 도쿄에 거주하고 있는 후지즈카 아키나오(藤塚明直) 씨가 서울대학교의 전신인 경성제국대학에서 동양철학을 강의한 바 있는 선친 후지즈카 지카시(藤塚鄰 ; 1879~1948)

가 평생 수집하여 집에 소장하고 있는 추사에 관한 자료 일체를 과천시에 기증했다.

기증받은 자료는 서화류(書畵類)가 70여 점, 서적(書籍) 2,500여본, 사진·유리원판 등 300여 점으로 나뉜다. 서화류 70여 점 가운데는 추사의 친필 편지 20여 점을 비롯해 추사가 옹방강(翁方綱), 완당(阮堂) 등, 청대 학자들로부터 받은 편지와 서화들이 포함되어 있다.

가장 눈길을 끈 것은 추사의 친필서한 20여 점이다. 이들은 모두 미공개 자료인데다 추사가 40~60대에 쓴 편지가 고루 들어 있어 추사체 변천을 연구하는데 다시 없는 자료이기도 하다. 추사가 40대 초반에 명희와 상희 두 동생에게 보낸 편지 13통을 묶은 간찰첩 1점과 말년의 과천 시절에 제자이며 서예가인 우선 이상적(藕船 李尙迪; 1804~1865)에게 보낸 편지 2통을 묶은 간찰첩 1점이 눈길을 끈다.

두 아우에게 보낸 편지들은 추사가 제주도로 유배가기 전에 쓴 것으로 추사체가 확립되기 전의 추사 글씨의 일면을 엿볼 수 있다. 추사의 제자이자 「세한도歲寒圖」의 주인공인 제자 이상적에게 보낸 간찰은 전형적인 추사체로 쓰여 있으며 사제지간의 은근한 정이 잘 드러나 있다.

서예가 우선 이상적은 추사 김정희가 제주도에 유배되어 있는 동안 그 유명한 「세한도」를 그려 건네 준 추사의 애제자이다. 추사의 애제자 이상적을 사랑하는 애틋한 스승의 마음을 이상적에게 보낸 간찰첩 2편 중 한 편에서 인용하면 다음과 같다.

　우선 이상적에게,

　언덕배기에 눈이 산처럼 쌓여 안부 전해오는 이도 없는데 어찌 사람이 찾아오길 바라겠는가. 그러나 뜻밖에 편지를 받으니 옛날 배공(裵公)이 섣달에 받은 그 편지였네. 초췌하고 적막한 이곳에서 어찌 화들짝 기쁘지 아니 하겠는가.

　더구나 품격 높은 문장은 무척 곱씹을 만할 뿐만이 아니라 차가운 부엌에 온기가 돌게 하네. 그리고 자유롭게 지내며 애써 몹쓸 글 짓느라 힘들지 않다고 하니 이 얼마나 반가운 일인가.

　나는 추위에 대한 고통이 북청에 있을 때보다 더하네. 밤이면 한호충(寒號蟲) 새가 밤새 울어대다가 아침이 돼서야 날아간다네. 보내준 물품은 모두 잘 받았네. 그대의 석노시(石砮詩)는 참으로 훌륭하이. 영재 노인 유득공(柳得恭)도 다시 뒤를 돌아보시지 않을까 싶으이. 상쾌한 기분으로 서너 번을 되읽은 것으로 남은 해를 값지게 보냈네.

　그럼 새해를 맞아 만복을 비네.

섣달 스무이랫날에 늙은 완당이

　청대 학자들이 쓴 서화는 추사와 함께 실학자 박제가(朴齊家)와 유득공(柳得恭) 등이 받은 것이 주류를 이룬다. 추사가 귀국할 때 청나라 학자들로부터 받은 전별서화첩 '증추사동귀시도임모(贈秋史東歸詩圖臨摹)'와 '국화도(菊花圖)' 등은 청대 학자들과 조선 학자들의 활발했던 교유의 모습을 확인시켜 준다.

추사의 금석학 · 경학 연구과정을 살필 수 있는 자료

기증 자료 중에 가장 많은 양을 차지하는 서적류는 추사의 금석학과 경학 연구가 어떻게 이뤄졌는지를 짐작케 한다. 이중 「해동금석영기(海東金石零記)」는 추사의 스승 옹방강이 조선 학자들로부터 전해 받은 금석문에 대한 내용과 연구과정을 친필로 기록한 자료로서 중국은 물론 일본에도 없는 유일본이다.

또 추사와 함께 진흥왕순수비를 발견한 조인영(趙寅永 ; 1782 ~ 1850)이 쓴, 『해동금석존고海東金石尊考』, 김명희 · 조인영으로부터 받은 자료를 엮은 『해동금석원海東金石苑』도

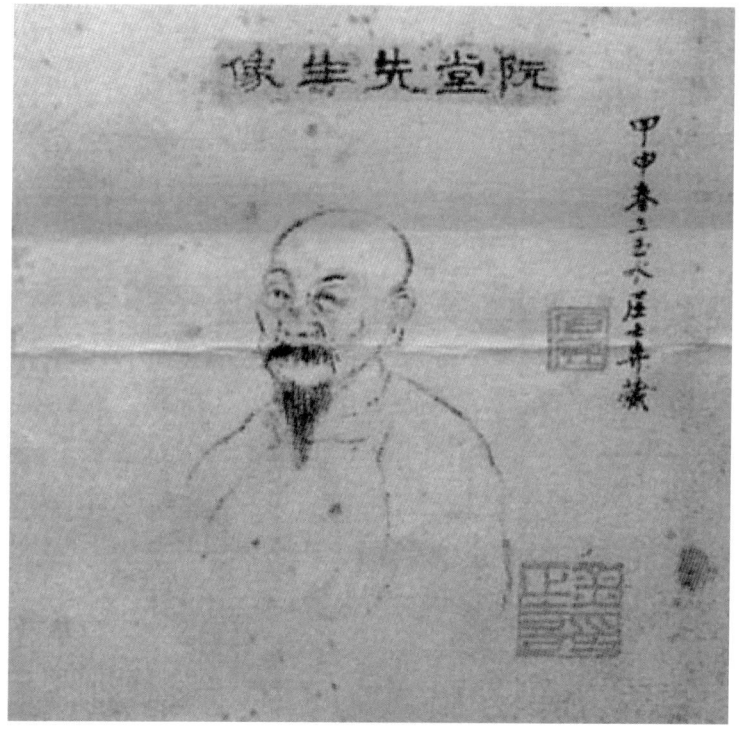

阮堂先生 像

기증자료 목록에 들어 있다. 이와 함께 추사의 스승이자 청대의 대표적 경학가인 완원(阮元)이 저술한 학술총서 『황청경해』는 모두 680책이나 되는 거질로, 완원은 이 책의 초판이 인쇄되자마자 바로 추사에게 보냈다는 일화가 전해오고 있다.

사진·유리원판 등은 후지즈카 지카시(藤塚隣)가 추사와 청대 학자들의 학문을 연구할 때 수집한 자료를 촬영해 놓은 것으로 추사의 영정, 박제가의 초상화 등 귀중한 자료가 대거 포함되어 있다.

후지즈카 지카시는 어떤 인물인가

식민지시대 추사 연구를 개척한 후지즈카 지카시(藤塚隣)는 원래 동양철학자였다. 청나라 고증학에 정통했던 그는 1921년 중국 베이징으로 건너가 2년간 머물면서 유리창 서점가에 살다시피 하면서 수만 권의 자료를 수집했다고 한다.

이때 청나라 자료를 보면서 박제가(朴齊家)라는 조선의 학자가 청나라 유학자들과 깊은 교류를 가졌다는 사실을 알게 된 후지즈카는 조선의 학자들에 관심을 갖게 됐다.

그가 추사 김정희에게 관심을 갖게 된 것은 1926년 경성제국대학 교수로 서울에 오면서부터이다. 인사동 고서점가를 돌며 자료를 수집하던 그는 추사가 박제가의 제자이며, 박제가 못지않게 중국학자들과 교류했다는 사실을 알고 중·한 학문교류사 연구로 전공을 바꾸게 된다.

이후 그는 중국과 한국에서 추사 관련 자료를 수집하기 시작하여 추사의 서간 700여 통과 관련 서적 수천 권을 수집했다.

　후지즈카는 자신이 수집한 자료를 바탕으로 추사 연구에 몰두, 1936년 도쿄대학에서 「조선조 청조 문화의 이입(移入)과 김완당(金阮堂)」이라는 주제로 박사학위를 받게 된다. 그는 이 논문에서 추사를 '청조 고증학연구의 제1인자'로 자리매김했다.

　1940년에 경성제대를 퇴임한 후지즈카는 그가 수집한 많은 자료를 일본으로 가져갔다. 그러나 대부분의 자료는 태평양전쟁 와중인 1945년 3월, 후지즈카의 연구소가 미군의 공습을 받으면서 소실됐다. 과천시가 기증받은 자료는 후지즈카의 집에 보관된 자료로, 그의 아들 후지즈카 아키나오가 소장해온 것들이다.

　이 후지즈카 지카시 씨는 어느 정도 서예에 관심이 있는 사람이라면, "아 추사 선생의 「세한도」를 수집하여 소지하고 계셨던 경성제국대학(현 서울대학교) 교수"라고 연상할 만큼 잘 알려진 인물이다. 바꿔 말해서 「세한도」는 후지즈카 컬렉션의 대표작이라 할 정도로 유명하다.

　6.25 이후, 우리나라의 대표적 공모전인 국전의 서예분과위원장으로 오랫동안 한국 서예계를 이끌었던 소전 손재형(素荃 孫在馨)이 추사 선생의 대표작이라 할 수 있는 「세한도」가 일본인의 손 안에 있다는 것은 민족적인 자존심의 문제라 생각하고 일본으로 향했다.

　당시 한국의 대표적 서예가로 상당한 수준의 경제력도

갖췄던 소전 선생은 어떻게 해서든지 「세한도」를 돌려받을 각오로 후지즈카의 저택 맞은편에 위치한 호텔에 짐을 풀고 후지즈카에게 자신의 전 재산을 줄 터이니 추사의 「세한도」를 돌려달라고 간청하기 무려 3개월. 한국의 대표적인 서예가 소전의 「세한도」에 대한 열정에 크게 감동받은 후지즈카 씨는 선뜻 소전 선생에게 「세한도」를 무상으로 넘겨주었다는 유명한 일화가 있다.

끝으로, 전문가의 조사에 의하면 현재 일본으로 불법 유출된 우리의 문화재가 6만여 점이 넘는다고 한다. 한 나라의 문화재는 반드시 있을 곳에 있어야 한다. 일본의 양식 있는 인사들은 후지즈카 씨의 본을 받아 한국의 문화재들을 모두 반환해 줄 것을 간절히 바란다.

9

日・韓 友好 平和의 塔과 土井友之

　　1974년, 한·일 예술문화교류회(韓日藝術文化交流會) 발족
이래 30여 년이 지났다. 일·한 예술문화교류회(日韓藝術文化
交流會)의 도이 하쿠데이(土井白亭) 회장의 정성어린 협조에
감사드리며, 그중에서도 일본의 도조(陶祖) 이참평(李參平)공
의 동상제작과 건립에 적극적인 협조를 하여 주었고, 13회
의 친선교류전(親善交流展)과 무궁화무용단(無窮花舞踊團)의 창
단에도 산파역을 해주었으며, '일·한 우호 평화의 탑(日韓友
好平和之塔)' 건립에도 많은 노고가 있었다. 감사하고 또 감
사하다.

　　'일·한 우호 평화의 탑'을 건립할 때에는 부이사장직을
맡아 많은 활동을 해주었다. 필자가 당시 오사카를 방문하
였을 때 건립위원회 미키(三木政楠) 부회장의 자택도 같이
방문하여 격려의 말도 하였다.

　　미키 부회장께서는 일·한 우호 평화의 탑 건립에 많은
재정적 지원을 하였으나 안타깝게도 교토(京都)의 영봉(靈

일한평화우호의 탑(교토시 고려사)

峰) 설언산(雪彦山)에 세운 탑이 1984년 10월 28일 준공도 되기 전에 운명을 달리 하였다.

'일·한 우호 평화의 탑' 건립 목적은 일제의 식민지시대에 한반도 전역에서 우리의 젊은이들이 징병(徵兵)으로 징용당하여 건설현장으로, 탄광으로, 공장으로 끌려가서까지 광복의 꿈을 잃지 않고 살다가 조국의 해방을 보지도 못하고 강제동원이 되어 혹독한 노동현장에서 먹지도 못하고 영양실조 혹은 병사로 많이 죽어 갔다. 일본 국내의 3,460개소에 잠들어 있는 수많은 영혼을 어찌하면 위로할 수 있을지 안타깝다.

1958년 큐슈(九州) 후쿠오카(福岡) 지방의 옛 해군 관계의 유골 2,329주(株)가 일본 후생성(厚生省)의 지하에 이송되어 놓여 있으며, 그 외에도 일본 각지의 사찰에 안치되

어 있다는 사실은 실로 비분강개(悲憤慷慨)한 일이 아닐 수
없다.

그 후 한·일 양국은 뜻있는 분들의 지원을 받아 한국의
사찰에서 천도를 전제로 일본 정부로부터 유골 인도가 허

간디수상을 방문한 도이 도모유키 회장

가되어 연고자가 있어 조국에 귀환한 1,189주와 연고가 없
는 1,140주는 1987년에 동경 메구로(目黑)의 우천사(祐天寺)
에 이관되었다가, 그 후 고려사(高麗寺)에 이관되어 있다가
북한의 항의로 국제문제(國際問題)가 되어 우천사(祐天寺)로
되돌아 간 일이 있다.

이 유골 수습과 위령은 일본 정부가 하는 것이 순리이다.
그러나 일본 정부는 북한과는 강화조약(講和條約)이 맺어 지
지 않은 상태여서, 한국과 일본 두 나라만의 유골수습은 장
차 외교문제로 불거질 수 있다고 하여 더 이상은 일이 진전

되지 않은 상태로 현재에 이르고 있다. 이것은 인도적으로 있을 수 없는 일이라고 하여 불교계(佛敎界)와 민간이 힘을 합하여 환국운동을 일으켰다. 1978년 10월에 한·일 불교 친선협회(韓日佛敎親善協會)가 창립되어 유골 문제가 해결되지 않고는 참된 평화는 없다는 견지에서 위령탑건립안(慰

박지원 장관에게 공로패를 받은 土井友之 회장

靈塔建立案)이 채택되었다. 미키(三木政楠) 씨의 정재(淨財)로 1984년 10월에 교토시(京都市 山城村童仙房8) 고려사 경내에 '일·한 우호평화의 탑(日韓友好平和之塔 ; 慰靈塔)'을 준공하였는데 벌서 어언 27년의 세월이 흘렀다.

매년 10월에는 전쟁희생자 위령(慰靈)과 세계평화 기원의 대제(大祭)가 행하여지고 유골 수습운동이 계속되고 있다.

고려사(高麗寺) 관장(管長 ; 住持) 석태연(釋泰然) 스님의 30여 년에 걸친 유골 수습과 쏟은 정성에 깊이 감사드린다. 특히 천광사(天光寺) 대표역원인 우에노 겐이치(上野健一) 씨의 각별한 이해와 지원아래 이 운동이 구체화되어 세계인류평화기원봉사회(世界人類平和祈願奉仕會)가 발족되었다. 세계 인류평화 기원 '전쟁 희생자의 유골 수습과 한반도 남북 평화통일 촉진'을 목적으로 한 상징으로 38도선 비무장지대에 세계에서 가장 큰 평화기원(平和祈願) 범종(梵鐘 ; 高 5m, 口徑 3m, 重量 12.4t) 설치를 추진하고 있다.

우에노 겐이치 씨는 세계인류평화기원봉사회 또는, 세계인류평화기원의종추진위원회(世界人類平和祈願之鐘推進委員會)의 사무총장을 맡아 많은 금액을 기증하고 고려사(高麗寺)에 평화기원의 범종(梵鐘 ; 高 2.57m, 口徑 2m, 重量 9t)을 완성하여 종루(鐘樓)도 건설하고 낙성·완성하여 주었다. 관계자 일동에게 감사드린다.

자연과 사람은 공존하며 조화롭게 살아가는 노력을 하여야 한다. 우리 인류의 항구적인 평화를 위해 비참한 전쟁이 다시는 있어서는 아니 될 것이며, 이는 항구적인 평화를 위해 뒤에서 끊임없이 노력하는 인사들이 있기에 가능한 것이다. 앞으로도 이런 분들의 노고에 박수를 보내고 본받으려는 마음가짐을 가져야 하겠다.

일·한예술문화교류회(日韓藝術文化交流會)의 회장 도이도모유키(土井友之) 씨는 1982년에는 인도(印度)의 간디 수상을 만나 일인문화교류(日印文化交流)를 결성하였으며, 한국과는 30여 년간의 수많은 사업을 한 공로로 2003년에 당시 박지원

日·韓友好平和塔 碑文

(朴智元) 문화부장관으로부터 공로표창(功勞表彰)을 받은 바
있다. 1999년에는 세계평화에 기여한 업적으로 미국의 링
컨평화재단으로부터 평화훈장(平和勳章)을 수여받았다. 이상
의 일들은 자기희생 없이는 이룩할 수 없는 일들이다.

上野健一(신이나카구라시대학교 이사장)

도이(土井) 회장은 문화교류회 이외에도 고려사(高麗寺)나 무궁화무용단(無窮花舞踊團), 미술교류회(雪舟國際美術交流會) 및 폭넓은 작품활동을 하였으며, 독일과도 문화교류가 있음을 여기에 기록한다.

저서로는 『水墨山水畵의 潮流』, 『水許傳 108 人畵像』, 『白亭 東洋畵의 世界』, 『佛尊白描畵 시리즈』 등이 있다.

10

無窮花舞踊團과 刀禰宥子

한·일 예술문화교류 30여 년간을 회상하면 영화필름처럼 스쳐가는 것들이 많기도 하다. 그 중에서 제13회 문화교류전, 도조(陶祖) 이참평(李參平)의 묘지 성역화(聖域化) 사업과 현창암(顯彰菴) 조성 및 현창비(顯彰碑) 조성사업, 이참평의 동상(銅像) 제막식이 있었지만 가장 기억에 남고 즐거웠던 일은 무궁화무용단을 도이(土井) 회장과 기획하고 도네 히로코(刀禰宥子) 여사의 후원으로 창단하여 오늘에 이른 것이 가장 의미 있는 일로 생각된다.

그 중에서도 지금은 고인이 되었지만 이방자(李方子) 여사를 찾아뵙고, 창덕궁 후원에서의 다도회(茶道會) 활동 등을 잊을 수 없으며 우리 전통문화를 이어가는 초석이었다고 자부하고 싶다. 그리고 일본의 저명한 평론가이며 일·한 예술문화교류회의 고문이었던 가키다니(柿谷) 선생도 노구를 이끌고 내한하여 다도회를 격려해 주시며 이번이 마지막이 될 것이라고 하였으나 그 후에도 몇 번을 왔으니 그 끈기와 건강, 그리고 정신력에서 후배들에게 귀감(龜鑑)이

後援會 會長 刀禰宥子

되었다 할 수 있다.

그 무렵, 일본측 도이 도모유키(土井 友之) 회장이 만나 볼 분이 계신다 하여 도이(土井) 회장과 함께 방문한 분이 미키(三木政楠) 부회장이었는데, 그 분은 투병 중이었음에도 불구하고 '일·한 우호 평화의 탑' 건립에 많은 후원금을 내주시면서 한·일 친선활동이 활발히 전개되기를 바란다는 말씀을 하셨다. 미키부회장은 '일·한 우호 평화의 탑'의 준공을 보지 못하고 작고하셨기에 진정으로 가슴 아픈 기억으로 간직하고 있다.

역사는 누군가의 손에 의해 만들어지는데, 그 역사가 후세에 유익한 기쁨을 주고 모든 이에게 존경의 대상이 된다면 그것만큼 아름다운 인연은 없을 것이다. 이 아름다운 기부를 해주신 도네 히로코(刀禰宥子) 여사를 빼놓을 수 없어 여기에 소개하고자 한다.

그녀는 일본 사람으로, 거금을 쾌척(快擲)하여 한국의 '무궁화무용단(無窮花舞踊團 ; 단장 鄭林養)'을 창단하였다. 미약하나마 필자와 한·일 예술문화교류회의 일본측 회장 도이 도모유키 씨와의 기획이 잘 이룩되어, 비록 필자의 일이

고작 산파역에 지나지 않았지만 현해탄을 넘어 예술단을 만든 역사에 남을 일을 한 것에 보람을 느끼며 자랑스럽게 생각한다.

제4회 한·일 예술문화교류전을 오사카에서 개최하고 있을 때, 도쿄에서 노다 우이치(野田卯一) 총재가 오사카에 왔을 때 도네 히로코 여사를 보고 '귀족미인(貴族美人)'이라고 말씀하시는 것을 보고 사람을 정확히 보고 있구나 생각하였다. 도네 히로코 여사 일행이 한국을 방문했을 때 창덕궁으로 이방자(李方子) 여사를 예방한 후 국회로 윤길중(尹吉重) 부의장을 예방했을 때, 윤길중 부의장은 무궁화무용단의 이야기를 듣고 참으로 큰일을 하였다며 칭찬의 말씀을 해 주셨다.

이러한 도네 히로코 여사에게 힘을 실어주기 위하여 필자는 김대중 정부 시절인 2000년 3월, 문화관광부장관(박지원)에게 무궁화무용단 활동자료와 함께 일본 관계자에게 공로상을 수여해 줄 것을 요청하여 일·한 우호 문화교류회의 도이(土井) 회장, 무궁화무용단 도네 히로코 후원회장, 야노 마사오(矢野正勇) 일·한 예술문화교류회 이사장 등에게 당시 문화관광부 장관의 공로패를 받을 수 있게 한 것이 보람된 일이라고 생각한다.

무궁화무용단은 장족의 발전을 하여 1995년 3월, 도네 히로코 후원회장은 단원을 이끌고 미국 뉴욕의 카네기홀에서 공연을 하였을 때 기립박수를 받기도 하였다. 도네 히로코 후원회장이 후원하는 '무궁화무용단'의 한국민속무용을 통한 한·일 양국의 문화교류는 양국간에 우의증진과

오오사카 영사관의 영사와 도네히로코씨

발전에 가교(架橋)역할을 함으로써 민간외교를 활성화하는 본보기가 되었다고 할 수 있다.

도네 히로코 후원회장은 5살짜리 손녀에게 무용을 시켜 무대에 세울 정도로 한국무용에 심취하였다. 필자는 오사카(大阪)에 가면 의례히 도이(土井) 회장과 함께 도네 히로코 후원회장을 방문하고 항상 감사를 표한다.

도이 도모유키 회장이 박지원 문화부장관으로부터 공로패를 받고 담소하는 장면

최근 일본문화의 날에 왕인(王仁)박사 축제에 겸하여 개최되는 글짓기대회가 있는 날에는 의례히 무궁화무용단이 참가하여 왕인박사의 위업을 더욱 빛나게 해준다.

11

目黑雅叙園과 옻칠 匠人 田溶福

6.25라는 비극적 전쟁은 끝났지만 전쟁의 상흔은 아직도 가셔지지 않았고, 춘궁기라는 슬픈 이름의 가난 속에서 이 땅 상당수의 청소년 사이에 불명예스러운 '공돌이'니 '공순이'라는 이름마저도 오직 직장을 가졌다는 사실 하나만으로 부러움의 대상이 되었던 그 시절, 부산의 찢어지게 가난한 집안의 장남으로 태어난 소년 전용복(田溶福)은 장래에 유명한 화가가 되겠다는 꿈을 키우고 있었다.

그러나 현실은 소년 전용복이 자신의 꿈을 키우기엔 너무나 힘든 상황이었다. 장남으로서 가족의 생계를 책임져야 할 무거운 짐이 그를 억눌렀기 때문이다. 화가의 꿈을 접은 그가 생계유지 수단으로 첫발을 내딛은 곳은 가구회사였다.

나름대로 내적 감각을 지닌 그에게 가구제작 일은 가족의 생계를 돕는다는 것 외에 자신이 땀 흘린 만큼의 흔적이 제품에 그대로 남아 있다는 사실에 매력을 느꼈고 남다른 노력 덕분에 차츰 그의 솜씨를 인정받게 되었다.

옻칠 장인 전용복의 작업 장면

조금만 노력하면 자신만의 작업공간을 가질 수 있겠다고 생각
한 그는 과감히 사표를 던지고 드디어 개인 작업공간을 갖게
되었다. 그의 주된 작업은 인테리어와 작은 규모의 가구 제작
이었다. 작업의 마지막 공정이 바로 칠 작업이었다. 물론 락카
나 니스의 마무리 칠 작업이었다. 이 마지막 칠 작업이 전용복
에게는 가장 신나고 행복한 작업이었다. 칠 작업이 끝나면 돈
이 들어온다는 단순한 생각에서만이 아니라, 칠을 하면서 어렸

메구로가조엔의 복도

을 때 키웠던 화가의 붓질을 연상했기 때문이다. 마지막 칠 작업을 하면서 그는 언제나 칠한다는 장인의 자세가 아닌 그린다는 화가의 자세로 작업을 마무리했다.

그러던 어느 날 옻칠로 마무리해 달라는 소품제작을 의뢰받았다. 고객은 옻칠로 잘 마무리해 주면 나름대로의 사례는 하겠다고 했다. 이렇게 해서 그의 옻칠작업은 시작되었다. 그러나 생각처럼 옻칠작업은 쉽지 않았다. 제대로의 옻칠을 배울 마땅한 장인도 없었다. 당시 값싼 화학제품(락카·니스) 칠에 밀려 옻칠이 이미 사라진지 오래였기 때문이다.

이따금 찾는 관광객이 전통가구를 찾는다는 점, 화학제품의 칠로 마감하는 시간에 비하여 옻칠로 마감하는 작업의 반대급부가 월등히 높다는 점에 매력을 느낀 그는, 가장 한국적인 것이 가장 세계적인 것이 될 수 있다는 사실을 스스로 깨닫고 주문도 종전과는 달리 옻칠작업을 요하

메구로가조엔(目黒雅敍園)의 천연색 벽화

는 작업만을 선별적으로 주문받았다.

'옻칠장이 전용복'이라는 소문은 부지불식간에 부산을 넘어 전국에 알려지기 시작했고, 드디어는 일본 관광객의 입을 통하여 일본에까지 알려지게 되었다. 자신의 작업장을 찾은 관광객으로부터 자신의 옻칠이 일본의 그것보다 우수하다는 칭찬의 말을 여러 번 들은 그는, 일본의 옻칠 공예 기법과 솜씨를 직접 확인하고 싶어 일본으로 칠공예 문화의 견학을 떠났다. 바로 1980년대 초였다.

이미 자신의 공방을 찾은 일본 관광객으로부터 도쿄 한복판의 세계적인 연회장 '메구로 가조엔(目黑雅敍園)'에 대한 얘기를 들어 알고 있는 터여서 그곳을 직접 보고도 싶었다. 우선 일본의 고서점을 찾아가 일본의 옻칠에 관한 자료를 수집했다. 그 수집과정에서 우연히, 정말 우연히 메구로 가조엔에 대한 천연색 화보도 구할 수 있었다.

어렵게 수집한 자료에 의하여 메구로 가조엔이 1930년대 초에 건립되었고 200여 개의 방에 복도의 길이만도 자그만치 300여 미터에 이르며, 당시 일본의 유명한 화가들의 작품 4천여 점이 전시되어 에도시대 미술의 마지막 불꽃을 태운 곳이라는 사실도 알았다.

그의 일본에서의 칠공예 문화 견학에 있어 가장 큰 수확은 메구로 가조엔이 세워진 지 반세기가 넘어 전반적으로 개수 작업을 시행하기로 했다는 정보였다.

그는 옻칠이 우리나라에서 시작하여 일본에 건너가 꽃을 피웠고, 옻칠의 영어표기가 'japan'이라는 사실에 놀랐다. 메구로 가조엔을 직접 대한 감동을 그는 이렇게 적고 있다.

　처음 메구로 가조엔에 들어서는 순간 마치 가슴을 불로 지지는 것 같은 충격과 전율로 그만 주저앉고 말았다. 200여 개나 되는 방들과 300여 미터에 이르는 복도 모두가 대형 옻칠 작품으로 장식되어 있었다. 정말 환상과 경이의 별세계였다. 그런데 더욱 충격적인 것은 건립될 당시 한국의 많은 옻칠 장인들이 그곳에서 작업했다는 사실이었다.

　메구로 가조엔의 개조작업을 위해서는 우선 일본어 구사가 무엇보다 필수요건이라 생각한 그는, 야간대학 일본어과에 입학하여 3년간 피나는 노력으로 일본어를 익혔고, 메구로 가조엔 개수작업에 참여하는데 온힘을 기울였다.

　메구로 가조엔의 복원작업을 따내기 위한 전용복의 노력은 눈물겨웠다. 그는 일본의 옻칠 기법을 배우기 위해 일본 전역을 순례했다. 이 과정에서 가장 부담스러웠던 점은 여행경비였다. 여행경비가 부족해서 공원 벤치에서 노숙했는가 하면, 식사는 대부분 길거리 포장마차에서 꼬치 몇 개로 때우는 일이 비일비재(非一非再)였다.

　전용복은 한국에서는 전혀 경험해 본 적이 없는 기법들을 익힌 후 메구로 가조엔의 전체적인 작업계획 준비에 심혈을 기울였다. 옻칠장이 전용복은 일본 예술의 한 핵이라 일컬어지는 메구로 가조엔의 복원작업에 참여코자 하는 자신에게 얼마나 큰 장애와 저항이 따를 것인가를 너무도 잘 알고 있었다. 그래서 행여 있을 수도 있는 자신을 배제시키기 위한 일본 심사위원들의 있을 수 있는 함정질 등에까지 만반의 준비를 하며 최선을 다 했다. 실기면에서는 자신이 있다는 사실은 직접 일본인의 작품을 대하면서 깨달았다.

"만일 한국의 유서 깊은 문화공간을 낯선 일본인이 복원한다고 생각해 보십시오. 탐탁지 않을 것은 물론이고 자존심 상하는 일이 아니겠습니까? 그들의 나에 대한 저항이나 경계는 당연한 것이지요."

일본의 자존심이라 일컬어지는 메구로 가조엔 복원작업에 참여하려는 일본의 내노라 하는 옻칠장인 3천여 명이 목을 메고 있는 중에 희보가 날아들었다. "메구로 가조엔 복원작업에서 옻칠에 관계된 모든 일을 맡기겠다"는 내용이었다. 말하자면 메구로 가조엔의 전체 미술품을 완전복원하는 비용의 10분의 1에 해당하는 정도의 작업으로, 300억 원에 이르는 작업이다. 이런 소식을 간접적으로 전해들은 주변의 가까운 사람들이 축하의 인사말을 전해 왔지만 옻칠장인 전용복은 불만이었다. 자신에게 주어진 일이 고작 옻칠이라는 기능적인 일이요, 자신 있게 해낼 수 있는 옻칠 작품이라는 예술적인 면을 보여 줄 수 없기 때문이었다.

그는 즉시 한국에 연락하여 예전부터 친분관계를 유지하고 있는 한국의 옻칠 장인들을 불러들였다.

"이번의 메구로 가조엔 작업은 나 하나의 개인 작업이 아닙니다. 우리 한국의 옻칠장인 모두의 명예가 걸린 우리 모두의

메구로가조엔 복도

일입니다. 우리 모두 옻칠작업에 그치지 말고 꼼꼼하고 철저
하게 작품을 만듭시다."

그는 메구로 가조엔 측이 옻칠 작업을 맡기면서 5천여
점에 이르는 옻칠작업이 동시에 이뤄지지 않고 작업이 유
보되고 있는 이유를 곰곰이 생각했다. 번개처럼 머리를 스
치는 생각이 있었다. 우리의 작업숙련도와 능력 여하에 따
라 예술작품의 작업까지 내가 해낼 기회가 주어질지 모른
다는 가느다란 희망이었다.

그의 예측과 실낱같은 희망은 빗나가지 않았다. 꼼꼼하
고 철저하게 작업하는 그의 솜씨를 눈여겨 본 메구로 가조
엔의 경영진들은 일본화 목판화 등의 복원 작업도 옻칠장
인 전용복에게 의뢰하게 되었으며, 드디어는 새로운 창작

작품의 작업까지도 그에게 맡기는 등 전폭적인 신뢰를 보였다.

전용복 씨도 그에 상응하는 적극적인 태도를 보였다. 옻칠과는 상극인 먼지를 피하기 위하여 도쿄에서 신간센으로 3시간이나 걸리는 이와테현의 가와이무라라는 산간 시골 마을의 폐교를 작업장으로 꾸며서 많을 때는 1백여 명의 한국 옻칠장인을 불러들여 3년 만에 주어진 작업을 완료했다.

그의 작업량은 연인원 10만 명이 동원되어야 해낼 수 있는 일이었으며, 3년간 사용한 옻칠은 무려 10톤에 이른다. 옻칠하는 작가가 평생 사용하는 옻칠의 양이 300~400kg 정도이고, 한 해에 일본에서 생산해 내는 옻칠의 양이 1톤 남짓이라니 옻칠장 전용복 씨와 그를 돕던 우리 옻칠공예인이 사용한 옷의 양이 얼마쯤 되는지 독자들도 헤아릴 수 있을 것으로 믿는다.

그는 당시를 이렇게 회상했다.

"많을 때는 한번에 100여 명 정도의 옻칠 장인들이 함께 생활하다 보니 그들을 통솔하는 일이 여간 어려운 문제가 아니었습니다. 거기에다, 이따금 부닥치는 일이지만 작품이 생각대로 표현되지 않을 때는 어디에 하소연할 수도 없고…… 참으로 암담한 속에서 혼자 생각하며 남모르게 눈물 흘린 적도 한두 번이 아니었습니다.

……갑자기 비자 발급이 취소되어 애써 초청한 한국의 옻칠 장인들이 공항에서 모두 입국도 못하고 되돌아간 적도 있었습니다. 아무것도 보이지 않을 정도로 암담했지만 작업 마감시

간을 불과 6개월 앞두고 포기할 수는 없었어요. 남아 있는 사람끼리 뜻을 모았죠. 모두가 잠을 못 자는 한이 있더라도 끝까지 죽기 살기로 기어코 우리 손으로 해내고 말자고…… 다행히 어느 누구 하나 반대하는 이 없이 모두가 따라 줘서 대역사를 마무리했습니다."

특기할 점은, 일본에서조차 전혀 시도하지 못했던 금속옻칠이라는 새로운 기법을 이용하여 엘리베이터 전체를 장식하는 쾌거를 이룩했다는 점이다. 그뿐이 아니다. 메구로가조엔의 2층 대회의장 입구에는 무려 23.6m에 이르는 〈사계산수화〉라는 대형 옻칠 패널을 걸어, 옻칠 문화의 새로운 기원을 열기도 했다.

마무리 작업은 메구로 가조엔의 재개관식이 있던 날의 새벽 3시까지 이어졌다. 작업을 마친 한국 옻칠장인들의 얼굴은 생옻칠이 무수히 떨어져 마치 나환자를 방불케 할 정도로 일그러져 있었다. 잠깐 죽음보다 깊은 잠을 잔 뒤 개관식에 참석키 위하여 입구에 다다른 순간, 건물 앞에는 태극기가 펄럭이고 있었다.

"그 순간은 정말 감격적이었습니다. 우리 모두가 한 데 엉켜 목이 터져라 만세를 부르며 울부짖었습니다."

어느 잡지는 이날 옻칠장인 전용복 씨에게 있었던 일을 이렇게 기사화했다.

개관식이 열리는 식장에서 전씨는 3년간의 피로가 한꺼번에 몰려와 정신을 잃고 쓰러지고 만다. 메구로 가조엔에서는 전씨의 작품마다 금으로 이름을 새겨 존경의 뜻을 표시했고, 일본 정부는 메구로 가조엔의 복원기념일인 1991년 11월 13일을 '옻칠의 날'로 선포해 그의 공로를 기리기도 했다.

또한 그날의 개관식장에 참석하셨던 이어령 전 문교부장관은 그의 어느 글에서 이렇게 당시의 감격을 글로 옮긴 바 있다.

지금도 일본 '메구로 가조엔'에서의 하루를 잊을 수 없다. 온통 관내 전체가 마치 전용복 님의 전시장처럼 아름다운 칠공예 작품으로 가득 차 있었다. 그러나 감동이기 전에, 자랑이기 전에, 슬프고 분한 느낌이기도 했다. 한국에서는 제대로 대우받지 못하고 노을 속에 잠겨가고 있는 옻칠과 나전의 전통문화가 지금 남의 땅 일본에서 저렇게 아침햇살처럼 떠오르고 있지 않은가.

'메구로 가조엔'의 성공적인 복원으로 일본의 옻칠 문화를 부흥시킨 인물로 평가받고 있는 그는, 지금 한국적인 정서를 담은 옻칠 작품을 끊임없이 발표하여 일본 사람들을 열광시키고 있으며 제자를 길러내기 위해 일본 도쿄에 '메구로 가조엔 칠 연구소'를, 부산에는 '전용복 칠예연구소'를 운영하고 있다.

필자가 '메구로 가조엔'의 공사가 끝난 직후 한·일 문화예술교류회장으로 그곳을 찾았을 때, 그곳의 선임 여자 안내원이 두어 시간 동안 안내하고 설명하면서 "전 사마께서,

전 사마께서" 하면서 옻칠장 전용복 씨에 대하여 계속 존경의 뜻을 표하던 일이 지금도 생각난다.

12

일본 젊은이들의 偶像 소프트뱅크 孫正義

지난 4월, 일본 동북부해안을 휩쓴 츠나미가 대자연이 인간에게 내린 재앙의 한 극단이라고 한다면 한 인간이 보인 회사는 자기 헌신의 극치이다. 손정의는 자신의 개인재산 100억 엔에 더 하여 자신이 경영하고 있는 소프트뱅크(Soft Bank)에서 은퇴할 때까지 임원으로서 받는 자신의 보수 전액을 지진성금으로 내놓겠다고 했다. 그는 또 지진고아에게는 만 18세에 이르기까지 휴대전화 단말기를 무상대여하고 통신요금도 전액 면제해 주는 등 아픔 나누기에도 적극 동참하였다. 그는 가진 자가 같은 인간으로서 아픔을 겪는 사람에게 보여야 할 자세가 과연 어떤 것이어야 하는가를 몸소 보여주었다.

그에 반하여 일본 최고의 부자에 뽑혔다는 '유니클로'의 야나이 다라시(柳井 正) 회장의 성금은 일본 최고의 부자라는 위상에 걸맞지 않는 고작 10억 엔이었다.

주인공인 손정의(孫正義) 회장은 일본 역사상 최대의 성금 희사자의 명성을 뛰어넘어 가장 용기있는 기업인으로도 추앙받고 있다. IT산업, 즉 정보산업이라는 용어 자체부터가 생소한 시절에 자본금 1억 엔과 2명의 아르바이트생을 데리고 시작한 소프트뱅크를 창업 30년이 지난 오늘날 자회사 116개 이상을 거느린 초 공룡 정보기술기업으로 성장시키기까지 그 자신이 보여준 용기와 도전을 훨씬 뛰어넘는, 기업인으로서는 불가침의 영역이기도 한 정부에 대하여 정면으로 비판한 그의 용기에 일본인들은 환호하는 것이다.

그는 일본의 츠나미 사건 이후, 정부당국이나 위정자, 관계인들이 보여 준 늑장 대처라든가, 자신들에게 불리한 정보는 숨기려 하고 소극적으로 대처하는 태도에 대하여 서슴없이 자신의 생각을 피력했다.

……대의제 민주주의의 근저에 있는 정신은 주권재민(主權在民)이며, 의원은 국민의 대리인이라는 사실이다. ……일본은 전후 의회제도 60년의 역사 속에서 의원이 마치 권리를 가진 것처럼 되어 주권재민의 정신은 약해졌다. ……이러한 사태는 국가 대계의 관점에서 결코 바람직하지 않으며 이제 일본은 민주주의의 틀을 바꿀 때가 되었다고 생각한다. ……총리 선출 등 국가의 주요 시책을 결정할 때 국민투표 등 직접 민주주의 제도를 도입하는 것이 좋겠다.

는 폭탄적인 의견이다. 한 기업인으로서의 이 같은 의견은 남들이 누리지 못하는 인센티브를 누리고 있는 집권 여당에 대한 도전으로, 더욱이 역린(逆鱗)까지 건드리는 용기는 섶을 지고 불속에 뛰어드는 만용과 다름없음을 누구보다

소프트뱅크 손정의 사장

잘 알고 있을 그가 서슴없이 해냈다. 손정의는 일본에서
나고 자란 일본인이면서 창씨개명(創氏改名)을 하지 않아
'한인 3세'라는 숙명적인 꼬리표가 항상 따라다녔다. 그런
그에게 늘 쏟아지는 껄끄러운 시선을 아랑곳하지 않고 '소
프트뱅크'의 신화를 일궈낸 일본 속의 한국계 기업인이다.

물론, 일본인 모두가 손정의 회장의 상상을 초월하는 성
금을 기부한 행위나 총리를 투표로 뽑아야 한다는 그의 주
장에 환호성을 보내는 것은 아니다. 일각에서는 손정의 회
장의 거액 기부나 총리 직선론은 소프트뱅크의 인기상승과
그에 따른 반사이익으로 이어질 것을 염두에 둔 꼼수로 보
는 시각도 없지 않다.

화제의 주인공 손정의는 어떤 인물인가

1981년, 24세의 젊은이 손정의가 1억 엔의 자본금으로 아르바이트생 2명을 고용하여 시작한 일은 컴퓨터 도매업체인 '유니슨 월드'였다. 제품 판매업체의 치열한 경쟁도 거의 체험해 보지 못한 풋내기 실업가 손정의는, "내가 기필코 10년 안에 매출 500억 엔의 회사로 키울 거야."

그러나 주위에서는 겁 없는 젊은이의 호언장담으로 치부했고, 그를 돕던 아르바이트생마저 그의 곁을 떠났다는 일화가 전설처럼 전한다.

그의 호언장담(豪言壯談)은 이름 그대로의 말뿐인 호언장담이 아니었다. 그의 사업은 욱일승천(旭日昇天), 놀라운 속도로 커나갔다. 일본 소프트뱅크를 설립한 그는 자기의 사업체를 일본 내로 국한시키지 않겠다는 의지로 앞의 한정적 의미의 사명에서 '일본'을 떼어냄으로써 한 단계 뛰어넘는 약진의 발판을 마련했다. 그의 의지와 희망은 착착 이뤄져 미국 소프트뱅크 홀딩스를 설립, 드디어 기업을 공개하기에 이른다.

이어서 그는 '야후(yahoo)'에 투자하여 일본법인 '야후'를 설립하여 브로드 밴드 서비스를 실시했다. 그때가 바로 1996년이었다. 그로부터 10년 후, 2006년에는 '보라폰재팬'을 인수하여 '소프트뱅크 모바일'로 회사명을 바꾸고, '소프트뱅크 모바일'을 독점 판매하기에 이르렀으며, 드디어 2008년 이래 아이폰의 일본 독점권 등 동물적인 경영 감각을 발휘한 과감한 승부수와 그 결과로 바로 일본 젊은

이들의 우상(偶像)이 되었다.

오늘날 소프트뱅크의 자본금은 1,900억 엔이요, 총자산 4조 5,000억 엔에 이른다. 일본을 대표하는 정보기술(IT) 기업으로 성장시켰지만 손정의 회장은 이에 만족치 않고 지난해에는 자신의 뒤를 이을 후계자 및 IT 인재를 양성하기 위한 기관으로 '소프트뱅크 아카데미'를 설립하여 화제를 일으키기도 했다.

그는 지난번의 일본 대지진 참화를 불러일으킨 일본의 에너지정책을 바꾸기 위하여 개인재산 10억 엔을 들여 원자력 발전을 대신할 자연에너지를 연구하는 연구재단을 설립했다고 밝혀, 또 한 번 일본을 놀라게 했다.

'KT'와 '소프트뱅크'가 이처럼 신속하게 손을 잡은 데는 지난 3월, 일본 대지진의 영향이 컸다. 당시 100억 엔을 쾌척할 만큼 지진 피해복구에 신경을 썼던 손 회장이 지진 피해가 거의 없고 전기세도 낮은 한국을 거쳐 일본 기업들에게 클라우드 컴퓨팅 서비스를 제공하겠다는 결정을 내린 것이다. 'KT'가 지난해 9월 이미 '소프트뱅크'에 'KT'의 클라우드 컴퓨팅 시설 이용을 제안한 덕도 컸다. 'KT'는 지난해부터 단순한 통신사업자가 아닌 정보통신기술(ICT) 사업자로 거듭난다는 목표하에 클라우드 컴퓨팅 사업에도 공을 들여왔다.

일본 기업들 金海서 서버 데이터 관리

'KT'와 '소프트뱅크'의 합작사는 우선 경남 김해에 데이

터 센터가 완공되기 전까지 목동의 데이터 센터를 활용할
예정이다. 여름부터는 개인기업의 서버 장비를 대신 관리
해 주는 서비스를 실시하고, 가을부터는 업무용 자료를 관
리해 주는 백업 서비스를 일본 기업들에 제공한다.

내년 상반기부터는 각종 재해가 발생했을 때 데이터를
보호해주는 재해복구 서비스를 선보인다. 이는 지진·해일
등으로부터 안전한 한국의 데이터 센터를 찾고 있는 일본
기업들에게 주목받을 것으로 기대된다. 시장조사업체인
IDC에 따르면 현재 일본의 데이터 센터 시장규모는 올해
5,800억 엔(7조 5,000억 원)이며 매년 약 9.7%의 성장이 예
상된다. 덕분에 합작사가 목표로 하는 시장규모도 오는
2014년에는 2,450억 엔(약 3조 2,000억 원)까지 확대될 전망
이다.

이 같은 서비스가 가능한 것은 한·일 해저를 잇는 광케
이블 덕분이다. 일본의 기업들은 지난 2002년에 개통된
KJCN(Korea Japan Cable Network) 광케이블을 통해 우리나라
에 있는 데이터 센터를 이용하게 된다. 양사는 보다 빠르
고 안정적인 컴퓨팅 서비스를 위하여 10G급의 대용량 전
용 라인을 운용하며 앞으로의 서비스 활성화에 따라 이를
확장할 계획이다. 또 만일의 경우에 대비하여 예비 네트워
크도 확보되어 있다.

일본 전력난 대응에도 기여

양사의 합작은 일본 기업들의 전력사용량 절감 수요를

겨냥한 것이기도 하다. 일본 정부는 오는 7월부터 '전력사용 제한령' 시행을 통해 전력 사용량을 15% 감축할 예정이다. 지진으로 인한 후쿠시마 원자력 발전소 사고 이후, 일본은 전력난에 시달리고 있다.

동일 면적 기준으로 기존 데이터 센터보다 더 많은 서버를 관리하면서도 전력효율을 2배나 높인 'KT'의 클라우드 컴퓨팅 서비스에 눈을 돌릴 수밖에 없다. 'KT'는 일본 시장 진출을 계기로 한국을 글로벌 데이터 센터로 발전시킬 계획이다. 우선 아시아의 15억 인구를 겨냥해 클라우드 컴퓨팅 기술과 서비스를 수출한다는 방침이다. 'KT'가 '소프트뱅크'와의 합자의 성과를 거둘 경우 이 같은 목표를 이루는데 크게 기여할 전망이다.

脱原電 時代

손정의 씨가 후쿠시마 원자력발전소 사고 이후 일본 에너지정책의 대전환을 주장하며 내건 '자연에너지 프로젝트'가 윤곽을 드러내고 있다. 손 사장은 사재 10억 엔을 들여 8월 12일, 공식 출범한 '자연에너지재단' 이사장에 외국의 현직 장관을 기용해 자연에너지 도입 의지를 다시 한번 강하게 밝혔다. 일본의 여,야도 '자연에너지 보급 확산을 위한 특별법'에 합의하면서 손 사장의 자연에너지 추진에 화답했다.

손 사장은 자연에너지재단 이사장에 에너지 전문가로 알려진 스웨덴 에너지청 장관인 토마스 고바리엘 씨(50)를 내정했다. 스웨덴은 1980년 국민투표를 통해 '탈원전 선언 (脫原電宣言)'을 발표했으며 석유의존비중을 제로로 하겠다는 파격적인 정책을 채택한 친환경에너지 선진국이다.

손 사장은 재단 이사장 적임자를 찾기 위해 해외의 저명한 에너지 전문 관료를 물색해온 것으로 알려졌다. 일본 정부의 에너지 정책에 영향을 주기 위해서는 에너지에 대한 전문성은 물론이고 중량감 있는 정책관료가 적임자라고 판단했기 때문이라는 후문이다. 소프트뱅크 측은 "손 사장과 고바리엘 장관이 개인적인 친분은 없는 것으로 알고 있다"며 "손 사장은 친환경 에너지 선진국에서 이사장 후보를 물색해 왔다"고 설명했다.

일각에서는 손 사장의 탈원전(脫原電)을 '허무맹랑한 주장'이라고 매도하지만 손 사장이 자연에너지에 몰두하는 열정은 대단하다. 원전 사고 이전부터 자연에너지와 관련한 논문을 발표했을 정도다.

동일본 대지진 직후인 4월, 집권 여당인 민주당의 '동일본 대지진 부흥비전 모임'에 참석해 "일본의 에너지정책을 원전에서 자연에너지로 전환해야 한다"고 주장한 것도 평소 이와 같은 열의가 있었기 때문이다. 그는 앞으로 재단에 태양광·풍력 등 자연에너지를 연구하는 전 세계 과학자 100여 명을 불러 모아 자연에너지 연구를 진행하여 일본 정부에 에너지 정책전환을 제안할 계획이다.

지난 4월, 일본 대지진의 여파가 가라앉기는커녕 시간이 흐를수록 이재민의 고통은 더욱 깊어가고, 핵확산의 위험은 더욱 커져가는 이 마당에 당장 필요한 것은 다름 아닌 자우(慈雨)이다.

설혹 어느 호사가의 주장처럼 손정의 회장의 거액 기부나 총리 직선론으로 소프트뱅크 인기상승에 따른 반사이익이 주어진다 해도 일본의 그런 상황에서 손정의 회장이 베푼 자우는 이름 그대로 다다익선(多多益善)이다. 이런 격언도 있다. "자우(慈雨)는 이를 맞는 이에게 축복일 뿐만 아니라 이를 내리는 이에게도 축복"이라고.

제8장

軍國主義 日本의 實體

1

浮島丸號와 함께 한 7천여 英靈들

얼마나 그렸던가 태극 깃발을
얼마나 외쳤던가 조국 해방을
갈매기야 울어라 파도야 춤춰라
귀국선 뱃머리에……

　해방 이후, 한 시대를 풍미한 유행가의 한 구절이다. 이
노래가 불러지기 훨씬 이전인 1945년 8월 24일, 조국이
해방되자, 일본 동북부 아오모리현(青森縣) 소재의 오미나
토 터널 등 주요 군사요새(軍事要塞) 건설현장에 한반도에
서 끌려간 1만여 명의 조선 피징용자들은 열악한 악조건에
서 강제노역에 시달리다가 해방을 맞았다.

　전혀 예상치 못했던 상황에서 해방을 맞은 한국인들의
보복이 두려웠던 일제 군사령부는, "조선인들은 지금 부산
으로 가는 우키시마마루호(浮島丸號)에 타지 않으면 영원히
갈 수 없다."고 위협하여 오미나토(大港)에 있는 한국인
7~8천 명을 유키시마호에 오르게 했다.

일본에서 우키시마루호 사건 진상규명 활동을 벌이는 이병만씨가 그동안 모은 자료를 펴보이고 있다.

부산으로 간다던 배는 아오모리현 시마키타반도 오미나토(大港)항을 출항한 지 얼마 되지 않아 군항이 있는 마이즈루만(舞鶴湾)을 향해 기수를 돌렸다. 우키시마마루호에 승선해 있던 귀국 동포들은 "마이즈루만에 위치한 군항에서 뭔가를 승하선시키려는 것이겠지"라고 짐작할 뿐 별다른 생각을 하지 않았을 것이 분명하다. 우키시마마루호가 마이즈루만에서도 가장 간만의 차가 심하고 수심이 깊은 곳에 이르자 폭음과 함께 영원히 시야(視野)에서 사라졌다.

1954년, 우키시마마루호의 인양 때에 선체의 윗부분은 건져냈으나 아랫부분은 너무 무거워 인양을 포기했다. 이는 배의 밑바닥에 실린 360톤에 이르는 자갈 때문인 것으로 밝혀지기도 했다. 우키시마마루호가 정원을 훨씬 넘는 인원을 승선시킨 데다가 그렇게 엄청난 무게의 자갈을 실었다는 것은 애초부터 침몰 혹은 폭파를 염두에 두고 계획적으로 꾸며낸 일이라는 것을 누구나 유추할 수 있다.

이어지는 이야기는 재일교포로서 오사카와 고베 등지에서 조총련 직원으로 일하다가 50년대 초에 우연히 우키시마마루호 참상을 듣고 관심을 가져오다가, 70년대 중반에 은퇴함과 동시에 '우키시마마루호 희생자 진상규명위원회'의 대표로 사건의 진상을 밝히는데 전념해 왔다는 이병만

1945년 8월 24일 침몰한 浮島丸号

씨가, 그 동안 이삭줍기식으로 긁어모은 자료를 보이며 경향신문 기자와 가진 인터뷰에서 다음과 같이 밝히고 있다. 그의 인터뷰 내용을 간추려 정리하면 다음과 같다.

1980년 초, 오카다스카이회사(岡田掃海會社)의 잠수부 가사하라(笠原) 씨가 회사의 여객선 취항에 앞서 마이즈루만 바다 밑을 조사했다는 정보를 입수하고 직접 만나 실태를 물으니 가사하라 씨는, "바다 밑을 파헤치는데 유골 6~7개가 있었다. 계속 작업하면 유골이 얼마든지 더 있을 것 같아 더 이상 건드리지 않고 올라왔다."고 증언했다는 것이다.

또한, 당시 우키시마마루호 승무원으로 승선했던 몇몇 일본인을 만나 증언을 요청했지만 "꿈에도 생각하기 싫은 일"이라고 하나같이 입을 다물더라는 것이다.

또 다른 일본인은 자신이 직접 들었다면서, 그 사고 뒤에 일본인들끼리 모여, "더 많은 조선인이 죽어야 했는데 왜 그것밖에 죽지 않았지."라고 숙덕거리는 소리를 들었다는 증언을 하기도 했다는 것이다.

필자가 구한 또 다른 자료에 의하면 오미나토의 군사령 부는 승선한 거의 대부분의 사람이 죽은 이 사건을 두고 사망자가 560명이라고 발표하는 망동을 서슴지 않았다.

지금 교토(京都)재판소에서는 이 사건에 관하여 14년째 재판을 진행하고 있는데, 이 재판을 하는 원고는 일본인과 우리 교포들이다. 교토의 한 절에는 일본 후생성이 맡겨놓은 한인 유골이 지금도 안치되어 있다. 광주광역시 문병식(文炳植) 씨는 3세 때에 아버지를 이 배에서 잃었다고 증언한 바 있다.

이상은 제2차 세계대전이 끝나 70여 년의 세월이 흐른 지금까지도 밝혀지지 않고 남아 있는, 필자가 수집한 자료 중의 극히 일부를 소개한 내용이다. 전후 60년 동안 일본을 이끌어왔던 일본 자민당은 1990년대 초 그들의 정책보고서에서 '외국은 왜 우리를 불신하는 가'라고 스스로에게 자문한 바 있다. 벌써 20년이 지난 이 시점에서도 아직 늦지 않았으니 스스로에게 자문하면서 이웃 나라들의 불신을 밝혀야 한다.

그러면 이웃나라들이 왜 일본을 불신하고 있고, 일본이 이에서 벗어날 수 있는 방법이 무엇인가? 그 해답은 지극히 간단하다.

1940년 9월 27일, 독일·일본·이탈리아 3국 동맹을 맺고 제2차 세계대전을 일으켜 패전국이 되었으면서도 피해국에 대한 보상이나 배상문제에 대하여 규모면에서나 자세면에서 현격한 차이를 보이고 있는 독일을 본받아야 할 것이다. 같은 패전국이면서 일본은 분단의 아픔을 겪지 않았지만, 독일은 동서의 분단이란 아픔 속에서도 그들은 피해국에 최선을 다했기 때문이다. 독일은 오늘날 EU를 실질적으로 이끌어가는 중추국이 된 반면, '못 믿을 나라' 하면 첫손가락에 꼽힐 나라가 바로 일본이다. 이 얼마나 부끄럽고 비열한 일인가?

독일은 제2차 세계대전에서의 패망 후, 피해국에 대한 보상이나 배상문제에 대하여 그 처리방법이 독일은 일본과는 판이하게 달랐다.

우선 통일을 이룬 후, 수도를 베를린으로 옮기면서 새 수도에 대형 홀로코스트 기념물을 세워 국민들이 이를 보면서 과거에 선조들이 저지른 죄상을 끊임없이 뉘우치는 교육의 장으로 삼았는가 하면, "우리는 이렇게 잘못했습니다" 라고 고백하며 사죄하는 뜻으로 그들의 죄악상을 한눈에 읽을 수 있는 다하우박물관을 세우기까지 했다. 독일은 보상면에서도 제2차 세계대전 후, 독일의 재건과 600만 유태인 학살에 대한 사죄와 보상을 병행했다. 1956년에 제정된 '연방보장법'에 의하여 나치의 박해를 받았던 사람들과 유족들에게 충분히 보상해 주었고, 이스라엘 정부에 약 270억 마르크에 달하는 보상금을 내놓아 이스라엘로 돌아가 정착하는 피해자들에게 주택을 지어주고 도로를 개설하도록 해 주었을 뿐만 아니라 2030년까지 1,200억 마르크를 보상하기로 되어 있다.

독일은 이처럼 금전을 통한 보상뿐만 아니라 학교 교육, 유태인 수용소의 보존 및 전시, 사회교육을 통한 과거청산에 노력해 왔다.

그에 비해 일본은 어떤가? 스스로도 부끄러운 과거의 만행 흔적을 지워 없애는데 급급했고, 교과서를 왜곡하는가 하면, 실질적으로 관할권에 두고 관할하고 있는 한국령 독도를 자기네 영토라고 고집하고 있다. 그것은 새 시대의 세계를 이끌어가는 아시아의 세 별(중국·한국·일본)의 한 나라로서의 자세가 아니다. 그간 미국과 더불어 세계를 이끌어온 두 축으로서의 위상을 이제 중국이 그 자리를 누리고 있는 상징성을 일본은 수없이 곱씹어 봐야 할 것이다.

2

神風 特攻隊員으로 죽어간 젊은 靈魂

제2차 세계대전 말기, 일본의 가미가제(神風) 특공대원은 1,035명이었고, 이중 11명이 한국인이었다. 이들 중에 그나마 행적이 남아 있는 사람은 탁경현 대위와 김상필 대위 단 두 사람뿐이다.

이 이야기를 시작하기 전에 일단, 일본 가미가제 특공대원으로 산화한 탁경현 대위와 김상필 대위의 이야기를 잠시 접어두고 일본인들이 왜 '가미가제', 즉 신풍(神風)이라는 용어에 대하여 그토록 남다른 자긍심을 갖는지 그 역사적 배경을 먼저 살펴보기로 하자.

일본의 역사상 가미가제의 위력은 지금으로부터 700여 년 전인 1281년 7월, 당시 원나라와 고려의 연합군이 원나라의 동정정책(東征政策)의 미명하에 일본에 쳐들어갔다. 일본의 고오안(弘安) 해전에서 7월이면 불어 닥치는 계절풍에 의해 완전히 망하고 원정한 지 한 달여 만에 물러났다. 이 사건을 두고 일본인들은 일본을 지켜주는 천신이 침략군을 막아 준 바람이라 해서 '가미가제(神風)'라 일컬

출격전의 卓庚鉉 大尉
(영화 호타루 「蛍」의 주인공)

었던 것이다. 이를 좀더 자세히 설명하면 다음과 같다.

쿠빌라이칸(중국명 홀필렬(忽必烈))은 당시에 유럽까지 공포에 떨게 했던 칭기즈칸의 손자로, 몽고제국의 제5대 황제이자 중원대륙을 완전히 손아귀에 넣고 송나라를 무너뜨린 원나라의 시조다. 그는 1271년 5월에 마지막까지 원나라에 맞서 싸운 고려의 삼별초군을 완전히 공략하여 고려를 속국으로 두었다.

원나라는 그로부터 10년 후인 1281년에 900척의 전함에 4만 명의 군사를 싣고 일본 정벌길에 올랐다. 당시 원나라와 고려의 원정대 규모가 얼마나 컸던지 '사방 300리에 이르는 거대한 움직이는 섬'이라고 일본의 어느 역사서는 기록하고 있다.

려·몽 연합군은 대마도와 이끼섬을 차례로 점령하고 큐슈의 북서쪽에 상륙하니 일본은 완전히 공포의 분위기에 휩싸였다. 일본인들의 공포의 대상은 바로 원나라의 새로운 화약무기인 철포(鐵砲)였다. 도자기처럼 흙으로 구워 만든 원형의 포탄 속에 금속파편과 화약을 넣은 신무기로, 폭발

시에는 상상을 초월하는 굉음은 물론이려니와 금속파편이 100m까지 날아가는 새로운 무기였다.

이에 맞설 수 없는 일본 천황이 백성들에게 내린 훈령이 고작 공포에만 떨지 말고 절이나 신사를 찾아가 기도하라는 것이었다. 천지신명이 도왔던지 마침 7월이라서 계절풍인 태풍이 불어와 려·몽 원정군의 배를 완전히 침몰시켰으며, 이로 인하여 려·몽 연합군은 일본 본토에 발도 못 붙이고 전멸하고 말았다. 이를 두고 일본인들은 자신들의 기도에 응답하여 신이 바람을 일으켜 려·몽군을 몰아냈다 하여 이를 신풍(神風), 즉 '가미가제'라 일컬었다.

700년 전 려·몽 연합군을 얼마나 두려움의 대상으로 삼았는가 하는 재미있는 어원적 연구가 있어 여기에 소개한다.

일본 말 중에 두려움의 대상을 일컬어 '무쿠리고쿠리(蒙古高麗)'라고 하는 말이 있는데, 이는 우리나라에서 50년대 말까지만 해도 우는 아이를 달래는 수단으로 사용했던 '에비'에 비유되는 말이다.

위의 '무쿠리고쿠리'라는 용어의 괄호 속의 한자어로 짐작할 수 있듯이 '몽고군과 고려군이 몰려온다'는 의미다. 그리고 이것의 비유어인 우리말 '에비'는 정유재란 때에 왜군이 자기의 전과의 징표로 사람의 귀와 코를 베어 갔는데, 이 '귀'와 '코'의 한자어인 '이비(耳鼻)'가 '에비'로 와전됐다는 설이 있는가 하면, 가부장적 시대에 무서움의 대상이었던 '아버지'의 방언인 '애비'가 '에비'로 와전되었다는 설도 있다. 더 이상 언급은 필자의 집필 대상의 밖이어서

이 문제는 이에서 그치기로 하겠다.

가미가제의 두 번째 위력은 1940년 9월 27일 일본·독일· 이탈리아 3국이 3국동맹을 체결한 그 다음 해 4월, 즉 소련과의 중립조약을 채결한 후인 그해 12월 8일 가미가제 특공대를 투입하여 미국 하와이의 진주만 기습에 크게 성공하고 미국과 영국에 선전포고하여 급기야 태평양 전쟁을 발발한 이후부터 가미가제 특공대는 세인의 관심을 끌었다.

근·현대사를 통하여 그 유례를 찾아볼 수 없을 정도로 강경한 군국주의 체제 아래에서 일본의 가미가제 특공대원들에게는 인간으로서의 삶은 주어지지 않고 오직 천황을 위하여 자기 목숨을 바치는 의무만 주어져 있었다.

주로 비행사로 징용된 그들 대부분의 임무는 비행기에 폭탄을 싣고 가서 적국의 군함이라든가 중요한 군사시설 등과 충돌하여 스스로 폭사하는, 요즘의 표현으로 말하자면 자살폭격단이었던 셈이다. 물론, 그들이 타고 간 비행기에는 목표물에 도착할 수 있을 만큼의 연료만 주어졌었기에, 설사 적국의 시설물을 성공적으로 폭파한다 해도 어차피 돌아올 수 없었다. 그래서 적의 목표물과 함께 산화하도록 되어 있었던 것이다.

1945년 봄, 미군이 일본의 남단인 오키나와에 대한 공격을 감행하자 일본은 이에 대응하여 가미가제 특공대를 본격적으로 출격시켰다. 일본군에 징집되어 비행교관이 되었던 탁경현 대위가 사망한 것도 바로 이 오키나와 전투에서 가미가제 특공대 대원으로 차출되었기 때문이다.

그는, "내가 내일 출격하면 이 세상에서 사라질 겁니다. 마지막으로 나의 조국의 노래를 들어주지 않겠습니까?"라면서 아리랑을 한없이 부른 다음 날 출격하여 산화했다고 한다.

당시 비행기지 앞의 부대식당 주인으로 탁 대위의 노래를 들어준 도오메 여사는 탁 대위의 유언과 메모장을 건네받아 죽기 전까지 보관하고 있다가 자녀들에게 넘겨주며 꼭 유족에게 건네주라고 했다 한다.

탁 대위의 유물은 그로부터 50년이 지난 1995년에 한국의 다큐멘터리 제작진에 의해 가족들에게 전달되었다. 익명을 요구한 당시 탁 대위의 약혼녀, "제작진을 만나기 전에 그가 꿈에 생생히 나타난 것을 보니, 아직도 그가 한을 품고 저승에 돌아가지 못한 것 같습니다. 저 세상에 가면 그와 함께 살겠습니다."고 맺힌 한을 이야기했다고 한다.

한편, 연희전문학교(현 연세대학교) 응원단장을 지낸 김상필 대위는 주변의 탈출 권유에도 불구하고 당연히 있을 것으로 예상되는 가족들에 대한 박해를 생각하고 그들의 안위를 위해 그대로 출격, 사망하고 말았다.

이 사건의 다큐멘터리 제작팀에서는, "일본 측이 한국인 가미가제 특공대의 억울한 희생을 취재하는 것을 알고 접근을 막았다."는 말을 해준 적이 있다.

일본이 앞의 탁경현 대위나 김상필 대위와 같은 우수한 인재를 가미가제 특공대로 죽게 한 것은, 오늘과 같이 인재를 필요로 하는 시대에 국가적으로 얼마나 큰 손실인가를 알아야 할 것이다. 특히, 이 가미가제 특공대에 입대한 청년 대부분은 일본에서도 가장 유망한 청년들이었을 것이다. 그 우수한 인재들을 당시 일제는 전쟁물자의 소모품 정도로 알고 소형 특공 비행기에 연료를, 적의 함대나 적진이 있는 곳까지 날아갈 수 있을 정도만 넣어주고 돌아올 연료를 넣어주지 않았다는 사실은, 당시 일제가 얼마나 비인간적이고 야만적인가를 보여주는 하나의 단적인 예라 하겠다.

우리의 유망한 11명의 젊은이들, 그들이 가미가제 특공대라는 미명하에 끌려가 산화한 지도 벌써 70여 년의 세월이 흘렀고, 그들 중 겨우 두 명만의 죽음이 밝혀진 지도 어언 15년이 지났다. 그러나 지금까지 그들 유족에 대한 보상은커녕 그들의 죽음마저 밝혀지지 않고 있는 것이 오늘의 현실이요, 한·일관계의 한 단면이기도 하다. 참으로 안타깝고 서글픈 일이 아닐 수 없다.

3

日王 待避施設에 바친 1천여 生命들

1990년 11월 11일, 일본의 나가노현 나가노시의 마츠시로(松代) 대본영 지하호에서 한국인과 일본인 등 250여 명이 참석한 가운데 마츠시로 대본영 건설 당시에 숨진 한국인 희생자에 대한 위령제가 처음으로 올려졌다. 바로 아키히토(明仁) 일본 국왕의 취임식 하루 전날이었기에 이날의 행사는 남달랐다.

이 날 모임에 우리 측에서는 한국사를 강의하는 외국어대학교 박창희 교수와, 마츠시로 대본영에 대한 최초의 연구가인 박경식 선생이 참석하였으며, 재일교포로 구성된 오사카 소재 '민족문화연구소'의 회원들이 참석하여 평화를 기원하는 춤 공연을 펼쳐주었다. 일본 측에서는 대본영 지하호 공개보존추진회의 ·대표인 하라야마 시게오(原山茂夫), 작가 와다 노보루(和田登), 그 외에 팝송가수 구로사카 마사후미(黒坂正文)가 참석하였다. 구로사카 마사후미는 '광장과 우리와 청공과(広場と僕らと青空)'라는 노래로 유명세를 탔던 가수로, 그가 직접 작사 · 작곡한 '마츠시로 대본

강제노동에 끌려간 조선인의 비참한 모습

영 공사에 강제 동원되어 희생된 한국인에게 사죄한다'는
내용의 「어팔러지Apology ; 謝罪」를 불러 분위기를 숙연케
하기도 했다.

이날의 모임은 이미 한 달 전부터 '일본의 전후(戰後) 책
임을 생각하는 시민의 모임' 대표가 우리 측 대표인 박창
회 교수에게 제안하여 성사된 것이라 한다.

그로부터 20년의 세월이 흐른 작년, 그러니까 2010년 2
월 28일, '대일 항쟁기 강제동원 피해조사 및 국외 강제동
원 희생자 등 지원위원회'는 2010년 3·1절을 하루 앞둔 2
월 28일, 일본 국토교통성 자료와 문헌, 관련자 진술, 연구
자료 등을 토대로 2006년부터 진행해온 피해조사 결과를
발표했다. 그 발표 내용은,

　　태평양전쟁 말기, 일본군 총지휘소였던 대본영(大本營)　지하

방공호 건설에 한인(韓人) 7,000여 명이 강제 동원되었으며, 공사과정에서 650여 명이 사망했다.

는 조사결과 보고였다.

靑木(교포史學者)씨가 저자에게 渤海遺蹟을 설명하는 모습(左端은 矢ケ崎 교수)

그러나 나가노시의 시노노이(篠ノ井)에 있는 아사히고교(旭高校) 향토연구반이 펴낸 『생도들의 마츠시로 대본영(生徒たちのマツシロ大本営)』과, 와다 노보루의 『도록 마츠시로 대본영圖錄松代大本営』이라는 책에는 한국인 노무자들이 지하갱도 발파와 굴착 등의 작업에 강제 징발되어 240여 개 동의 밀폐된 막사에 20~30명씩 나뉘어 기거하면서 노예처럼 혹사당했다고 적혀 있다.

또한 당시 대본영 지하 공사장에서 굴착작업을 했던 한국인 노무자 최태소(崔太小) 씨와 김석지(金錫智) 씨는 "한국

인 노무자 7천여 명은 주로 가장 위험한 암반 폭파작업에
동원되어 하루에 15~20시간씩 혹사당했으며, 잔혹한 작업
과정과 영양실조 등으로 많을 경우 하루 20여 명이 죽어
나간 적도 있었어요. 또 작업 도중에 한국인끼리 애기하는
장면이 목격되면 몽둥이와 죽도 등으로 가혹하게 매질했으
며, 1945년 8월 공사가 중단될 때까지 한국인은 적어도 1

案內를 맡아서 해준 오시마(小島) 婦人

천 명은 죽어나갔을 겁니다." 라고 증언하였는데 이는 조
사단의 보고와는 현격하게 다른 증언이라 할 수 있다.

대본영 지하 방공호란, 태평양전쟁 당시에 전 일본군을
지휘하고 통솔하던 본부이자 만약의 사태에 대비하여 일본
국왕 일족의 왕궁을 옮겨 놓는 대피시설을 말한다. 이 지
하 방공호는 일본 도쿄 북서쪽 600km에 위치한 나가노현
(長野縣) 마츠시로(松代) 일대의 쇼산(象山)·마이즈루산(舞鶴

松本의 대피터널

山)·미나카미산(皆神山) 등을 중심으로 당시의 예산 2억 엔으로 연인원 300만 명이 1944년 11월부터 1945년 8월까지 극비리에 진행한 방공호 공사였다. 지하 방공호 규모는 굴착 길이 9,510m, 높이 2~3m, 폭 3m, 총면적 3만 8,042㎡으로 패전 당시의 평균 공정률은 80~90%였다고 한다.

「대일 항쟁기對日抗爭期 강제동원 피해조사 및 국외 강제동원 희생자 등 지원위원회」의 발표에 따르면, 당시 한반도에서는 면사무소 직원들이 무작위로 주민을 강제 동원시켜 일본으로 보내졌다. 이처럼 강제동원된 우리 동포들은 산악지대였던 나가노현의 영하 20도에 이르는 추위 속의 반지하 목재막사에서 생활해야 했다. 그들은 1일 2교대로 새벽 5시에 일어나 해가 질 때까지 지하 방공호 구축에 투입됐다.

또 다른 생존자들의 증언에 따르면, 강제 동원된 한인 노역자들은 하루 평균 한 명씩 사망한 것으로 추정되며 그들 중에는 강제노동을 견디지 못하여 자살한 노무자도 있었다는 것이 조사위원회의 조사 보고였다.

동 조사위원회는, "구체적인 실태를 파악하려면 한인 대부분이 소속된 건설조직 니시마츠구미(西松組)의 작업장 명부를 입수해야 하며, 현지조사도 필요하다."고 했다. 하지만 2010년 2월 28일, '대일 항쟁기 강제동원 피해조사 및 국외 강제동원 희생자 등 지원위원회의 조사결과' 발표 이후 벌써 1년이 지난 지금까지 이렇다 할 조사내용을 발표하지 못하고 있다.

물론, 사건의 성격상 진상을 파헤쳐 사실을 밝히는 데는 그만큼의 한계와 저항이 있을 것으로 생각된다. 그러나 이 상처를 그대로 은폐하기에는 사태가 너무 심각했고, 지금과 같은 국가 간 협력시대에는 더더욱 진상을 명확히 파악하여야 하며 그때의 희생자 유족에게는 그에 합당한 위로금이 전달되어야 할 것이다.

역사의 진실은 언젠가는 밝혀지기 마련이고, 그 밝혀지는 기간이 길면 길수록 더 큰 반대급부의 대가를 치러야 할 것임을 일본 당국은 잊지 말아야 한다.

高　句　麗

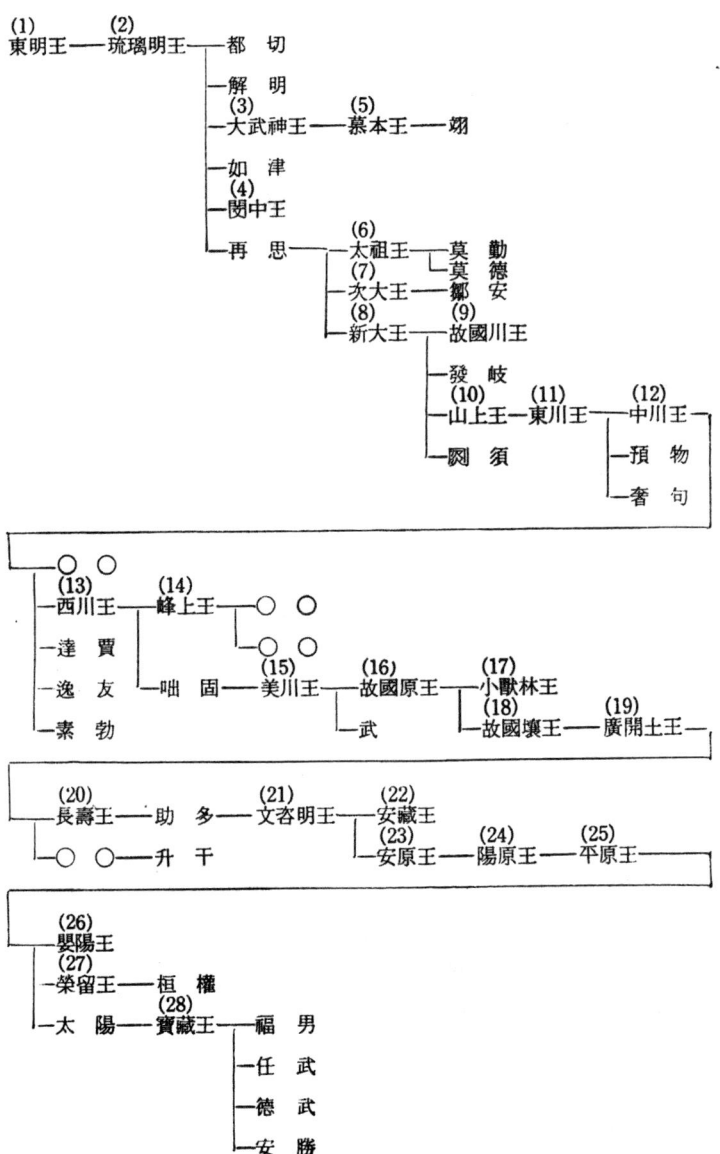

百　　濟

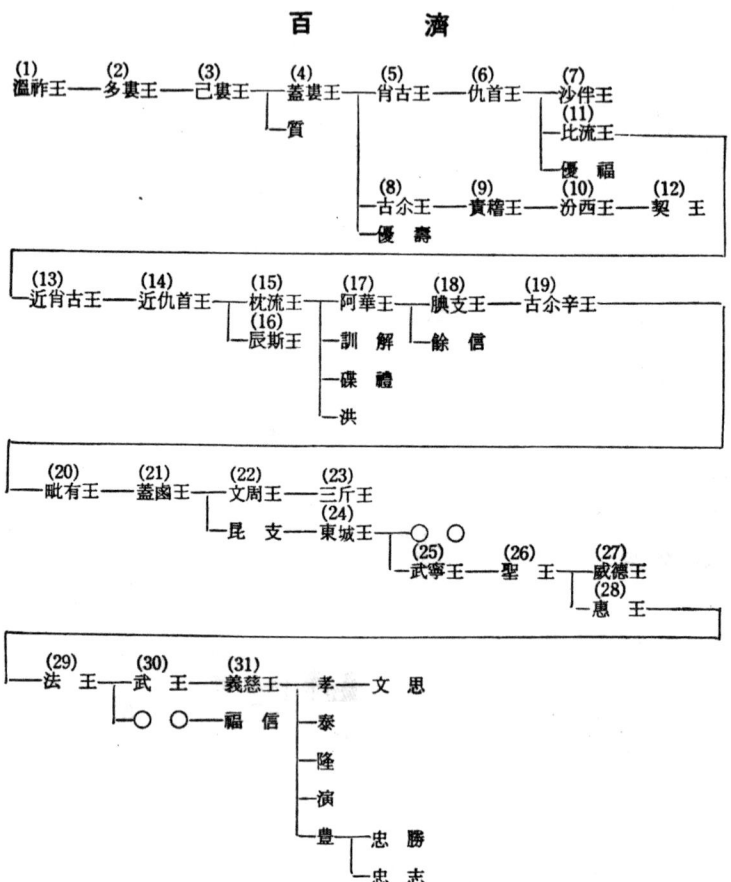

新　　　羅

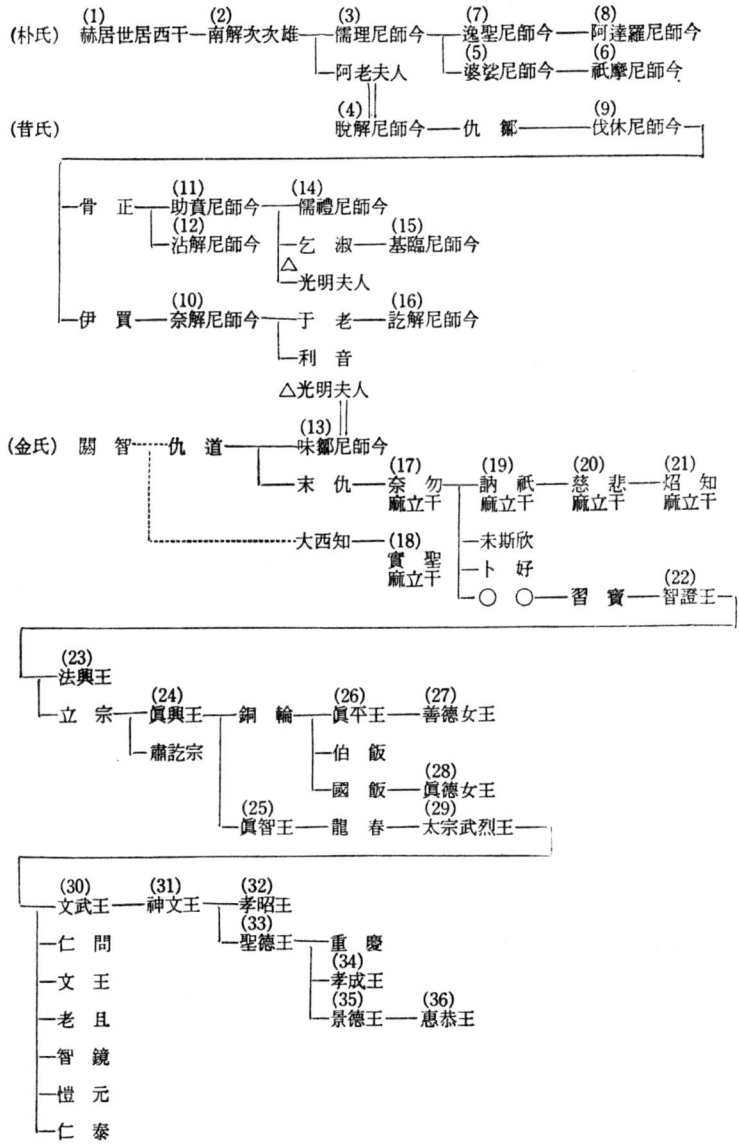

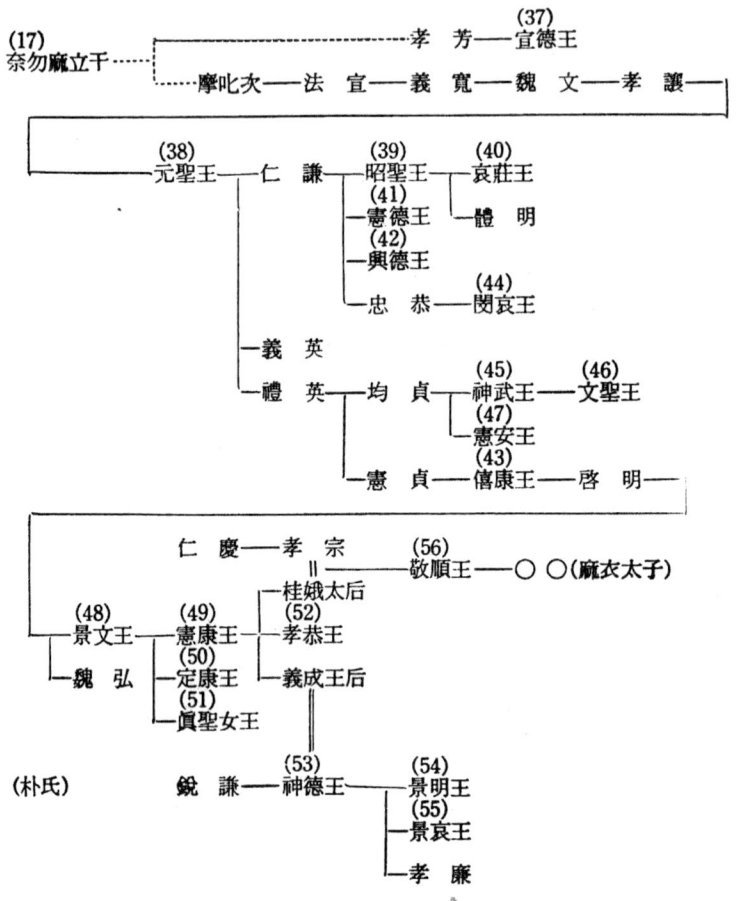

歷代王朝(역대왕조)

高句麗(고구려) 705년(BC37~668)		百濟(백제) 678년(BC18~660)		新 羅(신라) 992년(BC57~935)			
1. 東明聖王(동명성왕)	18	1. 溫祚王(온조왕)	45	1. 朴赫居世王(박혁거세왕)	60	32. 孝昭王(효소왕)	10
2. 琉璃王(유리왕)	36	2. 多婁王(다루왕)	49	2. 南解王(남해왕)	20	33. 聖德王(성덕왕)	35
3. 大武神王(대무신왕)	26	3. 己婁王(기루왕)	51	3. 儒理王(유리왕)	33	34. 孝成王(효성왕)	5
4. 閔中王(민중왕)	4	4. 蓋婁王(개루왕)	38	4. 昔脫解王(석탈해왕)	23	35. 景德王(경덕왕)	23
5. 慕本王(모본왕)	5	5. 肖古王(초고왕)	48	5. 婆娑王(파사왕)	32	36. 惠恭王(혜공왕)	15
6. 太祖王(태조왕)	93	6. 仇首王(구수왕)	20	6. 祗摩王(지마왕)	22	37. 宣德王(선덕왕)	5
7. 吹大王(취대왕)	19	7. 沙伴王(사반왕)	1	7. 逸聖王(일성왕)	20	38. 元聖王(원성왕)	14
8. 新大王(신대왕)	14	8. 古爾王(고이왕)	52	8. 阿達羅王(아달라왕)	30	39. 昭聖王(소성왕)	1
9. 古國川王(고국천왕)	8	9. 責稽王(책계왕)	12	9. 伐休王(벌휴왕)	12	40. 哀莊王(애장왕)	12
10. 山上王(산상왕)	30	10. 汾西王(분서왕)	6	10. 奈解王(내해왕)	34	41. 憲德王(헌덕왕)	17
11. 東川王(동천왕)	21	11. 比流王(비류왕)	40	11. 助賁王(조분왕)	17	42. 興德王(흥덕왕)	10
12. 中川王(중천왕)	22	12. 契 王(계 왕)	2	12. 沾解王(점해왕)	15	43. 僖康王(희강왕)	2
13. 西川王(서천왕)	22	13. 近肖古王(근초고왕)	29	13. 金味鄒王(김미추왕)	22	44. 閔哀王(민애왕)	1
14. 烽上王(봉상왕)	8	14. 近仇首王(근구수왕)	9	14. 儒禮王(유례왕)	14	45. 神武王(신무왕)	1
15. 美川王(미천왕)	31	15. 枕流王(침류왕)	1	15. 基臨王(기림왕)	12	46. 文聖王(문성왕)	18
16. 故國原王(고국원왕)	40	16. 辰斯王(진사왕)	7	16. 訖解王(흘해왕)	46	47. 憲安王(헌안왕)	4
17. 小獸林王(소수림왕)	13	17. 阿莘王(아신왕)	13	17. 奈勿王(내물왕)	46	48. 景文王(경문왕)	14
18. 故國壤王(고국양왕)	7	18. 腆支王(전지왕)	15	18. 實聖王(실성왕)	15	49. 憲康王(헌강왕)	11
19. 光開土王(광개토왕)	22	19. 久尔辛王(구이신왕)	7	19. 訥祗王(눌지왕)	41	50. 定康王(정강왕)	1
20. 長壽王(장수왕)	79	20. 毗有王(비유왕)	28	20. 慈悲王(자비왕)	21	51. 眞聖女王(진성여왕)	10
21. 文咨明王(문자명왕)	27	21. 蓋鹵王(개로왕)	19	21. 炤知王(소지왕)	21	52. 孝恭王(효공왕)	15
22. 安藏王(안장왕)	12	22. 文周王(문주왕)	2	22. 智證王(지증왕)	14	53. 神德王(신덕왕)	5
23. 安原王(안원왕)	14	23. 三斤王(삼근왕)	2	23. 法興王(법흥왕)	26	54. 景明王(경명왕)	7
24. 陽原王(양원왕)	14	24. 東城王(동성왕)	22	24. 眞興王(진흥왕)	36	55. 景哀王(경애왕)	3
25. 平原王(평원왕)	31	25. 武寧王(무령왕)	22	25. 眞知王(진지왕)	3	56. 敬順王(경순왕)	9
26. 嬰陽王(영양왕)	28	26. 聖 王(성 왕)	31	26. 眞平王(진평왕)	53		
27. 榮留王(영류왕)	24	27. 威德王(위덕왕)	44	27. 善德女王(선덕여왕)	15		
28. 寶藏王(보장왕)	27	28. 惠 王(혜 왕)	1	28. 眞德女王(진덕여왕)	7		
		29. 法 王(법 왕)	1	29. 武烈王(무열왕)	7		
		30. 武 王(무 왕)	41	30. 文武王(문무왕)	20		
		31. 義慈王(의자왕)	20	31. 神文王(신문왕)	11	※王名 옆숫자는 在位期間	

歷代王朝(역대왕조)

高 麗(고려) 475년(918~1392)					朝 鮮(조선) 519년(1392~1910)		
1.	太 祖(태조)	26	28. 忠惠王(충혜왕)	2	1.	太 祖(태조)	7
2.	惠 宗(혜종)	2	29. 忠穆王(충목왕)	4	2.	定 宗(정종)	2
3.	正 宗(정종)	4	30. 忠定王(충정왕)	3	3.	太 宗(태종)	18
4.	光 宗(광종)	26	31. 恭愍王(공민왕)	23	4.	世 宗(세종)	32
5.	景 宗(경종)	6	32. 禑 王(우왕)	14	5.	文 宗(문종)	2
6.	成 宗(성종)	16	33. 昌 王(창왕)	1	6.	端 宗(단종)	2
7.	穆 宗(목종)	12	34. 恭讓王(공양왕)	4	7.	世 祖(세조)	14
8.	顯 宗(현종)	22			8.	睿 宗(예종)	1
9.	德 宗(덕종)	3			9.	成 宗(성종)	25
10.	靖 宗(정종)	12			10.	燕山君(연산군)	12
11.	文 宗(문종)	37			11.	中 ·宗(중종)	39
12.	順 宗(순종)	1			12.	仁 宗(인종)	1
13.	宣 宗(선종)	11			13.	明 宗(명종)	22
14.	獻 宗(헌종)	1			14.	宣 祖(선조)	41
15.	肅 宗(숙종)	10			15.	光海君(광해군)	15
16.	睿 宗(예종)	17			16.	仁 祖(인조)	27
17.	仁 宗(인종)	24			17.	孝 宗(효종)	10
18.	毅 宗(의종)	24			18.	顯 宗(현종)	15
19.	明 宗(명종)	27			19.	肅 宗(숙종)	46
20.	神 宗(신종)	7			20.	景 宗(경종)	4
21.	熙 宗(희종)	7			21.	英 祖(영조)	52
22.	康 宗(강종)	2			22.	正 祖(정조)	24
23.	高 宗(고종)	46			23.	純 祖(순조)	34
24.	元 宗(원종)	15			24.	憲 宗(헌종)	15
25.	忠烈王(충렬왕)	34			25.	哲 宗(철종)	11
26.	忠宣王(충선왕)	5			26.	高 宗(고종)	44
27.	忠肅王(충숙왕)	17			27.	純 宗(순종)	4

참고문헌

· 『騎馬民族渡来史』　江上波夫　著, 中公新春
· 『日本天皇家는 韓国人의 後孫』佐々克明　著, 姜錫泰訳　五星出版社
· 『古代天皇渡来史』　渡辺光敏　著, 三一書房
· 『技術大国 日本의未来』　西沢潤一　著, 朝日新聞社　発行
· 『古代日本과 朝鮮』　上田正雄　金達寿　著, 高梨茂　発行
· 『総理大臣 総集合』所村健一　著, 太陽企画
· 『百済에서 건너간 일본천황』　石渡新一郎　著,知識旅行者　発行
· 『図説 韓国의 歴史』　金両基　監修, 河出書房発行
· 『博士王仁』金昌洙　著, 成甲書房
· 『韓日古代史遺蹟跡査記』　홍성화 著, 삼인출판사
· 『古代韓日관계와 日本書紀』　崔在錫　著, 일진사
· 『九州茶道』　九州陶磁研究会　刊
· 『古代文化와 帰化人』　金達寿　著, 新人物往来者
· 『日本人과 韓国』　鄭敬謨　著, 新人物社
· 『出雲의 古代史』　ＮＨＫ　Ｂｏｏｋ　ｐ２６８ (門脇禎一)
· 『日本人의 起源』　埴原和郎　著, 毎日新聞社
· 『豊臣秀吉』　佐々克明　著, 思索社
· 『正倉院』　東野治之　著, 岩波新書
· 『三国遺事』　一然스님　著, 이동환 옮김, 창작
· 『일본을 벗기다』가와사키이치로 著, 이동환 옮김, 문학수첩
· 『한국인의 신화 일본을 앞선다』　송병택　著, 중앙일보사
· 『日本 속의 韓国文化 遺跡地』　金達寿　著, 배석주 訳, 대원사
· 『日本古代史』　文定昌　著, 인길사
· 『한국인과 일본인』　김용운 4부작, 德門書店
· 『日本書紀入門』　山田英夫　著, 이근우 옮김, 民族文化社
· 『日本古代史記 (上) 』　노성환 訳, 예전사
· 『三国史記 (上) 』　이억일 옮김, 김영사
· 『韓国人인 본 倭人伝』　정찬우　著, 東信出版社

- 『古代日本史(王権)의 最前線』　歴史別册読本, 新人物往来社
- 『高句麗歴史와 遺蹟』　田中俊明, 東湖　共著
- 『日本 古代 地名研究』　金炳銑　著, 亜世亜文化社
- 『새로 쓰는 百済史』　이도학　著, 푸른역사
- 『日本文化와 朝鮮』　上田正昭・金達寿・鄭貴文　共著, 新人物往来社
- 『미완의 문화 7백년 가야』　김태식　著, 푸른역사
- 『好太王碑의 迷』　李進煕　著, 講談社
- 『日本の歴史 1～5』　井上清　著, 岩波書店
- 『海人と天皇（上・下）』　南原猛　新潮文庫
- 『日本の焼物隆摩』　沈寿官　著, 談交社
- 『磁器のあれこれ』　大橋康二　多久市教育委員会
- 『日本史探訪　1～5』　水谷慶一　角川文庫
- 『評伝　柳宗悦』　紀野一義輯　春秋社
- 『万葉の 旅　上・下』　犬養孝　著, 教養文庫
- 『韓国의 茶道』　崔凡述　著, 実蓮閣
- 『日本の茶道』　桑田忠親　良速社
- 『禅と茶』　有馬頼底
- 『茶と美』　柳宗悦　乾元社
- 『茶の間의 日本史』　岡田章雄　新人物往来社
- 『日本の茶道史』　桑田忠親　河原書店
- 『동과 서의 차 이야기』　이광주, 한길사
- 『茶人随想』　浜本宗俊　中央公論社
- 『茶読本　副本』　松下智　豊茗会
- 『草衣』　한승원 著, 김영사
- 『草衣選集』　張意恂　著, 김봉호 訳,　経書院
- 『茶室と茶庭』　重林三玲
- 『茶山詩選』　丁若鏞　著, 創作과 批判
- 『茶の世界史』　角山茶, 中央新書
- 『湖岩全集　1～3』　文一平　著, 一誠堂
- 『茶経　東茶頌　茶神伝』　莟園茶会

- 『陶芸』　加藤元男, ヌコー社
- 『陶磁工藝』　金炳億, 大学苑
- 『韓国의 陶磁器』　鄭良謨, 文芸出版社
- 『中国의 陶磁史』　金英媛, 悦話堂
- 『陶芸入門』　江口昊, 文研出版社
- 『奈良朝政争史』　中川收　教育社
- 『日本とは何か』　梅倬忠夫, ＮＨＫ　ＢＯＯＫ
- 『日本人と日本文化』　司馬遼太郎, 中央新書
- 『法隆寺と九州王朝』　古田武彦, 朝日文庫
- 『国家と宗教と日本人』　司馬遼太郎, 講談社
- 『倭国』　岡田英弘　著, 中央新書４８２
- 『奈良』　直木孝次郎　岩波出書
- 『天皇と日本の起源』　遠山美都男, 講談社
- 『伝説の神国出雲王朝の謎』　水野祐, 角川書店
- 『日本史探訪　上・下』『南北朝と室田文化』　角川書店
- 『朝鮮人強制連行の記録』　朴慶植, 未来社刊
- 『日本に植えた韓国　1~2』　金昇漢, 中央新書
- 『韓国のこころ』　大原照久, 広華企画
- 『韓国と日本文化』　李進熙　著, 乙酉文化史
- 『指導者の条件』　松下幸之助, ＰＨＰ社
- 『広開土王と倭の五王』　小林恵子, 文藝春秋
- 『神功皇后発掘』　高橋政清
- 『쌈지속에 담긴 일본 이야기』　조양욱 지음, 고려원
- 『現代を見る歴史』　界屋太一, 新潮文庫
- 『新撰組血風録』司馬遼太郎, 角川文庫
- 『聖徳太子の正体』小林恵子, 文藝春秋
- 『日本人と韓国人ここが大違い』　豊田有恒, 文藝春秋
- 『この国の形態』　司馬遼太郎　朝日新聞社
- 『日本은 무엇인가』　文藝春秋
- 『騎馬民族의 思想』　豊田有恒　德間書店

· 『五国史記』　이덕일, 김영사
· 『日本古代史』　王権　新人物往来社
· 『高句麗 歴史와 遺蹟』　田中俊明／東湖　아시아문화사

韓日歷史文化紀行

1판 1쇄 / 2012년 4월 5일
日語版 / 2012년 9월 30일 발행
개정판 / 2012년 10월 30일 발행

지은이 / 秋然 文柱天
펴낸이 / 오웅근
펴낸곳 / 지문사
등록 / 제 2-201호
등록일자 / 1980.1.9
주소 / 서울 영등포구 신길동 90-74
전화 / (02)-715-2305
팩스 / (02)-718-9387

ISBN / 978-89-7211-383-6